国家级一流本科专业建设成果教材

 石油和化工行业"十四五"规划教材

资源能源
与可持续发展

费　强　魏进家　主编

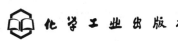 化学工业出版社

·北京·

内容简介

　　《资源能源与可持续发展》围绕社会可持续发展理念，以循环经济、低碳生活与生态社会等领域存在的问题为核心，从社会科学、自然科学和工程科学等多学科出发，描述能源、资源、环境和可持续发展等领域的现状和具体问题，使读者了解工科与其他学科结合可能提供的解决方案。书中内容可以让学生了解多学科知识，加强通识教育与专业教育之间的联系，有助于学生融会贯通地运用多学科、多领域的交叉知识解决实际问题。

　　本书围绕"通识教育+宽口径教育"的人才培养理念，在介绍可再生能源（第二章）、细胞工厂（第三章）、生物炼制（第四章）、绿色材料（第五章）、有机固体废弃物资源化（第六章）、低碳工厂与生态（第七章）等相关前沿专业知识的同时，以期增强学生对可持续发展、绿色经济等先进理念的深度认识，力求促进对学生的工程能力和人文素养的培养。

　　《资源能源与可持续发展》是一本以可持续发展和低碳生态社会为主题的教材，适用于理工科类专业的本科生，相信对化工、生物、能源、资源和环境等领域的科技工作者也有一定的帮助。

图书在版编目（CIP）数据

资源能源与可持续发展 / 费强，魏进家主编. —北京：化学工业出版社，2024.2
ISBN 978-7-122-44585-8

Ⅰ. ①资… Ⅱ. ①费… ②魏… Ⅲ. ①能源发展 Ⅳ. ①F407.2

中国国家版本馆 CIP 数据核字（2023）第 243090 号

责任编辑：任睿婷　　　　　　　　　　　　　　装帧设计：关　飞
责任校对：宋　夏

出版发行：化学工业出版社（北京市东城区青年湖南街 13 号　邮政编码 100011）
印　　装：大厂聚鑫印刷有限责任公司
787mm×1092mm　1/16　印张 13¼　字数 318 千字　2024 年 5 月北京第 1 版第 1 次印刷

购书咨询：010-64518888　　　　　　　　　　售后服务：010-64518899
网　　址：http://www.cip.com.cn
凡购买本书，如有缺损质量问题，本社销售中心负责调换。

定　　价：49.00 元

前言

随着科学技术的突破与发展，人类利用自然资源的能力显著提升，带动了社会经济的高速发展，人类文明达到了前所未有的高度。人类社会在受益于科学技术迅猛发展成果的同时，也面临着日趋严峻的来自资源、能源和环境的挑战，尤其是气候变化对生态环境的影响，给人类敲响了警钟。在此背景下，坚持以人为本，构建可持续发展之路成为全人类的共识。以习近平新时代中国特色社会主义思想为指导方针，实现从粗放型增长到节约型可持续发展转变已成为必由之路。高质量发展是全面建设社会主义现代化国家的首要任务，而推动经济社会发展绿色化、低碳化是实现高质量发展的关键环节。党的二十大报告紧紧围绕推动绿色发展，促进人与自然和谐共生，对新时代新征程生态文明建设做出重大决策部署，提出重点任务举措。资源、能源、经济、环境的协同发展，可推进经济社会发展全面绿色转型。

可持续发展的生态社会在内容上涉及资源、能源和环境与人类社会的相互关系，是一个交错复杂的实际命题。因此，着眼长远发展，培养具有系统、全面可持续发展理念和技能的人才成为当今高等教育的重要使命。为此，作者编写一本将可持续发展的生态社会与循环经济、节能减排、绿色产品工程和可再生能源等理念有机融合，使学生能够主动发现和贯通相关专业知识之间的联系，实现通识教育与专业教育间有效沟通的教科书，以期为学生提供一本具有科学性、普及性、知识性、专业性和趣味性的基础通识类教材。

作者团队紧密结合国家"双一流"大学的建设方向、学科与专业内涵发展目标、工程学科发展的前沿，从社会、自然和工程等不同学科角度出发，分析和讨论资源、能源与环境等领域的具体问题，引导学生理解社会可持续发展的意义，培养学生循环经济和低碳生活的理念。同时，本教材着重对学生进行"多学科问题分析式"的培养，使学生关注学科之间的非线性强交联，注重向学生展示基础资料，培养学生将客观现实与价值观思考相联系的能力，使学生关注"卡脖子"课题，培养学生的社会责任感。通过启发学生的设计思维、工程思维、批判思维和创新思维，提高学生分析和论证实际问题及解决这些问题的能力，为学生的专业知识和技能的进一步学习与提升夯实基础。在我国提出"双碳"目标的背景下，通过自然科学、工程科学、人文社会科学等跨学科的课程教学，培养学生从不同角度分析多元复杂问题，探讨社会、科学与技术的演化，在动态思维中规划未来的能力。

　　本书为西安交通大学化学工程与工艺专业国家级一流本科专业的建设成果教材。全书共分 7 章，各章的编写具体分工如下：第一章，魏进家；第二章，郑楠、魏进家；第三章，郭树奇、李爱朋、费强；第四章，费强；第五章，杨庆远；第六章，马英群；第七章，刘桂莲。作者特别感谢西安交通大学化学工程与技术学院作者团队课题组的博硕士研究生以及教辅人员给予的帮助。作者力求一反传统的"单学科理论演绎式"教材撰写的模式，在书中向读者讲解多学科交叉融合发展，但由于各学科领域发展迅速，且限于作者的学术功底、研究经验和写作能力，书中难免存在疏漏和不妥之处，敬请广大读者不吝赐教，我们将持续修正和完善。

编者

2023 年 11 月

目录

第一章

绪论

1.1 资源与环境

随着科技的进步和社会的发展，人类对资源与环境关系的认识逐渐深化，资源与环境的内涵与外延日益丰富。恩格斯曾对资源做过如下定义："其实，劳动和自然界才是一切财富的源泉，自然界为劳动提供材料，劳动把材料转变为财富。"恩格斯的定义，既指出了自然资源的客观存在，又把人的劳动（包括劳动力和技术）视为财富的另一不可或缺的因素。可见，广义的资源是一个自然-社会-经济复合的概念，泛指一切可被人类开发和利用的物质、能量、信息及其价值。

自然资源是指自然界中可以直接获得的用于生产和生活的物质，包括有形自然资源（如水、土地、生物、矿产等）和无形自然资源（如风能、地热能、太阳能等）。自然资源客观存在，会对人类社会发展产生重要作用和影响。一般而言，自然资源根据其再生性，可分为可再生自然资源和不可再生自然资源。可再生自然资源是指借助自然的能量、物质循环功能形成的资源。例如，水可在太阳辐射、地球引力作用下在陆地、海洋和大气间不断迁移，森林和草原可通过种植经光合作用再生。不可再生自然资源是指依靠自然的能量、物质循环无法恢复或再生的自然资源，既包括以提供能量功能为主的煤炭、石油等化石燃料，其能量一旦释放便不可回收，也包括以提供物质功能为主的各种金属、非金属矿产资源，只能借助人工方法进行循环利用。

环境是相对于中心事物而言的。《辞海》称环境为"围绕人类生存和发展的各种外部条件和要素的总体"。与资源类似，环境也可按照其要素属性分为自然环境和社会环境，其中，前者是后者的基础，而后者又是前者的发展。自然环境作为人类周围各种自然因素（可归于大气圈、水圈、生物圈、土壤圈、岩石圈）的总和，是人类赖以生存和发展的必要物质条件。丰富的资源必须辅以良好的环境才能为人类提供理想家园，从某种意义上来说，环境也可认为是资源的状态，两者相辅相成。另一方面，对资源的开发利用不可避免地造成有序环境的破坏，而保护环境必然要限制资源的功能释放，从这个角度来看，两者又相互制约。总之，资源与环境相互联系、相互影响，共同构成地球生态系统这一充满矛盾的统一体。

1.1.1 水资源与环境

作为环境的主要组成部分之一，水发挥着重要作用。水分和能量的不同组合使地球表面形成了不同的自然地带、自然景观及生态系统。比如，陆地表面的淡水资源在地理位置、地形及大气环流等因素的综合影响下表现出强烈的时空分布不均匀特性，不仅形成了湿润、半干旱、干旱等不同地区，也在同一地区形成了降水量差异明显的雨季和旱季。

从人类社会出现至今，水资源的利用技术不断发展，利用率不断提高，已形成涵盖制造、灌溉、发电、防洪、供水、航运、旅游及环境改造等多个方面的综合利用体系。合理开发水资源，改造自然环境，可为区域经济发展、自然环境的良性循环和人类社会的进步做出贡献；而水资源开发利用不当、管理不善，又会破坏人类的生存环境，制约国民经济发展。因此，在水资源的开发利用过程中尤其强调合理利用、有序开发，以达到兴利除害的目的。

1.1.1.1 天然水资源

地球上的天然水资源总量很大，约为 $1.386×10^{18}m^3$，但其中约 97.5%为无法直接饮用的海水。因此，通常意义上的水资源主要是指陆地上的淡水资源，仅占地球水体总量的 2.5%，而其中又有近 70%封存于极地冰川和高山冰川之中。适宜人类开发利用的淡水资源，主要是河流水、淡水湖泊水以及浅层地下水，储量约占全球淡水总储量的 0.3%。而由于地理与气候条件的变化，淡水资源的时空分布并不均匀，进一步加剧了水资源短缺情况。

1.1.1.2 我国水资源的分布特点

我国多年平均降水量约为 $6.2×10^{12}m^3$，形成河川径流总量为 $2.7×10^{12}m^3$，其中，由地下排泄的径流量为 $6.8×10^{11}m^3$，占 25%；冰雪融水补给量为 $5.6×10^{10}m^3$，占 2%。地下水资源量约为 $8.4×10^{11}m^3$，由降水和地表水补给，其中，山丘区 $6.8×10^{11}m^3$，平原区 $1.9×10^{11}m^3$（包括重复计算量 $3.5×10^{10}m^3$）。

我国可再生淡水资源每年约为 $2.8×10^{12}m^3$，居世界第 6 位，单位面积淡水资源为 292mm/年，相当于全球平均值的 91.5%。由于我国人口众多，人均淡水资源仅为世界平均水平的 1/4。随着国民经济的发展和人民生活水平的提高，水资源匮乏的现象将更加突出。据预测，到 2030年，我国人均水资源量将接近用水紧张国家标准（<1700m³）。

我国水资源在地区上分布极不均匀，与人口、土地、生产力布局不相匹配。我国淡水资源有 80.4%分布于长江流域及其以南地区，而该地区的人口刚超过全国的一半，耕地面积也只有全国的 1/3，人均水资源量和亩均水量均远超全国平均水平，属于人多、地少、经济发达、水资源较丰富的地区。长江流域以北广大地区，人口与耕地分别占全国的 46.4%和 65.3%，但水资源仅占全国的 19.6%，水资源相对不足。尤其是华北地区，这里的人口占全国 24%，耕地占全国 18%，农牧业产值占全国近 25%，但水资源却只占全国的 6%，人均水资源配置比例远远低于全国平均水平，缺水问题极其严重。不均匀的水土与人口分布，给我国的淡水资源开发利用带来诸多不利影响。

1.1.1.3 水体污染

一直以来，"水多、水少、水脏"是我国水资源保护利用的三大问题。"水多"即洪涝灾害，"水少"即缺水干旱，这两个问题都与水量有关；"水脏"即水体污染，反映了水质的情况。事实上，水量与水质是彼此相关、互为因果的两个方面。在这三大问题中，水体污染防治是我国水资源开发利用中最为迫切和关键的问题。

废水是自然界三大公害之一，对环境具有很强的破坏性。一直以来，我国的废水排放量居高不下。国家统计局数据显示，2020年，全国废水中化学需氧量排放量约为2600万吨，其中工业源废水中化学需氧量排放量约为50万吨，生活源废水中化学需氧量排放量约为920万吨，农业源废水化学需氧量排放量约为1600万吨。为控制水体污染，我国相关法律明确要求所有污水必须经过净化处理，且达到相关水质要求后才可排放。废水中污染物种类繁多，根据其对环境的危害不同，可大致划分为固体污染物、需氧污染物、油类污染物、有毒污染物、生物污染物、酸碱污染物、营养性污染物、感官性污染物和热污染物九种类型。

1.1.1.4 水资源的利用与保护

据《中国统计年鉴——2022》数据，2021年中国人均水资源量仅2090m³/人。31个省（区、市）中，约一半处于用水紧张线以下。水资源的供需矛盾，既受水资源数量、质量、分布规律及其开发条件等自然因素影响，同时也受各部门对水资源需求的社会因素的制约。加强对水资源的利用和保护应以可持续发展为主要目标，以依法治水和科学管水为原则进行综合治理，进而实现高效的利用与保护。具体措施包括提高水的利用效率，建立节水型经济与社会；回收利用城市污水，开辟第二水源；多渠道开源，增加可靠供水；加强水资源管理；增加地下水道建设，发展城市污水处理厂等。

为彻底解决我国北方缺水问题，需要考虑修建跨流域调水工程，如南水北调工程，通过从丰水流域向缺水流域调水来解决水资源分布不均的问题。根据对我国水资源2030年和2050年的供需平衡分析，黄淮海流域是我国最缺水的地区。预测到2030年，该地区缺水量将达到$3.0\times10^9m^3$（枯水年），这一缺口只能通过南水北调进行增补。南水北调工程总体规划了东线、中线和西线三条调水线路。通过三条调水线路与长江、黄河、淮河和海河四大水系的联系，构成以"四横三纵"为主的总体布局，以利于实现我国水资源南北调配、东西互济的合理配置格局。南水北调工程规划最终调水规模为$4.5\times10^{10}m^3$，其中东线$1.5\times10^{10}m^3$，中线$1.3\times10^{10}m^3$，西线$1.7\times10^{10}m^3$。截至2022年1月，南水北调东、中线一期工程累计调水量达$5.0\times10^{10}m^3$，其中东线调水$5.3\times10^9m^3$，中线调水$4.5\times10^{10}m^3$，受益人口超1.4亿，40座大中型城市的经济发展格局得以优化。

南水北调工程的社会、经济和生态效益明显。在社会层面，解决了北方缺水问题，使我国北方地区水资源配置合理、水环境良好；增加水资源承载能力，提高资源的配置效率；有利于缓解水资源短缺对北方地区城市化发展的制约，促进当地城市化进程；为京杭运河济宁至徐州段全年通航保证了水源，使鲁西和苏北两大商品粮基地得到巩固。在经济层面，优化了产业结构，促进经济结构的战略性调整，为北方经济发展提供保障；通过改善水资源条件来提升潜在生产力，形成经济增长；扩大内需，促进和谐发展，提高国内生产总值。在生态层面，较大改善北方地区的生态环境状况和水资源条件；改善北方当地饮水质量，有效解决北方一些地区地下水因自然原因造成的水质问题，如高氟水、苦咸水和其他含有对人体不利的有害物质的水源问题；有利于回补北方地下水，保护当地湿地生态系统和生物多样性。

1.1.2　土地资源与环境

土地资源指已经被人类所利用和可预见的未来能被人类利用的土地，是人类生存的基本生产资料和劳动对象。如果合理利用，不断地改造、建设和培育，土地的生产力将会不断提高，周而复始地生产出人类所需要的动植物产品，就此而言，土地是可再生资源。另外，土地还具有位置固定、形态一定、区域性严格的基本特征，且土地的面积是有限的。因此，人类为了自身的生存和发展，必须更好地认识土地、研究土地，更加科学、合理、集约地利用土地和保护土地。

1.1.2.1　我国的土地资源基本情况

我国国土辽阔，土地资源总量丰富，而且土地利用类型齐全，这为因地制宜全面发展农、林、牧、副、渔业等提供了有利条件，但是我国人均土地资源占有量小，而且各类土地所占的比例不尽合理，主要是耕地、林地少，难利用的土地多，后备土地资源不足，特别是人与耕地的矛盾尤为突出。我国土地资源基本情况可概括为以下三点：

（1）土地辽阔、类型多样

我国土地总面积约 $9.6 \times 10^6 km^2$（144 亿亩），位居世界第 3 位。根据第三次全国国土调查数据，我国现有耕地面积 19.2 亿亩，约占全国土地总面积的 13.3%；林地 42.6 亿亩，占 29.6%；草地 39.7 亿亩，占 27.6%；湿地 3.5 亿亩，占 2.4%；园地 3.0 亿亩，占 2.1%。我国耕地、林地、草地面积分别位居世界第 4 位、第 5 位、第 3 位，资源绝对数量相对较丰富。

（2）人均占有量少，资源分布不均衡

我国土地资源总量虽大，但由于人口众多，按人均占有土地资源数量来算，则各类土地资源的相对量普遍较低。例如，2021 年我国总人口为 14.1 亿，人均耕地面积仅 1.4 亩，约为世界人均耕地面积的 1/4，位列世界第 126 位以后。尽管我国以不足世界 7% 的耕地解决了世界 1/5 人口的温饱问题，但在非农用地逐年增加的现状下，土地的人口压力将愈来愈大。我国土地资源在地区之间的差异也十分显著。

（3）难以开发利用和质量不高的土地比例较大，后备资源不足

我国是一个多山国家。据粗略统计，山地、高原、丘陵的面积约占土地总面积的 66%。山地多、平地少，是我国土地构成的一个显著特点。山地一般高差大、坡度陡、土层薄，与平地相比，土地的适宜性单一、宜耕性差，农业发展受到较大的限制，而且生态系统一般比较脆弱，利用不当极易引起水土流失和资源破坏。

1.1.2.2　我国土地利用中存在的问题

土地资源是绿色发展的物质基础、空间载体、能量来源和构成要素。一直以来，我国政府对加强土地资源管理给予了高度重视，始终坚持"十分珍惜、合理利用土地和切实保护耕地"

的基本国策。基于人口资源环境相均衡、经济社会生态效益相统一的原则，我国在合理利用土地资源方面，如开垦荒地、植树造林、改土治水、保护农业用地等，做了大量工作，取得了明显成效。土地资源的开发和利用日趋合理，但仍存在一些问题，主要有以下四点。

（1）土地生态环境问题

随着人类对土地资源开发利用强度的逐渐增大，土地生态环境问题开始成为区域生态环境问题的主流。土地生态环境问题包括土地退化、土地荒漠化、林地和草地面积锐减、土地污染、生物多样性丧失等五种类型。

（2）耕地面积下降

耕地是我国农业的主要支撑，造成耕地面积锐减的原因主要包括以下几个方面：一是农业内部调整和灾害，全国每年因灾损毁的耕地面积约为200万亩；二是盲目毁林、毁草、陡坡开荒，造成水土流失；三是非农业占地造成耕地永久性损失。

（3）土地污染

工业及交通部门的"三废"排放，以及农业自身的化学污染是造成土壤污染的主要原因。工业排放的废气和烟尘在大气中形成硫酸和硝酸，最终以酸雨形式降落到地面，造成土壤污染。长期过度使用化肥使得土壤中的钙、镁、钾等碱性盐大量流失，导致土壤养分失衡、酸化。而残留于土壤中的农用塑料大棚膜则会造成土壤板结、肥力下降等问题。

（4）土地浪费与闲置

我国近年来不断完善土地管理制度，优化土地利用结构，提高土地利用率。但个别地区从局部利益、眼前利益出发，未经合理规划，盲目、违规开发土地，造成土地资源浪费与闲置问题。

1.1.2.3　合理利用土地资源

做好土地资源的保护和可持续利用工作，对于发展农业和农村经济具有重要意义。科学合理地利用土地资源应该遵循以下原则：

（1）充分认识土地"生态-经济"系统的规律

遵循土地本身的自然规律与经济规律，因地制宜地选择土地开发路径。不同土地所处的自然环境条件及其土壤质量存在很大差异，而不同生产部门对土地的利用方式和要求也不尽相同，因此必须对两者进行优化匹配，在可持续发展前提下做到因地制宜、地尽其力。

（2）改良土壤和改善生态环境

运用土壤学、生物学、生态学等学科的理论与技术，防治影响农作物生育和引起土壤退化的不利因素，为农作物创造良好的土壤环境条件。在开发利用土地资源时，要注意用地与养地结合，保持各种营养物质投入与产出的转换平衡，以利于建立良性循环的生态系统。

（3）控制城镇占地，保护基本农田

应坚决执行我国城市建设的基本方针，完善并确保保护基本农田的各项政策得以落实，进行有关基本农田的用地审核、布局改善或程序整改，严格控制占用和改变基本农田的行为。

1.1.3 矿产资源与环境

1.1.3.1 矿产资源概况与分类

矿产资源，又名矿物资源，是指经过地质成矿作用而成的，天然赋存于地壳内部或地表、埋藏于地下或出露于地表，呈固态、液态或气态的，并具有开发利用价值的矿物或有用元素的集合体。矿产资源储量有限，属于非可再生资源。根据 2021 年度的中国矿产资源报告，我国已发现 173 种矿产，其中，能源矿产 13 种，金属矿产 59 种，非金属矿产 95 种，水气矿产6 种。

1.1.3.2 我国矿产资源的特点

我国是矿产资源大国，种类比较齐全，部分矿产资源探明储量居世界前列，但存在人均占有量低、地域分布不平衡、开发难度大等问题，具体如下：

① 储量大，人均占有量少。我国矿产资源总量大，已探明矿产资源储量约占世界 12%，仅次于美国和俄罗斯，但人均占有量很少，仅为世界人均水平的 58%。

② 种类众多，结构不合理。我国矿产资源品种多，其中稀土、铅、锡等排名世界第一，煤炭产量居世界第三，铁矿储量位于世界第四位。但不同种类的矿产储量差异极大，比如我国既有像稀土、钨、钼这样 "卡别人脖子" 的矿种，也有一些需求量大但保有量占世界总量比例很低的矿种，如钴、镍、锆、铬等的储量占全球比重在 1%~3% 之间，铜、铁、铝土矿比重在 3%~5% 之间，对外依存度很大，易被别人 "卡脖子"。

③ 贫矿较多，富矿稀少。世界的铁矿石平均品位为 48.42%，而我国铁矿石品位较低，平均品位仅为 34.29%。我国磷矿平均品位约为 17%，可开采储量平均品位为 23%，显著低于世界平均水平。铝土矿几乎都是难选矿，铜矿的平均品位只有 0.87%，远低于世界主产国。矿产资源质量的参差不齐，加大了矿产冶炼的难度。

④ 共（伴）生矿多，单一矿床少。我国 80% 左右的有色矿床中都有共（伴）生元素，例如，单一型铜矿只占铜矿资源的 27.1%，单一型铅矿仅占其资源总量的 4.46%。由于矿石组分复杂，导致矿产的选择、冶炼难度加大，生产经营成本高。

⑤ 分布范围广，地域分布不均衡。我国很多矿产资源的分布范围较广，但地区分布不均衡，例如，铜矿主要集中在长江中下游地区，铝土矿主要分布在山西、河南、广西、贵州地区。特别是煤矿，其主产区集中在山西、陕西、内蒙古和新疆等地，而用煤量大、经济发达的东南沿海地区产量很少，这无形中增加了煤炭的运输和使用成本。

1.1.3.3 利用矿产资源存在的问题

矿产资源是一种十分重要的非可再生自然资源，是人类社会赖以生存和发展的不可或缺的物质基础。面对国民经济建设的巨大需求，我国矿产资源储量不足问题日益凸显，加之矿业开采、加工、输运等各个环节造成了一定的环境问题，需要更加珍惜资源，善待环境，在充分考虑这些矛盾的基础上，推进矿产资源高效清洁利用。

① 选矿工艺、矿产品加工技术水平相对落后。我国单一矿种的矿产少，伴生矿多。相较而言，伴生矿的开发工艺更为复杂，投资成本更高。而我国在这方面的技术能力较低，生产工艺流程复杂、能耗高，缺少对伴生矿物、尾矿、废渣等资源回收利用的大型选冶加工装备。例如，

非金属矿的开采加工装备较差，甚至存在手工拣选作业，主要依靠采富弃贫维持利润，回采率只有20%~30%；金属矿产资源选冶加工仍以初级产品为主，产品缺乏国际竞争力。

② 矿产资源利用率低。目前我国中小型矿企数量多、竞争激烈，常采用价格战的方式获取经济利益。由于这类企业技术落后，压低价格必然导致产品品质下降，导致大部分企业处于粗加工甚至原矿销售的水平，大大降低了矿产资源的利用率。

③ 影响生态环境。采矿诱发生态环境问题的机制比较复杂，是自然因素与人为因素共同作用的结果。开采过程（人为因素）对生态环境的影响主要体现在噪声、粉尘、碎石、矿液等方面。而长期开采也造成地质结构改变，遇到强降雨、地震等极端自然因素，极易引发山体滑坡、泥石流等地质灾害。

1.2　能源与环境

1.2.1　能源发展历史

能源是指可产生各种能量（如热量、电能、光能和机械能等）的物质的统称。从本质上来说，能源与水、土地、矿产一样，都属于资源的范畴，但它对人类文明的演进有着极其特殊的贡献和意义，故而将其单独列出，予以重点介绍。

纵观人类的进化史，能源与发展密不可分。人类历史上不断进行着的能源革命，不仅构筑着人类文明存续的物质基础，体现着人类文明在某一阶段特定的生产方式和生活方式，还提供着人类文明演进的前进动力，支撑着人类文明向前发展。能源革命、技术革命及信息革命是人类社会发展的核心动力，三者既有着各自清晰的发展轨迹，也存在着密切的相互联系：一方面，能源革命往往引领着技术革命与信息革命；另一方面，技术革命与信息革命也促进了能源的开发与利用。

回顾世界能源发展史，人类已经历了三次能源革命，完成了从薪柴到煤炭、从煤炭到电力和汽油等二次能源的能量转换，目前正经历第四次能源革命，将实现由化石能源向新能源的历史性转换（图1-1）。

第一次能源革命可追溯至40万年前人类对火的发现与利用。火作为原型工具具有递归性，为人类打开了一个全新的工具世界：一方面生火、用火需要特殊的工具；另一方面工具又因为火的使用而变得越来越高级（由石器向青铜器、铁器发展），两者形成一个简单递归迭代。此后，薪柴、秸秆等天然生物质燃料成为最主要的能量来源，满足人类初期的基本生存需求。进入农耕文明后，人类又陆续"驯服"了畜力、风力、水力，最终形成以多种初级可再生能源为基础的文明形态。

第二次能源革命始于18世纪的英国，以蒸汽机的发明和煤炭的大规模使用为主要标志。自1650年起，煤炭取代木材，逐步成为英国能源消费结构中的第一大能源。1785年，瓦特改良蒸汽机，从此人类开始利用大机器组织生产和运输，进而推动了能源的商品化和有组织的社会化大生产，迎来了人类的第一次技术革命，开启了工业文明的蒸汽时代。

第三次能源革命始于19世纪下半叶，以发电机、内燃机的发明，以及电力、汽油等二次能源的大规模应用为主要标志。1866年，德国人西门子制成了发电机，从此电力作为新能源逐步取代蒸汽，成为工厂的主要动力，人类由此迈入电气时代。而内燃机的发明，则催生了汽车、轮船、飞机等现代交通工具，极大地改变了人类的生活方式，也加大了对汽油和柴油的需求。第三次能源革命完成了由一次能源（煤炭、薪柴等）向二次能源（电能、汽油、柴油等）的转换，开启了人类历史上第二次技术革命。特别是电的发现，还催生了第四次和第五次信息革命，使得信息可以远距离、实时多媒体传输，与第三次技术革命一道，帮助人类工业文明完成从电气化向信息化的跨越。

面对化石能源日益枯竭，以及高碳能源副产物引发的一系列环境生态问题，人类必须寻找新能源用以代替传统的化石能源。目前，以化石能源低碳化、新能源规模化及能源系统智能化为典型特征的第四次技术革命正拉开序幕（图1-1）。近年来，世界许多地区的化石能源消费增速均有递减趋势。预计到2035年，所有化石燃料的比重都集中在26%~28%的区间，不会出现任何一种主导性燃料——这是工业革命以来首次出现的情况。新能源所占比重将稳步提升，并预计于2100年左右超过天然气成为主体能源，完成对化石能源的"终极革命"。

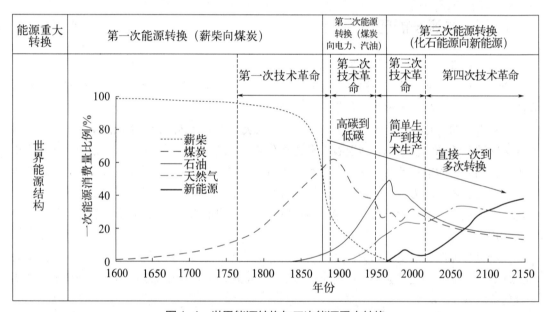

图1-1　世界能源结构与三次能源重大转换

1.2.2　能源及其开发利用

天然能源在自然界中以多种形式存在，主要包括煤、原油、天然气、核能、太阳能、风能、水能、潮汐能、生物质能及地热能等，可以不经加工直接为人类提供所需的光、热、动力等能量，故又称一次能源。

（1）煤

煤是远古的植物因地壳运动而埋藏地下，在适宜的地质环境中经过复杂的生物化学和物理化学变化逐渐形成的固体可燃性矿产。煤主要由碳、氢、氧、氮、硫、磷等元素组成，其中碳、氢、氧三者总和占有机质的95%以上。煤炭热量高，标准煤的发热量为7000cal/kg（1cal=4.1859J）。

世界上几乎所有元素均可在煤中找到，经过化学加工，可从煤炭中制取成千上万种化学产品。所以，煤不仅广泛用作发电等工业生产的燃料，也是冶金、化学工业的重要原料，故有黑色黄金之称。

（2）原油

原油，即未经加工处理的石油，是一种黑褐色、具有特殊气味的黏稠性油状液体。一般认为原油是由地层中的有机物质经过地温长时间的熬炼而演化形成的。原油的主要成分是碳和氢两种元素，分别占83%～87%和11%～14%，还含有少量的硫、氧、氮和微量的磷、砷、铁、钒等元素。原油主要用于炼制石油燃料、石油溶剂、润滑剂、石蜡、石油沥青、石焦油等产品，广泛应用于交通运输、石油化工、材料工业、纺织工业等各个部门。

（3）天然气

从能量角度出发，天然气是指天然蕴藏于地层中的以烃类为主体的混合气体，包括油田气、气田气、煤层气、泥火山气和生物生成气等。天然气的生成过程同原油类似，但比原油更容易生成。天然气是除煤和石油之外的另一种重要的化石能源，主要用作交通运输、发电及供暖等部门的工业燃料。天然气几乎不含硫、粉尘和其他有害杂质，燃烧时产生的二氧化碳少于其他化石燃料，是一种清洁环保的优质能源。

（4）核能

核能也称原子能，是通过核反应从原子核释放的能量，符合爱因斯坦的质能方程。核能主要通过核裂变和核聚变两种方式释放。重元素的原子核裂变能释放巨大的能量。例如，铀-235用足够数量的慢中子轰击后，会形成加速的链式反应，1kg铀裂变产生的全部能量相当于2700t标准煤燃烧释放出的能量。而轻元素（如氘、氚、锂等）的原子核在高温条件下发生的聚合反应，将会释放更大的能量，约为核裂变能量效应的600倍。因此，核能将是人类开发利用的一种经济、高效的新能源。目前，已经达到使用阶段的是基于重核裂变方法的各种反应堆（如最新的超高温反应堆等）。可控核聚变反应堆仍处于试验研究阶段，例如，有"人造小太阳"之称的我国东方超环（EAST）全超导托卡马克装置，曾于2021年实现了1.2×10^8℃下运行101s、7.0×10^7℃下稳定运行1056s的世界纪录。

（5）太阳能

太阳能是由太阳内部氢原子发生氢氢聚变释放出巨大核能而产生的。人类所需能量绝大部分都来自太阳，包括直接来自太阳的辐射能（狭义的太阳能）以及间接来自太阳的能量（如风能、化学能、水能等）。太阳能具有分布范围广、总量巨大、清洁、长久等优点，但也存在不稳定、不连续、能量密度低等缺点。人类对太阳能的利用已有悠久历史，利用方式主要包括太阳能热利用和太阳能光利用。太阳能热利用应用很广，如太阳能热水、供暖和制冷、干燥、海水淡化及太阳能热发电等；太阳能光利用主要是光伏发电和光催化制氢。

（6）风能

风能指空气流动所产生的动能，属于太阳能的一种转化形式。由于地球的自转和公转，太阳能辐射造成地表各处受热不均，引起大气层中压力分布不平衡和空气流动，其中，空气在水平方向上的流动就形成了风。到达地球的太阳辐射能大约有2%转变为风能，其中，一年中技术可开发的能量约为5.3×10^{13}kW·h，相当于全球每年（2020年）一次能源消费总量的1/3。风能分布广泛，但能量密度低、不稳定。风能利用主要是通过风机将风能转化为电能、热能、机械能等。截至 2021 年，全球陆地和海上风电机组装机容量已达 8.2×10^8kW。

（7）水能

水能是指水体的动能、势能和压力能等能量资源。广义的水能包括河流水能、潮汐水能、波浪能、海流能等能量资源，但通常所说的水能一般特指河流的水能。水能具有可再生、无污染、开发成本低、利用效率高、综合效益大等优点，但水能分布受水文、气候、地貌等自然条件限制大。水能利用主要是指对水体中位能部分的利用，通过水轮机将水能转换为电能。据估计，我国河流水能的理论蕴藏量为 6.76×10^8kW，年发电量为 $5.92\times10^{12}kW\cdot h$，均位居世界第一位。

（8）潮汐能

潮汐能是由潮汐现象产生的能源。日、月引潮力的作用引起潮汐现象，导致海平面周期性地升降，海水涨落运动带来的能量，包括水位差引起的势能和潮流具有的动能，称为潮汐能。潮汐能是一种无污染、零排放的可再生能源，在海洋中蕴藏量巨大，但能量密度较小。在各种海洋能源中，潮汐能的开发利用最为现实和方便。潮汐能利用的主要方式是发电，其原理与常规的水力发电相似，利用潮水涨、落产生的水位差所具有的势能来发电，但受常规电站廉价电费竞争的影响，目前世界上投产的大型潮汐电站数量不多。

（9）生物质能

作为一种重要的可再生能源，生物质能可直接或间接来自植物的光合作用，并通过物理、化学、生物等方式被转化为固态、液态或气态燃料。生物质能是仅次于煤炭、石油、天然气的第四大能源，具有总量丰富、广泛分布、低污染性、可再生性、应用广泛等特点。生物质能是人类最早使用的能源，至今已发展出多种利用途径，包括直接燃烧（含固化成型）、热化学转换（如生物质气化、催化液化等）和生物化学转换（如生物质-沼气转换、生物质-乙醇转换）等。

（10）地热能

地热能是指封闭在地球中距离地表足够近的距离内，并可被经济开采的天然热能。这种能量主要来自地球内部的熔岩和放射性物质的衰变，还有一小部分能量（约 5%）来自太阳。地热能是清洁的可再生能源，储量巨大，可靠性较高，但集中分布在构造板块边缘地带，开发难度较大。地热能的利用可分为地热发电和直接利用两大类，一般高于 150℃ 的高温地热资源主要用于发电，低于此温度的中低温地热常直接用于工农业干燥、供暖、水产养殖、温泉洗浴等。

1.2.3 能源的分类

能源种类繁多，而且不断有新型能源被人类开发利用。根据不同的划分方式，能源可分为不同的类型，主要有以下四种分类方法：

（1）按照形成方式分类

按照能源的形成方式可将其分为一次能源和二次能源。一次能源即天然能源，指在自然界现成存在、可不经加工直接使用的能源，如煤炭、原油、天然气、水能等。二次能源指由一次能源加工转换而成的能源，如电力、蒸汽、激光、汽油、酒精、氢能等。其中，电力、蒸汽、激光属于过程性能源，汽油、酒精、氢能属于含能体能源。需要注意的是，一次能源无论经过几次转换所得到的另一种能源都被称为二次能源，例如在火力发电过程中，电能是经过燃料化学能—蒸汽热能—汽轮机机械能—发电机发电三次能量转换得到的。

（2）按照可否再生分类

针对一次能源，可根据其是否再生进一步加以分类。凡是可以不断得到补充或能在较短周期内再产生的能源称为可再生能源，反之称为非再生能源。可再生能源包括太阳能、水能、风能、生物质能、潮汐能等；非再生能源包括煤炭、石油、天然气等各种化石能源，以及地热能、核能等。从地球内部巨大的蕴藏量来看，地热能具有再生的性质。随着核聚变技术的发展成熟，海洋中丰富的重氢（氘）可成为源源不断的燃料，核能也将具有可再生属性。本书中将核能、地热能归为可再生能源。

（3）按照是否清洁分类

根据能源消耗后是否造成较大环境污染可分为清洁能源和非清洁能源。非清洁能源主要指煤炭、石油类等在燃烧过程中会产生大量的硫氧化物、氮氧化物及各种有机污染物的能源。清洁能源包括所有的可再生能源、核能、地热能、天然气以及氢能，使用过程排放少、污染小。天然气虽属化石燃料，但其基本不含硫、粉尘等有害杂质，燃烧时产生的二氧化碳少于其他化石燃料，有助于减少酸雨形成，减缓地球温室效应，从根本上改善环境质量。

（4）按照使用技术分类

根据使用技术可将能源分为常规能源和新能源两类。使用技术上成熟、使用比较普遍的能源称为常规能源（或传统能源），包括煤炭、原油、天然气等不可再生能源，以及可再生能源中的水能。在新技术基础上加以开发利用的能源称为新能源，包括除水能以外的可再生能源，以及核能、氢能等。新能源与常规能源的划分是相对的，其内涵因国家或历史时期的变化而改变。以核裂变能为例，20世纪80年代后，不少国家已将其从新能源调整为常规能源。虽然人类对太阳能和风能的开发利用历史很长，但利用的效率很低、经济性较差，还需要通过系统的研发以解决当前技术难题，故而仍将其归为新能源。

1.2.4　能源利用存在的问题

（1）能源消耗水平差异巨大

由于不同国家和地区处在不同的发展阶段，具有不同的产业结构类型和经济增长速度，因此，世界范围内的能源消耗水平差异巨大。虽然发达国家已基本实现碳排放达峰，但能源消费仍保持在高位，能耗总量占比巨大。据2021年数据统计，占世界人口1/4的工业化国家能源消耗量占世界总能源消耗量的3/4，其中仅占世界人口5%的美国，能源消耗占比却高达25%，人均能耗水平高。与此同时，广大发展中国家的能源消耗总量或人均能源消费水平却很低。例如，占世界人口15%的印度，其能源消耗仅占世界能源消耗总量的1.5%；我国虽然能源消耗总量较大，但就人均而言，仍不足世界人均能耗的1/3。

（2）能源利用效率低

能源利用效率是指能源中具有的能量被有效利用的程度，可分为经济指标（单位产值能耗，能源成本效率）和物理指标（物理能源效率，单位产品或服务能耗）。其中，能源强度，即单位国内生产总值（GDP）能耗，被广泛用于跨国比较能源利用效率。发达国家与发展中国家在能源利用效率上存在显著差异。以我国为例，2020 年，我国能源强度约为 3.40tce（吨标准煤当量）/万美元，相当于世界平均水平的 1.5 倍，是欧盟、美国、日本等发达国家或地区的 2～3 倍。与印度相比，我国的能源利用效率也较低，主要是因为印度的服务业比重远高于我国。随着我国产业结构的不断调整及增长方式的持续转变，未来我国仍将保持较大的能源强度下降速度，预计"十四五"和"十五五"期间，我国的能源强度下降幅度均不低于 14%。尽管我国与发达国家之间能源强度是趋同的，但在相当一段时期内仍要高于发达国家。

（3）造成环境污染

能源的过度开发与利用也给生态环境保护带来挑战。例如，对于化石能源的过度依赖不仅造成了大气污染、酸雨等传统环境问题，也加剧了全球变暖和气候变化等问题；发展核电需要妥善处理核废料，降低核废料污染带来的非常规环境风险。

① 大气污染。大气污染是指大气中污染物质的浓度达到有害程度，以致破坏生态系统和人类正常生存和发展的条件，对人和物造成危害的现象，其成因与人类活动有关，如煤炭燃烧、工业废气、汽车尾气等。造成大气污染的物质包括粉尘、烟、液滴等小颗粒状污染物，以及二氧化硫、一氧化碳等气态污染物。

② 酸雨。酸雨是指 pH 小于 5.6 的大气降水。由人为活动或自然过程排出的二氧化硫（SO_2）、氮氧化物（NO_x）等酸性气体通过大气在不同地区间传输引起，属于区域性大气污染问题。大面积酸雨可改变其覆盖的土壤性质，危害农作物和森林生态系统；改变湖泊水库的酸度，破坏水生生态系统；腐蚀材料，造成重大经济损失；导致地区气候改变，造成难以估量的后果。

③ 核废料问题。核电工业因长期运行成本低，且安全可靠，得到快速发展，但伴随而来的是核电站运行产生的大量放射性废料。核废料按照放射性的强弱可分为低水平（低放）、中水平（中放）和高水平（高放）三类。中放废料和低放废料主要源于核电站在运行过程中产生的废液、废物，占核废料总量的 90% 以上。目前，这部分核废料的处理技术已较为成熟，安全性有保障。高放废料是指从核电站反应堆芯中替换下来的燃烧后的核燃料。这类核废料具有两个特点：一是含有比活度相当高的长寿命放射核素，有些半衰期甚至可达上万年；二是较长时间内仍会产生大量余热，将对核废料储库周围岩体的力学性质产生重要影响。高放废料极度危险，若处理不当将造成严重的生态灾难，威胁人类健康和生存。目前，地质深埋法是世界公认的针对高放废料的最有效可行的处理方法。该方法对核废料进行特殊包装后埋藏在距离地表 500～1000m 的地下岩石中，确保核废料与生物圈的隔离。

④ 温室效应。大气中的二氧化碳等气体具有吸收红外辐射的能力，可减少地球向外的热辐射损失，从而维持适合生命存在的地表温度，此过程即为天然的温室效应。然而，由于人类工业化进程中燃烧了大量的化石能源，大气中二氧化碳的浓度逐渐增加。2020 年，全球二氧化碳平均浓度已超过 0.81mg/L，较工业革命前的二氧化碳浓度增长了约 1.5 倍。二氧化碳浓度的大幅提升，使得到达地表的多余辐射能量无法向外层空间散发，从而导致地球表面温度升高，温室效应加剧。据估计，大气中二氧化碳浓度每增加 1 倍将使全球平均地表温度升高 1.5～3℃，可导致海平面上升 20～140cm，淹没大片沿海低地。同时，气温升高也会造成气候带北移，引发严重的生态问题。为应对温室效应加剧问题，全球 178 个国家和地区共同签署了《巴黎气候

变化协定》，希望通过各方一致行动，努力将全球平均气温较前工业化时期上升幅度控制在 2℃以内。

1.2.5 能源的可持续利用

我国能源利用格局以煤炭为主，单位 GDP 的能源强度及二氧化碳强度较高，对于实现碳排放 2030 年左右达峰等目标形成不小挑战。为应对日益突出的能源危机、环境污染、气候变化等问题，需要我们以开展综合能源规划为引领，以提高能源效率与节能为关键，以发展清洁煤技术、开发新能源为方向，以建设智慧能源体系为核心，推动能源高质量高速度转型，走绿色、低碳、循环的发展道路。

（1）综合能源规划与管理

未来的能源系统将不再是单独运行、单独规划的独立系统，而是集成当地各清洁能源（生物质能、太阳能、地热能、风能、天然气等）、外部电网及储能装置等多种能源资源输入，提供热能、冷能、电力、燃气等多种能源产品，具有多源多荷特征的综合能源系统，如图 1-2 所示。综合能源系统不是多种能源的简单叠加，而是多种不同品位的能源形式相互耦合、彼此联系的协同运行系统，需要在系统高度上统筹安排各种能量之间的配合关系与转换使用，高效、经济、合理地整合供应侧与需求侧资源，达到能源在不同范围内的优化生产、传输及有效利用的目的，充分发挥不同能源的优势，实现能源的最大化及可持续利用，提高能源利用的环境收益。

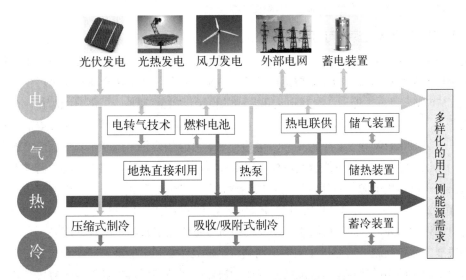

图 1-2　具有多源多荷特征的综合能源系统

（2）提高能源效率与节能

目前我国能源消费主要集中在工业领域，与居民生活息息相关的建筑、交通用能较少，人均能源消费量尚不足发达国家平均水平的 60%。随着现代化建设全面推进、人民生活持续改善，我国能源需求还将持续增长。如果主要依靠开发原生资源或进口满足能源需求，无论能源安全保障还是生态环境容量都将承受很大压力。可见提高能效与节能是满足我国能源需求增长的重要途径之一。

近年来，我国不断强化污染治理，环境质量改善之快前所未有。但随着末端治理的空间不断收窄、成本持续上升，必须从源头上大幅提高能源利用效率，协同推进源头预防、过程控制、末端治理。同时，在应对气候变化中，节能是最具减排潜力、最经济的方式，是实现我国2030年应对气候变化国家自主贡献最主要的途径。节能等技术不断突破，已经成为驱动新一轮科技革命和产业变革的重要动力。作为世界能源消费大国，一方面，超高能效设备产品、低能耗建筑、节能和新能源汽车等在我国有着广阔的市场空间和应用前景，可不断形成绿色发展新动能；另一方面，对传统产业实施节能升级改造，可以赋能实体经济，在绿色转型中形成新的经济增长点。

（3）推广少污染的煤炭开采技术和清洁煤技术

煤炭作为最廉价的化石能源，将在世界能源结构中继续发挥重要作用。对于我国而言，以煤炭为主体的一次能源消费结构在短期内不会发生根本性变化，更需要立足国情，推进煤炭利用向高效清洁的方向转型。煤的高效清洁利用是针对从煤炭开采到最终利用的全过程而言的，需要运用煤炭绿色安全开采、提质加工、清洁燃烧、高效转化及污染控制等多种新技术，以减少污染排放，提高利用效率。在开采环节，主要是解决伴随煤炭一起出现的废石、污水、噪声、有害气体等对环境的污染，以及对人体的危害问题，如采用声波处理、阻化剂、高压净化等措施减小不同气体间的物理化学作用，从而将有害气体的威胁降至最低。煤化工是煤炭清洁利用的另一种方式。所谓煤化工是指以煤炭为原料，经过物理和化学反应转化为气体、液体、固体燃料及化学产品的过程。现代煤化工主要以替代石油路线为基本目标，使用煤炭生产化学品，包括各类烯烃、芳烃、甲醇、乙醇、汽柴油、醋酸等。

（4）开发利用新能源和可再生能源

发展新能源和可再生能源是实现低碳发展的关键，新能源与可再生能源开发利用步伐加快，已成为全球能源增长的新动力。据国际能源署（IEA）统计，2021年全球新增可再生能源装机容量达257GW，可再生能源在全球电力供应中的份额增加至30%，与化石能源相比已具有较强的竞争力，已成为全球能源发展的主力。预计到2026年，全球可再生能源发电能力将再增加60%，达到4800GW以上，可再生能源将为全球电力容量增长贡献95%。加强新能源科技攻关已成为共识，特别是可再生能源发电成本降低和储能技术的突破将强力推动"新能源时代"的到来。我国可再生能源与新能源开发发展迅速，截至2021年底，可再生能源发电装机总规模达到10.02×10^8kW，占总装机容量的45.8%，全年可再生能源发电量近2.5×10^{12}kW·h，占总发电量的近29.9%。目前，可再生能源发电装机容量快速增长与电网容纳能力不足的矛盾成为限制发展的瓶颈问题。通过优化调整电网结构，发展储能和多能源电网组合技术，可提升电网中可再生能源的消纳比例。而储能技术也成为决定新能源和可再生能源能否对传统化石能源实现革命性替代的关键。

（5）能源革命与智慧能源

面对现今能源发展的新挑战，需要我们从能源供给、能源消费、能源技术和能源体制四方面推进能源革命，推动能源行业绿色发展，构建清洁低碳、安全高效的能源体系。在智慧能源的发展模式下，"云大物移智链"等先进信息技术在能源行业的应用将加速信息技术与能源产业的深度融合，引导能源行业向数字化、智能化转型发展，为我国能源革命持续深化与能源结构转型提供坚实支撑。

1.3 资源与人类社会发展

（1）社会发展对自然资源的依赖

人类社会的大厦是建立在各种自然资源基础上的，没有丰富的自然资源，没有人类长期对各种资源的开发利用，人类社会是不可能发展的。无论人类社会发展到什么阶段，自然资源是发展的根据这一真理亘古不变。在工业革命之前，尽管人类的盲目开发造成了局部的资源枯竭与生态失衡问题，但自然资源存量相较于低下的人类生产力水平而言仍是近乎无限的。因此，人类社会与自然的关系主要表现为人类对自然资源的索取。自然资源，尤其是可再生资源，对人类活动的规模与性质存在很强的硬性制约，由此也产生了崇拜自然与敬畏自然的社会观念。工业革命之后，人类生产力空前提高，煤炭、石油等不可再生资源成为支撑人类活动的基础资源，社会规模开始急剧膨胀。在这一阶段，人类社会与自然的关系表现为人类对环境的无度索取，生产与消费更多的物质产品成为社会发展的主要目标。然而，这种发展模式也带来了一系列严重的资源与环境问题，人类社会与自然资源的关系也变得更为复杂。

（2）自然对人类社会的报复

人类的发展成果是以加大对环境资源的索取与加重环境污染为代价的。当人类活动没有影响到自然环境的恢复力与稳定性时，此时的社会发展模式尚可以持续下去。当人类活动的深度与广度超过自然环境的承载能力时，传统发展模式的弊端开始显示出来，主要表现为：

① 自然资源耗竭与能源短缺。由于某些自然资源存量有限，大规模的持续开发利用导致其逐渐枯竭，当没有替代用品时，就会产生严重的社会危机，如石油危机。

② 环境污染。在自然资源被利用的过程中，一些残余废弃物重新回流自然，对自然环境或自然资源产生强烈的破坏作用，如洛杉矶光化学烟雾、熊本水俣病等。

③ 全球性环境问题。20 世纪 80 年代后，环境问题由局部的水体污染、大气污染等问题发展为全球系统性问题，如全球气候变暖、臭氧层破坏、生物多样性减少等。

1.4 循环经济与社会经济可持续发展

1.4.1 资源、环境与社会发展的关系

人、自然资源与环境是社会经济发展的三个要素。以大气圈、水圈、生物圈、土壤圈、岩石圈为基本要素的自然环境，以及寓于环境中的淡水、耕地、矿产、林木等自然资源，是人类赖以生存发展的物质基础和活动空间。人类社会是整个自然界的一个特殊部分，是随着以劳动为基础的人类共同活动及相互交往等社会关系的发展而形成的。人是形成社会和经济的主体，但社会经济的发展离不开资源的支撑，而人与自然环境的关系更是社会经济发展的前提。科技的进步创造了前所未有的生产力，极大地推动了社会经济的发展，但高消耗、高污染的粗放发展模式也带来了一系列灾难性后果。如何协调经济和资源、环境，形成相互促进的良性发展，

是我们需要持续关注和研究的课题。要做到这一点，首先应建立正确的资源和环境价值观念，主要包括以下几点：

首先，资源是人类社会存在和发展的物质基础，但并非取之不尽、用之不竭。经济的发展是资源满足人们需求的体现，资源承载能力是决定经济发展水平的基本要素。随着经济增长，人口持续增加，生活水平不断提高，人类对资源的需求消耗一直呈上升的趋势。然而，由于大部分资源的有限性和不可再生性，如果继续沿袭过度开发、低效利用的发展模式，势必导致资源的退化衰竭。一旦失去资源的持续供给，人类的生存和发展也将无以为继。

其次，环境为经济发展提供空间支持，但环境对污染的承载能力有限。环境是各种生物存在和发展的空间，是资源的载体；环境接受来自经济体生产加工过程和人类生活的废弃物，并将其净化处理，是资源承载能力和经济生产能力以及人类生活的重要保障。然而环境的自我净化能力受环境的容量、气象气候、地形地貌等因素制约，对不同废弃物的处理能力也各不相同。当环境所接受的废弃物的种类和数量超过其自净能力后，势必引起不同程度的污染甚至全球性环境公害。环境污染不但对自然资源和生态环境造成破坏，也会危及人类健康及生命，从而阻碍社会经济的持续发展。

最后，发展是解决资源、环境问题的根本。有一种观念认为发展是造成环境污染的罪魁祸首，如果关停一切污染企业就可以彻底解决污染问题。这类观念的错误在于只看到了经济活动对资源的索取和对环境的污染，没有认识到经济活动又以物质再生产功能为资源、环境的持续发展提供物质、技术和资金支持。在经济进入新常态、经济转型尚未完成的当下，简单的关停不但无益于企业转型升级，还对环保的两大基石——经济发展和社会稳定起到阻碍作用。没有经济支持也就谈不上环保可持续性，环境优先不是舍弃 GDP，不是将环境和经济发展完全对立，而应是最大限度地统筹环境与发展。发达国家的历史经验表明，环境问题最终还是要通过发展来解决。只有当经济发展到一定程度，才有可能将更多的资金用于培育和发现更多的资源，升级资源开采技术，提高资源利用率，从而确保资源的持续供应；也只有当经济不断发展，才能够提高环保投入和环境改造技术水平，从而提升环境的承载能力。

可见，资源、环境与经济处于相互依赖、相互影响的统一整体之中，只有当资源、环境和经济系统之间和谐一致、协调发展，才能建立一种良性循环，实现整个经济社会的可持续发展。

1.4.2　循环经济

自 20 世纪 60 年代开始，世界上对社会经济应如何实现可持续发展的讨论已经经历了近半个世纪。直到 20 世纪末生态经济学家介入讨论后，提出了效法自然生态中物质在植物（生产者）-动物（消费者）-生物（分解者）之间循环和利用低品位可再生能源（太阳能）驱动的法则来组织社会经济活动的"循环经济"理念，才使人类对可持续发展的认识进入了新阶段。

（1）循环经济的内涵与目标

循环经济也称为资源闭环利用型经济，是在保持生产扩大和经济增长的同时，通过建立"资源→生产→产品→消费→废弃物再资源化"的物质全生命周期清洁闭环流动，把清洁生产、资源综合利用、可持续能源开发、灵巧产品的生态设计和生态消费等融为一体，运用生态学规律指导人类社会经济活动的新经济模式。

循环经济追求的目标是：充分、重复、循环利用资源；优化资源利用，开发可再生能源；环境与生态保护；效率和利润最大化、精细化、高附加值化。同时用这四条标准，审视所有现行生产过程。

（2）循环经济建设层次

循环经济的建设是十分复杂的系统工程,需要建设三个平台作为支撑:①循环经济理论平台;②相应的工程实践平台;③生态法律、规章、教育、道德平台。出于推进循环经济实践的需要,在操作层面上,循环经济的建设层次被概括为三个循环:小循环（在企业内部组织循环经济）,中循环（在企业间或生态园区内组织循环经济）,大循环（在全国、全社会内组织循环经济）。

在企业层次要求每个企业都应该力争做到清洁生产,绿色生产,既能充分实现物料、能源的高效利用,从源头防止污染和保护生态,又可以提高生产的利润和效率,这当然也必须有先进的科技来支撑。

在企业集群层次建设生态工业产业园区,在此界区内实现物质流、能量流、信息流、资金流等的最佳配置,这个厂的废物可以在另一个厂内得到利用,这需要系统工程、软科学的支撑。

在社会层次建设循环经济型社会要求必须有相应的法律规章、制度、宣传教育、道德养成建设。

循环经济建设的平台支撑与层次之间的关系如图 1-3 所示。可以看到,循环经济中工程科学的基础地位是不容置疑的,缺乏科学技术的支撑,循环经济理念将是海市蜃楼。

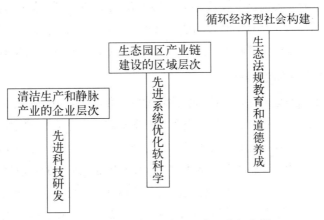

图 1-3　构成循环经济的三个层次与支撑

（3）知识经济对循环经济的支撑作用

循环经济要求经济生态化,其基础在于产业的生态化。与其他生态经济不同的是,循环经济具有显著的减物质化特征,在产业模式和经济形态上要求经济活动的"三化":绿化、轻化和软化。"三化"分别对生态经济、知识经济和服务经济的发展提出了新的要求。

循环经济的产业支撑体系由三部分构成:新经济产业、生态产业和废物回收产业。新经济产业主要是以知识经济和服务经济为主体的产业形态,它们具有渗透性、提升性和导向性。循环经济的产业支撑体系还包括生态化的"动脉产业",以及"静脉产业"。"动脉产业"是指开发利用自然资源而形成的产业;"静脉产业"是指围绕废物资源化而形成的产业。它们的典型形态分别是生态产业和废物回收产业。

知识经济和循环经济被认为是实现可持续发展的两大重要途径。知识经济将信息提升到与物质、能源同等重要的地位，其实质是高效地创造、组织加工、传递和利用非物质化的信息资源；循环经济是对线性经济的提升，它以物质资源的循环利用和能源的高效利用为主要特征，包括生态工业、生态农业、生态消费和静脉产业子系统（图1-4）。

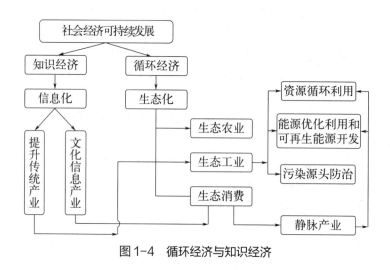

图1-4　循环经济与知识经济

信息为循环经济的发展提供了技术支撑。信息有助于降低能耗，信息控制技术使自然资源得到节约，信息技术加强了信息的替代功能，减少了由物质流所造成的资源浪费。信息技术、信息产品和信息服务可以大大节约国民经济活动中各项基本资源的使用和消耗。

（4）循环经济的自然科学基础

循环经济的根本目的就是保护日益稀缺的环境资源和提高环境资源的配置效率，以达到最优化配置。循环经济的实现要求必须具有坚实的科学基础。热力学第一定律说明循环经济所倡导的物质流、能量流的重复利用和优化利用是可能的。热力学第二定律说明物质循环利用要付出代价，即物质和能量的品位会下降。普里高津（Ilya Prigogine）的耗散结构理论说明必须引入负熵流，系统才能维持有序和发展，促进物质品位提升，从而得到重新利用，而且在适当的条件下，耗散结构的涨落效应可以使线性经济系统转变成为结构和功能更为有序的循环经济系统。近代信息学的发展可以通过对物质流、能量流、信息流的优化集成使总体系的效益优化增值。爱因斯坦的质能关系则揭示了负熵流最终源泉的本质。上述基本原理构成了循环经济的自然科学基础。

1.4.3　生态工业过程技术开发原则

生态工业是按生态经济原理和知识经济规律组织起来的基于生态系统承载能力、具有高效的经济过程及和谐的生态功能的网络型和进化型工业。生态工业的目标是形成成熟的生态系统，即物质实现闭合循环，能量实现最优利用。为了发展生态工业，实现资源循环利用、能源优化利用和污染源头治理的总目标，应该遵循以下几项基本原则。

（1）进化替代原则

进化替代原则主要是通过引入新资源、新能源、新材料、新工艺实现生产过程清洁化，得到环境优化且附加值高的新产品。清洁生产涵盖从原料到产品的全过程，包括：使用无毒害原料、溶剂、催化剂的新工艺过程代替传统污染工艺；使用清洁可再生能源代替传统的化石能源来减少环境污染，实现"双碳"目标；使用细胞工厂生产生物基产品，实现可持续发展；使用绿色多孔吸附材料，可以高效且低耗能地分离结构相似物，实现分离过程清洁化。生产对环境友好的产品，如生物降解塑料、生物燃料等，特别是前者，其整个生命周期都是清洁的，是典型的全生命周期清洁化产品；提高反应产品的专一性，反应的选择性和收率；采用"原子节约"反应工艺路线等。例如，针对白色污染问题的技术进化方案为：在碎料制品成型时，加入大量淀粉、纤维素，使其在废弃后易分散成小粒，或者采用发酵法生产乳酸、聚乳酸可降解塑料，抑或采用细胞培养法在大肠杆菌内生成可代谢塑料，用于人造血管、骨钉、缝线等。

（2）减量化原则

减量化原则是指通过资源循环利用、降低生产过程物耗与能耗、提高产品的功能性等措施，减小生产、流通、消费等各个环节对环境的压力。根据市场对产品功能的需求来设计和制造产品是有利于物流高效利用和减量化的好方法，如控释复合肥的合成。我国氮肥、磷肥、钾肥的产量和消费量均居于世界前列，但化肥的利用率较低，主要是因为化肥在土壤中的分解速率与植物吸收速率不匹配。采用包膜缓释技术，使化肥的释放速率能够跟随植物的生长周期需求而变化，可有效解决化肥利用率低造成的资源浪费与环境污染问题。

具有同样功能的产品在品种选择时，应以低物耗和低能耗工艺优先。例如，煤液化生产车用燃料有以下几种工艺可选：一是煤直接加氢液化，需要约 5.5t 煤合成 1t 液体燃料；二是煤间接液化，约需 5t 煤合成 1t 液体燃料；三是合成乙醇，合成路线长，经济上不合理；四是合成二甲醚，尽管二甲醚的热值低于柴油，但是合成 1t 二甲醚的煤耗量仅为 2.6t，且燃烧过程氮氧化物等排放量也大幅降低，因此被公认为清洁代替燃料。再例如物质分离过程，以能耗由大至小排序为精馏、萃取-反萃取、吸附-脱附、膜技术等，应优先选用低能耗工艺。以 CO_2 捕集为例，传统化学吸收法捕集 $1t\,CO_2$ 的能耗在 3.5GJ 左右，而基于绿色多孔材料的吸附分离法可以显著降低能耗，预计捕集 $1t\,CO_2$ 的能耗在 1.2GJ 左右，这主要是由于其吸附机理在本质上比传统分离过程拥有更低能耗。

（3）再利用原则

由于各种能量和资源的品位不同，如电能品位高于热能，高温热能品位高于低温热能，新鲜水品位高于含有一定杂质的过程水，因而在使用时应按能源和资源的品位逐级加以利用，此即为过程系统集成技术。其本质在于把整个过程作为一个有机整体进行分析和优化，使其能源和资源的再利用最大化，并使系统的废物生成量和排放量最小，最大限度获得节能减排的效果。在化工、能源、石油、材料等过程工业中已广泛采用能量和资源集成技术，如利用夹点技术进行企业换热网络规划，采用有机朗肯循环进行低温余热发电，采用水系统集成技术降低新鲜水消耗和废水排放等。

（4）再资源化原则

再资源化原则针对的是"输出端"，要求使用后报废的产品，通过加工处理，使其变为再生资源、再生原材料或能源，重新进入生产领域，是一个推进资源循环利用的良策。这一原则追求废物的回用率，废物回用率高，既可以减轻资源压力，又可以减轻环境压力。

随着全球人口的增长和经济的快速发展，固体有机废弃物包括餐厨垃圾、污泥、秸秆等产量急剧增加，如果处置不当，将会引起严重的环境问题和资源浪费。例如，全球每年餐厨垃圾的产量达 $1.3 \times 10^9 t$，餐厨垃圾富含有机质和营养元素，若采用传统的焚烧和填埋技术，存在能耗高、产生温室气体、占地面积大和资源浪费等问题，不能满足环境友好和经济可持续对于餐厨垃圾处置的要求。基于生物处理的餐厨垃圾全量资源化集成技术，可将餐厨垃圾中的氮磷等营养成分转化为有机肥而回用于农业，将餐厨垃圾中的碳源转化为生物甲烷或生物乙醇用作清洁能源，不但可实现餐厨垃圾中资源的全量回收，而且能够减少餐厨垃圾的排放量，有助于实现环境和经济的可持续性。

在日本，人们把将废弃物转换为再生资源的企业形象地归入"静脉产业"，因为这些企业能使生活和工业垃圾变废为宝、循环利用，如同将含有较多二氧化碳的血液送回心脏的静脉。例如，加茨公司和日本生态农业等公司合作把餐厨垃圾产生的地点，如城市中的食品加工厂、食品店、饭店、超市等，与清洁公司和农户等饲料、肥料使用者联系在一起，组成食品资源循环利用网和生态社区；与此同时，研发专供家庭用的生活垃圾原位资源化处理器，产生的有机肥料可直接用于家庭绿化使用。此外，一些日本公司研发的生活垃圾发酵制备甲烷和氢气技术，产生的氢气可用作燃料电池的燃料。静脉产业的资源利用方式提高了资源的使用效率，减少了环境污染，同时又具有良好的经济效益。

（5）综合共生原则

产品共生是根据给定资源和预期可能的中间产物或产品，构成多产品共生的反应路径，以使经济目标最优和废物排放最小。例如，大多数企业在采用电炉炼磷工艺生产黄磷时，会将气体副产物燃烧放空，将大部分矿渣直接排放，不仅使企业产品结构单一，降低了资源利用率，而且还严重污染环境。据统计，每生产 1t 黄磷就会产生约 $2500 m^3$ 以一氧化碳为主成分的尾气。将尾气净化提纯，可得到附加值更高的二甲醚等化工产品。此外，副产的硅酸钙矿渣也可以再经深加工制成微晶玻璃砖等产品。这样，在得到黄磷产品的同时，废弃的黄磷尾气和磷矿渣也被完全利用，从而实现多种产品的共生，加速工业的生态化转型。

（6）集成优化原则

通过多种产业的综合协调发展，使得某一产业的副产物或废料成为另一产业的原料资源加以利用，由模拟自然生态系统建立生态工业系统，通过对"生产者-消费者-分解者"的循环"食物链网"的模拟，形成物质流的"生态产业链"或"生态产业网"，同时能量流形成多次梯级利用，使一定界区内的多行业、多产品得到联合发展，形成生态工业园区。生态工业园区是建立在工业产业结构、生产方式和技术装备的整体规划，以及物质流、能量流、信息流区域优化组合基础之上，以大幅提高能源资源利用效率，实现园区的绿色低碳发展。

1.4.4　发展循环经济的重要意义

首先，循环经济发展模式是我国实施可持续发展战略的选择。循环经济发展模式以可持续发展理论为指导，用综合性指标看待发展问题，主张从根本上解决环境污染、资源短缺等问题。这种模式可实现经济效益、社会效益和环境效益的协调统一。在传统经济发展模式下，人们片面追求物质效益，特别是随着工业化和城市化进程的推进，自然生态环境遭到了严重破坏，经济长远发展受到很大的制约。

其次，循环经济也是我国走新型工业化道路的必然选择。我国提出要走新型工业化道路，其特点是经济效益好、科技含量高、资源消耗低、环境污染少、充分利用人力资源优势。循环经济要将经济活动组织成一个"资源-产品-消费-再生资源"的物质反复循环流动的过程，这从长远的战略发展来看与可持续发展的目标是统一的。

最后，发展循环经济是保持和提高国际竞争力的重要手段。我国经济过去保持了较高的增长，产品在国际上有一定的竞争力，原因之一是优质资源总量能够维持这样的增长。但我国当前单位产品资源能源消耗量过大的现象还很严重，优质生态和环境总量的保有量急剧下降。未来国际竞争的一个重要方面是资源之争，因此我国应尽快走循环经济道路。

思考题

1. 人类应该如何协调人与资源、环境的关系？请结合实例说明。

2. 了解自己家乡土地、矿产、水、能源等资源的情况，并就家乡的社会经济发展模式提出建议。

3. 在你的日常生活中可以发现哪些节能机会？

4. 何谓"温室效应"？引起温室效应的物质有哪些？如何控制温室效应？

5. 结合你的理解，谈一谈可持续发展的概念和内涵。

参考文献

[1] 黄峰, 杜太生, 王素芬, 等. 华北地区农业水资源现状和未来保障研究. 中国工程科学, 2019, 24(5): 28-37.

[2] 吴芳, 张新锋, 崔雪锋. 中国水资源利用特征及未来趋势分析. 长江科学院院报, 2017, 34(1): 30-39.

[3] 国务院第三次全国国土调查领导小组办公室, 自然资源部, 国家统计局. 第三次全国国土调查主要数据公报, 2021.

[4] 郭晓娜, 陈睿山, 李强, 等. 土地退化过程、机制与影响——以土地退化与恢复专题评估报告为基础. 生态学报, 2019, 39(17): 6567-6575.

[5] 朱锐. 火: 工具与心灵. 科学·经济·社会, 2021, 39(1): 22-29.

[6] 邹才能, 潘松圻, 党刘栓. 论能源革命与科技使命. 西南石油大学学报(自然科学版), 2019, 41(3): 1-12.

[7] 朱法华, 王玉山, 徐振, 等. 碳达峰、碳中和目标下中国能源低碳发展研究. 环境影响评价, 2021, 43(5): 1-8.

[8] 项目综合报告编写组.《中国长期低碳发展战略与转型路径研究》综合报告. 中国人口·资源与环境, 2020, 30(11): 1-25.

[9] 王书肖, 赵斌, 吴烨, 等. 我国大气细颗粒物污染防治目标和控制措施研究. 中国环境管理, 2015(2): 37-43.

[10] Wei H, Liu W, Zhang J, et al. Effects of simulated acid rain on soil fauna community composition and their ecological niches. Environmental Pollution, 2017, 220: 460-468.

[11] 陈卫忠, 马永尚, 于洪丹, 等. 泥岩核废料处置库温度-渗流-应力耦合参数敏感性分析. 岩土力学, 2018, 39(2): 407-416.

[12] 张勇. 节能提高能效推动高质量发展. 中国经贸导刊, 2020(19): 4-5.

[13] 邬晓燕. 论技术范式更替与文明演进的关系——兼论以绿色技术范式引领生态文明建设. 自然辩证法研究, 2016, 32(1): 122-126.

[14] 金涌, 周禹成, 胡山鹰. 低碳理念指导的煤化工产业发展探讨. 化工学报, 2012, 63(1): 3-8.

[15] 李飞虎, 李瑛. 广义循环经济视阈下城市发展的绿色创新研究. 科技管理研究, 2013, 33(5): 14-16, 34.

[16] 宋宇, 孙雪. 经济循理论的比较与启示. 经济纵横, 2021(8): 1-11.

[17] 陈志恺. 中国水资源的可持续利用问题. 水文, 2003, 23(1): 3-7.

[18] 石虹. 浅谈全球水资源态势和中国水资源环境问题. 水土保持研究, 2002，9(1): 145-150.

第二章

可再生能源

目前，全球可再生能源开发利用规模不断扩大，特别是以太阳能发电、风力发电、小水电为代表的新兴清洁能源产业，近年来因受到世界各国的高度重视而迅速发展，有望在不久的将来由替代能源变为主力能源。

本章首先介绍了包括太阳能、水能、风能、地热能、海洋能、生物质能在内的 6 种主要可再生能源的储量、分布及特点，并简要梳理了各种可再生能源的开发利用历史、现状及前景。随后，针对太阳能发电、风力发电和水力发电技术，讲解了如何将可再生能源持续、稳定、高效地转换为清洁的电力，并重点介绍了光伏发电与光热发电两种太阳能发电技术的系统组成、关键设备及商业运行情况。最后，针对可再生能源技术的社会经济效益，当前可再生能源面临的挑战及未来发展方向等基本问题进行了探讨与总结。

2.1 概述

2.1.1 可再生能源定义及分类

可再生能源是指存在于自然界中可以循环再生的能源，可在无人力参与情况下自动再生，因而不会随着转化或人类的利用而日益减少。严格的可再生能源包括太阳能、水能、风能、生物质能、海洋能等，而核聚变能、地热能因储量巨大，在一定程度上也可认为是可再生能源。

（1）太阳能

太阳能资源是指到达地球表面的太阳辐射总量，包括太阳能的直接辐射和天空散射。太阳能是太阳内部连续不断的核聚变反应过程产生的能量，并通过辐射的方式向四周传播。太阳的辐射功率为 3.8×10^{23}kW，其中仅有约 22 亿分之一到达地球大气层。而到达地球大气层的太阳能，30%被大气层反射，23%被大气层吸收，最终到达地球表面的辐射功率为 8.0×10^{13}kW。即便如此，全球每年能源消费的总和也只相当于太阳在 40min 内送达地表的能量。全球大部分陆地地表的年太阳总辐射量在 $4.5 \times 10^9 J/m^2$ 之上，属于太阳能资源可利用地区。根据国际太阳能热利用区域分类，太阳能资源最为丰富的地区包括北非、中东、美国西南部和墨西哥、南欧、澳大利亚、南非、南美洲东西海岸和中国西部地区等。

（2）水能

水不仅是生命之源，也是重要的能量载体。狭义的水能主要是指蕴藏于河川水体中的势能和动能。在太阳能的驱动下，地球上的水循环持续进行着，其中，地表水的流动是重要的一环，在落差大、流量大的地方，水能资源丰富。水能资源作为一种清洁的可再生资源，在世界范围内都具有非常高的经济环境效益。全世界的水能资源理论蕴藏量为 $4.0 \times 10^{13} kW \cdot h/a$，其中，技术可开发水能资源为 $1.4 \times 10^{13} kW \cdot h/a$，经济可开发水能资源为 $8.1 \times 10^{12} kW \cdot h/a$。目前，全球已经开发利用的水能资源为 $2.1 \times 10^{12} kW \cdot h/a$，只占了能够开发利用的水能资源的15%。我国水量资源为 $2.8 \times 10^{12} m^3/a$，居世界第六。但是，由于我国河流众多，流域广阔，落差巨大，水能蕴藏量极为丰富，位居世界第一。我国大陆地区水能资源理论蕴藏量为 $6.1 \times 10^{12} kW \cdot h/a$，其中经济可开发资源折合年发电量为 $2.5 \times 10^{12} kW \cdot h$，均居世界第一。我国水能资源有约 70% 分布在西南地区，其中长江水系最多。

（3）风能

风能是流动空气产生的一种动能，是太阳能的一种转化形式。风能的大小取决于风速和空气密度。据估计，到达地球的太阳能中虽仅有约 2% 转化为风能，但其总量仍然十分可观。全球每年可开发的风能高达 $6.1 \times 10^9 kW$。世界风能资源多集中在沿海和开阔大陆的收缩地带，如美国加利福尼亚州沿岸和北欧地区。世界气象组织根据平均风能密度和相应的年平均风速，将全世界风能资源分为 10 个等级。大陆上风能一般不超过 7 级，而 8 级以上的风能高值区主要分布在南北半球中高纬度洋面上。我国风力资源较为丰富。据估计，全国陆地可利用风能资源 $2.5 \times 10^8 kW$，加上近岸海域可利用风能资源，共计约 $1.0 \times 10^9 kW$。主要分布在两大风速带：一是"三北地区"；二是东部沿海陆地、岛屿及近岸海域。受地理位置影响，在这些地区建设风能开发设备需要更先进的技术，同时要考虑当地的经济发展水平，增加了风能开发利用的难度。另外，风能与太阳能一样，是一种间歇能源，一般需要配合其他能源使用（如水电、火电），以便向电网平稳输出电力。

（4）地热能

地热能是蕴藏在地球内部的热能，是地球内部放射性物质衰变放热的结果。地热能资源储量丰富，分布广泛但不均衡。世界地热能基础资源总量为 $1.25 \times 10^{27} J$，按每公斤标准煤含热 7000kal（$2.93 \times 10^7 J$）计相当于 $4.3 \times 10^{16} t$ 标准煤，是当前全球一次能源年度消费总量的 200 万倍以上。全球地热能主要集中在 4 个高温地热带上，分别是大西洋中脊地热带、东非裂谷地热带、环太平洋地热带及地中海-喜马拉雅地热带。

我国是地热资源大国，境内分布有两个全球性地热带，同时还有不少中低温地热分布在一些内陆盆地沉积层。我国已探明地热资源储量为 $3.1 \times 10^9 t$ 标准煤，远景储量超 $1.3 \times 10^{11} t$ 标准煤，目前已开发利用的相当于 $3.0 \times 10^5 t$ 标准煤，仍具有很大的发展潜力。根据地热资源的性质和赋存状态可将其分为水热型、地压型、干热岩型和岩浆型四类，其中，水热型地热资源是现在开发利用的主要地热资源。

（5）海洋能

海洋能指依附在海水中的可再生能源，包括潮汐能、潮流能、海流能、波浪能、温差能、盐差能等。地球表面的海洋面积约为 $3.6\times10^8km^2$，海水平均深度 3800m，整个海水容积达 $1.4\times10^9km^3$。一望无际的海洋不仅为人类提供丰富的水源和矿藏，而且还蕴藏着巨量的机械能和热能。据测算，全球海洋能资源理论上每年可发电 $2.0\times10^{15}kW\cdot h$，约为 2020 年全球电力供应的 75 倍。海洋能大部分来自太阳的辐射和月球的引力。例如：由月球等地外天体的引力导致的海面升高形成位能，称为潮汐能；由上述引力导致海水流动（有规则的双向流动）产生的动能称为潮流能；非潮流的海流受风驱动或海水自身密度差驱动，其动能称为海流能；太阳能的不均匀分布导致地球上空气流运动，进而在海面产生波浪运动，形成波浪能；太阳辐射到地球表面的太阳能大部分被海水吸收，使海洋表层水温升高，形成深部海水与表层海水之间的温差，因而形成由高温到低温的温差能；盐差能是指海水和淡水之间或两种含盐浓度不同的海水之间的化学电位差能，主要存在于河海交接处。

我国海洋能资源十分丰富，可开发利用规模达 1.0×10^9kW。其中，沿岸潮汐能资源可开发总装机容量为 2.2×10^7kW，年发电量为 $6.2\times10^{10}kW\cdot h$；沿岸波浪能资源平均理论功率为 1.3×10^7kW，近海及毗邻海域波浪理论功率达 $5.7\times10^{11}kW$；沿岸 130 个海峡、水道的潮流能理论平均功率为 1.4×10^7kW；黄海、东海、南海及台湾以东海域的温差能资源可开发装机容量约为 3.6×10^8kW；全国沿岸盐差能资源理论功率约为 1.2×10^8kW。

开发利用存量巨大的海洋能对缓解能源危机和环境污染问题具有重要的意义，然而，由于海洋能的能流密度较低，且这些能量资源大多蕴藏于自然条件恶劣、远离用电中心区的海域，因而开发难度大、技术成本高。目前，只有潮汐能实现了商业开发。但随着技术的发展，海洋能必将成为未来能源供给的重要组成部分。

（6）生物质能

生物质能是指以自然界生物质为载体，直接或间接利用植物的光合作用将太阳能以化学能的形式储存在生物质中的一种持续可再生能源。生物质能也是唯一可替代化石能源转化成气态、液态和固态燃料以及其他化工原料或者产品的碳资源。据估计，全世界每年由光合作用而固定的干生物量达 $1.7\times10^{11}t$，含能量约 $3\times10^{18}kJ$。目前，作为能源利用的生物质仅占其总量的不到 1%，却提供了世界能源消费总量的 15%，仅次于化石能源，开发潜力巨大。

我国的生物质资源种类繁多、数量可观、分布广泛，其中适合于能源利用的主要有五大类，包括农业生物质能（如秸秆、稻壳等）、林业生物质能（薪柴、落叶等）、禽畜粪便、城市固体废物、生活污水和工业有机废水。据统计，我国每年农业生物质可收集量约为 4.5×10^8t，折合标准煤约 1.8×10^8t；林业加工过程产生的木质废弃物 $4.0\times10^7m^3$，折合标准煤 2.5×10^6t；禽畜粪便干重达 5×10^8t，折合标准煤约 7.8×10^7t。综合此三项，我国每年可利用的生物质能约为 2.6×10^8t 标准煤，占农村能源消费总量的 70% 左右。由此可见，我国生物质能资源量巨大，具有广阔的发展空间。

2.1.2 可再生能源及其利用途径

可再生能源存量巨大，在世界各地均有分布，开发利用可再生能源，对于保护生态环境、实现可持续发展具有重要意义。实际上，人类对可再生能源的开发利用具有悠久的历史，在早期文明阶段更是完全依赖可再生能源，如薪柴用于取暖、炊事，风力用于提水、磨面等。工业革命之后，随着蒸汽机和内燃机的发明，煤炭、石油等化石能源的使用规模迅速扩大，不可再生能源逐步取代以生物质能为代表的可再生能源成为新的支柱能源。然而，化石能源的存量有限以及环境污染等问题严重制约了人类社会的可持续发展。面对此危机，人类再次把目光投向了清洁的可再生能源，然而受资源条件、技术水平及生产成本等因素的影响，不同类型的可再生能源开发利用形式与程度也不尽相同。

（1）太阳能

自古以来人类就懂得利用太阳的光和热。在西周时代，当世界上许多民族还在钻木取火时，我国先民已经发明和使用了阳燧，利用凹面镜的聚光作用实现向日取火。古人还利用太阳能干燥农产品，并作为保存食物的方法，如晒谷、晒咸鱼等，甚至掌握了日光疗法。此外，太阳能还在食盐的生产上发挥着重要作用。随着技术的进步，如今太阳能利用早已突破了太阳能-低品位热能转换的初级阶段，并逐步发展出太阳能-机械能（如太阳帆）、太阳能-冷能（如太阳能吸收式制冷系统）、太阳能-电能（如光伏发电、光热发电）、太阳能-化学能（如太阳能制氢、热化学储能）等能量转换技术。由于太阳能资源本身的间歇性、分散性、不稳定性等特点，导致现有大规模利用太阳能的技术还存在成本高、转换效率低的问题。

（2）水能

人类对水能资源的利用同样具有悠久的历史。根据文献记载，大约东汉时期我国就已经掌握利用水车进行引水灌溉的技术，从而极大减轻了地形对耕地的限制，为我国农业文明的发展做出了很大贡献。此外，古人还发明了水排、水磨、水碓等多种装置，以及鱼梁捕鱼技术，以在生产、生活中充分利用水能。总体而言，早期水能利用只是将小规模的水能转化为机械能，直到水力发电机发明以及高压输电技术发展之后，水能才被大规模开发利用。目前，水力发电几乎已成为水能利用的唯一方式，水电也成为水能的代名词。

从1878年法国建成世界首座水电站，到2021年全球水电累计装机规模超过$1.36×10^9$kW，水力发电经历了快速发展，但仍未达到成熟期。目前，水电发展面临建设成本高、环境争议大、创新力度小等突出问题。就我国而言，未来水电发展将重点围绕小水电、抽水蓄能、风光水互补等方向进行布局。

（3）风能

与水能类似，人类早期对风能的利用也主要是基于风能-机械能转换技术，如风车、风筝、帆船等。丹麦地处波罗的海沿岸，风力资源非常优异，十分重视对风能的开发利用。19世纪末，丹麦已拥有3000台工业风车，以及3万台用于家庭和农场的风车。1890年丹麦建造了世界第一台风力发电站，并在短短8年时间内陆续建造了数百台风电站。早期的风电站单机功率较小（一般＜5kW），且风力发电在经济上的优势随石油价格下降而消失，故而渐渐退出历史舞台。直至20世纪20年代，受空气动力学发展的带动而再次引起关注。2021年，全球风电装机容量已达到$8.2×10^8$kW，单台风电机组功率已超过3000kW（海上风机）。与太阳能相似，风能本身具有波动性及间歇性的特点，使得风电调度困难，弃风限电问题突出。未来，风力发电的发展将体现大型化、变桨距、由陆向海等特征。

（4）地热能

人类早期主要是对地热能进行直接提取与利用，如温泉沐浴、医疗，农作物温室与水产养殖，以及烘干谷物等。现代地热能的开发始于1904年意大利开创的地热发电，但直到1970年世界地热能的利用量仍很微小，地热发电仅在意大利、新西兰、墨西哥、美国、日本和苏联6个国家应用，总装机容量678MW。石油危机的爆发加速了地热能的开发，整个70年代地热发电装机容量增长了2倍。同一时期，李四光提出"把开采地下热水与采煤、采油放在同等地位"的口号，标志着我国将地热（温泉）作为能源资源的一个重大转折。随后，我国陆续在广东丰顺、湖南宁乡等地建成了7座中低温地热发电装置，均成功发电，并在江西宜春温汤成功创造了67℃热水发电100kW的最低温度地热发电的世界纪录。截至2021年，全球地热发电装机容量达到15644MW。除地热发电外，地热直接利用技术也在日益发展。目前，地热能利用中的问题主要在于利用效率低、地热资源再生速度慢、资源勘察落后、环境影响大等。未来，地热能利用也将向干热岩等非常规地热、浅层地热、海上地热等方向拓展，并加强含水层热能储存技术与太阳能、热泵等技术的耦合。

（5）海洋能

海洋能形式多样，但普遍对开发技术水平要求较高，因而人类对海洋能的利用长期停留在初级阶段。例如，沿海居民根据潮汐的规律进行航行、捕捞和晒盐，主要是对潮汐所携带的机械能的直接利用。随着科技的进步，人们利用海洋能的广度和深度都在不断增长。目前，对各种海洋能的开发利用均以发电为主，少部分海洋能（波浪能、温差能）还可用于海水脱盐、供暖和空调等。从目前技术来看，潮汐能发电最为成熟，世界最大潮汐电站的装机容量已达254MW。波浪能和海流能的优势在于能流密度大，能量转换装置尺寸小，其中，波浪能由于分布更广已成为潮汐能之后的重点开发对象，一些发达国家已经开始建造小型波浪发电站。从能量形式看，温差能属于热能，因而其在能量转换效率和发电成本方面不及潮汐能、波浪能等机械能，但温差能在发电的同时还可以产出淡水，值得更多关注。

（6）生物质能

从人类文明诞生开始，生物质能就一直是人类赖以生存的重要能源。长期以来，生物质主要被用作燃料，人类通过直接燃烧的方式获取热量，是一种简单的生物质能-热能转换过程。传统的燃烧方式工艺简单，但生物质的热值与利用效率较低。此外，随着技术的进步，生物质本身的原料属性也逐渐得到重视，生物质转化技术得到快速发展。现代生物质能的利用主要有直接燃烧、热化学转换和生物化学转换3种途径。生物质的固化成型技术，不仅方便了生物质的运输和储存，也显著地提升了生物质的燃烧效率。生物质气化技术通过热化学反应产生品位较高的可燃气（如CH_4与CO），不仅热效率更高，还可用于化工生产、取暖、发电等。基于发酵技术的生物质沼气制备技术也已发展成熟，并发展成热电肥联产等模式。生物质液体燃料已成为最具潜力的替代燃料，其中生物柴油和燃料乙醇技术已经实现了规模化发展。此外，生物基材料及化学品也是未来发展的重点方向之一。

2.1.3 可再生能源利用现状及前景

随着全球新一轮能源革命的开始，在高技术发展的支持下，国际上大规模开发利用可再生能源的技术已取得重要突破，可再生能源已成为能源系统中发展速度最快的类型。据国际可再生能源署（IRENA）统计，截至 2021 年底，全球可再生能源累计装机容量达 3064GW，其中水电所占比重最高，装机容量达 1230GW（不含抽水蓄能），太阳能和风能紧随其后，分别为 849GW 和 825GW（表 2-1）。可再生能源的快速发展必将对全球能源结构产生重大而意义深远的影响。

表 2-1　2021 年全球可再生能源装机容量

项目	全球装机/GW	中国占比/%	新增装机/GW	中国占比/%
可再生能源发电（不计离网）	3063.926	33.3	256.661	47.0
水能发电	1360.054	28.7	24.940	82.8
抽水蓄能	130.014	28.0	5.992	101.3
海洋能发电	0.524	0.95	0	0
风能发电	824.874	39.9	93.111	50.3
陆上风能发电	769.196	39.3	71.795	41.0
海上风能发电	55.678	47.4	21.316	81.6
太阳能发电	849.473	36.1	132.685	40.0
光伏发电	843.086	36.3	132.805	39.9
光热发电	6.387	8.9	−0.120	—
生物质能发电	143.371	20.8	10.346	59.6
固体生物燃料发电	119.213	23.5	9.335	61.5
城市垃圾发电	19.520	56.5	2.485	295.4
沼气发电	21.574	7.9	0.975	43.7
地热能发电	15.644			
离网可再生能源发电	11.225	8.1	0.430	9.2

注：根据 IRENA 报告数据整理。

改革开放以来，我国能源产业取得了巨大成就，能源效率不断提高，能源结构不断改善，能源发展显现出转型阶段的特点。统计数据显示，2021 年，我国发电装机容量为 $2.4×10^9$kW，较 2015 年增长 55.6%，其中火电占总装机容量的 53.7%，水电占 16.2%，核电占 2.2%，风电占 13.6%，光伏占 12.7%，生物质发电占 1.6%。在"十三五"期间，可再生能源和新能源不断发展，占比由 2015 年的 34.6% 提升至 2021 年的 44.8%，能源生产结构逐步优化。2021 年，我国能源消费总量接近 $5.24×10^9$t 标准煤，较 2015 年增长 20.7%。在能源消费结构中，煤炭占消费总量的 56.0%，石油占 18.7%，天然气、水能、核能、风能等清洁能源消费量占能源消费总量的 25.3%。整个"十三五"期间，煤炭消费占比下降了 7 个百分点（由 63.8% 降至 56.8%）非化石能源消费占比增长了 3.9 个百分点（由 12.0% 增至 15.9%），能源消费结构有明显改善。

总体上，我国能源结构表现出以下特点：一是在一定时期内，我国能源结构仍以煤为主。

我国"多煤缺油少气"的能源禀赋决定了保障国家能源安全最主要的仍然是煤炭,同时,煤电所具有的支撑性调节作用也是短期内难以替代的。二是石油、天然气自给率较低,能源进口依赖度较高。我国本土油气产量与实际需求量之间差距巨大,且逐年增加,2021年对外依存度分别达到72.2%和46%,出于对能源安全的考虑应该进一步降低油气在能源结构中的占比。三是清洁可再生能源所占比重不断攀升,发展潜力巨大。在我国未来的能源结构中,清洁可再生能源将逐步代替煤、石油等化石能源。但短期内受限于清洁能源利用技术水平,还难以提供大规模、持续、稳定的能源。

从当前全球能源消费的总体结构来看,煤炭、石油、天然气仍然占据了大部分比例,达到83%(图2-1)。对于欧美等发达经济体,虽然化石能源是能源消费的主体,但主要依赖石油和天然气,煤炭消费量较少,例如美国的煤炭消费占比约为10%,而石油与天然气占比分别高达37%和34%。目前,全球主要经济体中,只有印度与我国对煤炭的依赖度超过50%,这也是我国与印度二氧化碳排放量位居世界前列的主要原因。

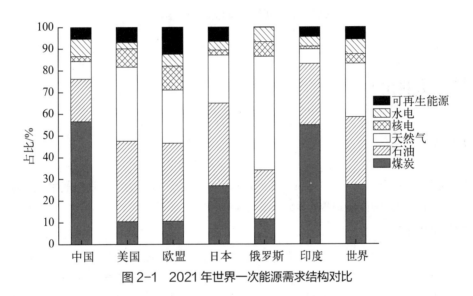

图2-1 2021年世界一次能源需求结构对比

加快构建现代能源体系是保障国家能源安全,力争如期实现碳达峰、碳中和的内在要求,也是推动实现经济社会高质量发展的重要支撑。根据《中华人民共和国国民经济和社会发展第十四个五年规划和2035年远景目标纲要》,构建清洁低碳安全高效的能源体系,控制化石能源总量,实施可再生能源替代行动等将是未来我国能源发展的主要任务之一。"十四五"期间,我国将全面推进风电和太阳能发电大规模开发和高质量发展,积极安全有序发展核电,因地制宜开发水电及其他可再生能源,确保实现2025年非化石能源消费比重升至20%的规划目标。此后,可再生能源等非化石能源将保持快速发展势头(图2-2)。预计到2030年,非化石能源占一次能源消费比重将达到25%左右,单位国内生产总值二氧化碳排放将比2005年下降65%以上,我国能源发展将出现历史性的转折点。到2050年,我国将基本完成能源体系的变革,能源结构中,清洁能源将占一半以上,为下半世纪的发展打下坚实而良好的基础。

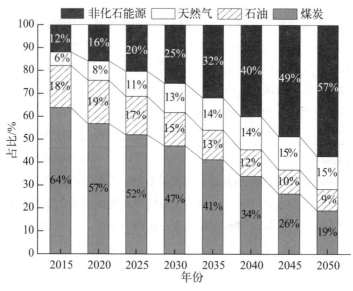

图 2-2 我国能源消费结构发展趋势

2.2 太阳能

2.2.1 概述

太阳能是一种清洁、安全的可再生能源,总量巨大、分布广泛,可就地取用,具有无与伦比的自然优势。但太阳能资源也存在以下缺点:

(1)不稳定性

受地球自转影响,太阳能表现出间歇性特点,而晴、阴、云、雨等气象因素又使太阳能具有很强的随机性,加之季节、纬度、海拔等条件限制,使得地球表面绝大多数地点无法得到连续、稳定的太阳能供应。这意味着太阳能要么只能作为辅助能源,要么必须通过增加储能来提高能源供应的稳定性,才有可能成为能与常规能源相竞争的代替能源。

(2)分散性

到达地球表面的太阳辐射尽管总量巨大,但广泛分布地球表面,因而其能量密度比较低。最新测得的太阳常数(即在日地平均距离上,大气层外垂直于太阳光线的单位面积单位时间接受的太阳辐射能)为 $1367W/m^2$,由于大气层对太阳能辐射的反射与吸收,地表的辐射强度一般低于 $1000W/m^2$,而考虑日夜更替及气象随机因素影响后,实际的平均太阳能辐射强度更低。因此,要实现太阳能的大规模、高效转化利用,必须借助大面积的太阳能收集装置来提高能量密度,不仅占用大量土地资源,也导致系统成本大幅增加。

我国幅员广阔,有着十分丰富的太阳能资源。据估算,我国陆地地表每年接受的太阳辐射能约为 $5.0 \times 10^{16} MJ$,相当于 $1.7 \times 10^{12} t$ 标准煤,全国总面积 2/3 以上地区年日照时间大于 2000h,各地太阳能年辐射总量为 $3350 \sim 8370 MJ/m^2$(中值 $5860 MJ/m^2$)。我国太阳能资源总体呈"高原大于平原、西部干燥区大于东部湿润区"的分布特点。根据接受太阳辐射量的大小，全国大致上可分为4类太阳能资源区域，见表2-2。

表2-2 全国太阳能辐射总量等级和区域划分

等级	符号	年总热量/(MJ/m²)	年总发电量/(kW·h/m²)	年平均辐射强度/(W/m²)	占国土面积/%
最丰富带	Ⅰ	≥6300	≥1750	≥200	约23
很丰富带	Ⅱ	5040~6300	1400~1750	160~200	约44
较丰富带	Ⅲ	3780~5040	1050~1400	120~160	约30
一般带	Ⅳ	<3780	<1050	<120	约3

注：$1kW·h/m^2=3.6MJ/m^2$。

Ⅰ类地区年总发电量超过 $1750kW·h/m^2$，主要包括青藏高原大部、甘肃北部、宁夏北部、内蒙古额济纳旗以西、新疆东部边缘等地区。其中，西藏地区因地势高、大气层透明度好，太阳年总发电量可超过 $2000kW·h/m^2$，是世界上太阳能最丰富的地区之一，仅次于撒哈拉沙漠。Ⅳ类地区主要集中在四川、重庆、贵州，也包括湖北西部与湖南西北部少量地区。其中，四川盆地太阳能资源相对较少，甚至存在小于 $1000kW·h/m^2$ 的区域。总体上，Ⅰ、Ⅱ和Ⅲ类地区覆盖了我国96%以上的陆地面积，具有利用太阳能的良好条件。Ⅳ类地区虽然太阳能资源较贫乏，但仍存在一定的利用价值，如太阳能建筑。

2.2.2 太阳能的利用形式

太阳能的利用形式丰富多样，根据利用过程中的能量转换形式，可大致分为太阳能光热利用（辐射能-热能）、太阳能发电（辐射能-电能）、太阳能光热化学转换（辐射能-化学能）三个大类。

太阳能光热利用的基本原理是将太阳辐射能收集起来，通过与物质的相互作用转换成热能加以利用。通过光热转换得到的热能主要用于采暖、热水、烹饪、干燥、蒸馏、制冷以及工农业生产的各个领域，也可进一步转换用于太阳能热发电、热解制氢等。

作为一种极具潜力的能源，太阳能正在发电领域开启大规模应用的新时代。利用太阳能发电的方式有多种，主要可归为太阳能光发电和太阳能热发电两种技术路径。太阳能光发电是指将光能直接转变为电能的发电方式，包括光伏发电、光化学发电、光感应发电和光生物发电等，其中，光伏发电是当今太阳能光发电的主流技术，已实现大规模应用。太阳能热发电是指将太阳辐射能先转换为热能，再将热能转换为电能的发电方式。太阳辐射产生的热能可以直接转化为热能，如半导体温差发电技术，也可以通过热机进行热能-机械能-电能转换，其原理与常规火力发电类似，如各种聚光光热发电技术和非聚光光热发电技术（太阳池发电、太阳烟囱发电）。就现阶段大规模应用而言，聚光光热发电中的塔式系统和槽式系统最具技术上和经济上的可行性，国内外已建成数十座不同规模的示范电站。

太阳能光热化学转换是指利用化学反应将太阳能转化为燃料等各种化学物质所具有的化学能的新型太阳能利用途径，包括光热-热化学、光电-电化学和光化学转换。光热-热化学主要是利用聚焦太阳光产生的热能驱动热化学反应，以实现制备碳氢燃料、储能等目的。光电-电化学转换主要是利用太阳光先产生电能来驱动化学反应，实现光-电-化学能转化，如太阳能光伏电解水制氢。光化学转换是在光催化剂的作用下，直接将太阳能转化为化学能，如光分解水制氢、CO_2 光化学还原制 CO 等燃料。

2.2.3 太阳能光热利用

通常，根据所能达到的温度可以将太阳能光热利用分为：①低温利用（<100℃），主要面向供暖、热水、炊事等居民日常生活需求及部分农业生产领域，如太阳能热水器、太阳房、农产品干燥等，技术开发和应用已成熟；②中温利用（100～250℃），主要面向工农业生产、商业等领域，如太阳能海水淡化、工业烘干、纺织印染、太阳灶、太阳能制冷、小型热动力等，大部分技术也较为成熟；③高温利用（>250℃），主要用于太阳能热发电等。

2.2.3.1 太阳能集热器

太阳能集热器是吸收太阳辐射能并将产生的热能传递给传热介质的装置，是各种太阳能光热利用系统中的核心设备之一。通常，按进入采光口的太阳辐射是否改变方向，可将太阳能集热器分为两类：非聚光型集热器和聚光型集热器。非聚光型集热器一般不带太阳追踪系统，其集热面积与吸热面面积相等，主要有平板型和真空管型两种；带有追光系统的聚光型集热器，通过反光镜将太阳能集中在小区域内，从而获得更高的能量密度和集热温度，主要应用在聚光太阳能热发电、太阳能制氢、太阳炉等领域。

（1）非聚光型集热器

① 平板型集热器。平板型集热器是一种以空气或液体为热媒的太阳能加热装置。平板型集热器的工作原理非常简单，太阳光照射到表面涂有吸收层的吸热板上，其中大部分太阳辐射能被吸热板吸收，转变为热能，然后再将热能传递给吸热板内部的热媒，使其温度升高，作为集热器的能量输出，完成从太阳辐射能向热能的转化。与此同时，由于吸热体温度升高，通过透明盖板和外壳向环境散失热量，构成平板型集热器的各种热损失。

② 真空管型集热器。真空管型集热器是一种在平板型集热器基础上发展起来的太阳能集热装置，其特点是吸热体与玻璃盖板之间的空间被抽成真空。这种集热器的核心部件是真空管，由内部的吸热体和外层的玻璃管组成。吸热体表面沉积有光谱选择性吸收涂层，吸热体与玻璃管之间的夹层保持高真空度，可有效减少玻璃管内因空气导热和对流造成的散热损失，可将水加热至 150℃。

两种非聚光型集热器各有优势。相较而言，平板型集热器具有承压性能好、与建筑结合方便、不易结垢、安全系数高等优点，但存在不抗冻、成本高等缺点。而真空管型集热器的优势在于加热能力强、抗冻、成本较低，但也存在不承压、易损坏、易结垢、与建筑结合性差等问题。国内市场以真空管型集热器为主，市场份额超过 80%，而欧洲、日本等国外用户更青睐平板型集热器，市场占有率高达 90%。

（2）聚光型集热器

聚光型集热器是利用反射器、透镜或其他光学器件将进入集热器采光口的太阳光线改变方向，并汇聚到接收器上的装置。这类集热器通过聚光措施将太阳辐射能汇集到较小的面积上，增加了能量密度并减小了接收器的散热面积，从而提高热媒温度和集热器的热效率。聚光型集热器主要由聚光反射镜、吸热器、跟踪机构、支架结构四部分构成。聚光型集热器主要有四种应用形式：塔式集热器、槽式集热器、菲涅尔式集热器及碟式集热器。

① 塔式集热器由中央吸收塔和塔周围的定日镜群构成。定日镜群通过精确定位，将太阳光反射到固定于吸收塔顶部的吸热器，使其腔体内形成高温并加热吸热介质。塔式集热器的聚光比一般为300～1500，运行温度可达1500℃，发电总效率在15%以上。为了减少吸热器的热损失，需要尽量减小其体积。但其体积过小容易造成吸热介质过热，因此一般选择吸热能力强、耐高温的工质，如水/蒸汽、熔融盐、液态金属、固体颗粒等。

② 槽式集热器利用槽形抛物面反光镜使太阳光反射后聚焦形成一条聚光带，在这条聚光带上布置有吸热管，来吸收聚焦后的太阳辐射能，并加热吸热管内部流过的吸热介质。槽式集热器的聚光比在10～100之间，主要以水/蒸汽、导热油、熔融盐等为工质，温度一般在400℃左右。

③ 菲涅尔式集热器也是一种线聚焦集热器，其核心部件为线性菲涅尔反射镜阵列（一次反射镜）、接收器和跟踪系统。其中，菲涅尔反射镜阵列由多块低成本的平面反射镜组成，接收器则耦合了抛物面反光镜（二次反射镜）与吸热管。该集热器的工作原理为：单轴跟踪系统带动一次反射镜水平旋转，确保太阳光能够始终汇聚到顶部的接收器内，进入接收器的光线一部分直接照射到吸热管上，其余部分经抛物面反光镜二次反射后也聚焦到吸热管上，共同加热管内的吸热介质。

菲涅尔式集热器集槽式和塔式集热器的优点于一体，将平面反射镜和抛物面反光镜结合使用，利用平面镜阵列扩大了接受光的范围，增大了聚光比，提升了集热器运行温度（如以熔融盐为工质时，集热温度＞550℃）。与槽式集热器相比，菲涅尔式集热器大幅降低了抛物面反光镜和真空吸热管的用量，而其采用的平面镜易于加工、价格低廉，且使聚光比变得可调，因而在制造、安装、维护与运行等各个环节都表现出一定的优势。

④ 碟式集热器是最早出现的用于太阳能发电的聚光集热系统，它采用一种外形类似卫星接收器的抛物面碟形反射镜，使太阳辐射能汇聚，并在位于焦点位置的吸热器上形成小块光斑，从而将辐射能转化为热能直接利用，或者推动位于吸热器上的热功转换装置，比如斯特林发动机。

2.2.3.2　太阳能其他热利用

（1）太阳房

太阳房是直接利用太阳能采暖或降温的房屋，是一种可取暖发电，又可降温去湿、通风换气的节能环保型住宅。太阳房采暖主要利用南坡屋面的铁板吸收太阳能，加热从屋外进入的冷空气，然后将其通过管道储存于地板之下，并通过靠墙的地板风口慢慢释放出来，减缓夜间室温下降速度，从而达到取暖效果。太阳房的降温功能主要是利用屋顶铁板向高空的热辐射作用实现的，也可通过引入地下凉气进行辅助降温。太阳房可以节约75%～90%的能耗，具有良好的环境效益和经济效益，已成为各国太阳能利用技术的重要途径。

（2）太阳灶

太阳灶是利用太阳辐射能，通过聚光、传热、储热等方式获取热量，进行炊事烹饪食物的一种装置。聚光式太阳灶通过聚光镜将太阳光聚焦到锅底，使温度上升到较高的程度，以满足绝大多数炊事的要求，目前已得到广泛应用。

（3）太阳能制冷

实现太阳能制冷主要有两条途径：一是光电转换，以电制冷；二是光热转换，以热制冷。以电制冷的途径，就是先进行直接或间接的光-电转换，再用电力推动常规的压缩式制冷机组制取低温，或以电力驱动半导体制冷器，利用帕尔贴效应进行制冷。由于目前光电转换技术成本过高，以电制冷的技术在市场上尚难推广应用。以热制冷的途径，就是先将太阳能转换为热能，再利用热能驱动制冷机制冷，可实现低成本制冷，因而备受青睐。

（4）太阳能干燥

太阳能干燥是人类最早掌握的太阳能光热利用技术之一，如晾晒农产品和衣物等，但干燥过程容易受到天气及周围环境的影响。随着科学技术的发展，传统的露天晾晒逐渐被太阳能干燥机所取代。太阳能干燥机已经在烟草、中草药、粮食、水果、木材等领域获得广泛应用。

2.2.4　太阳能发电

在众多太阳能利用方向中，太阳能发电具有十分特殊的重要性和吸引力，也是目前唯一实现太阳能规模化应用的领域。大规模太阳能发电主要有太阳能光伏发电和太阳能光热发电两种基本方式。太阳能光伏发电是利用半导体电子器件有效地吸收太阳辐射能，并使之转变成电能的直接发电方式。光伏电站已实现商业运行，是当前太阳能发电的主流。相比之下，太阳能光热发电是一种间接发电技术，从太阳辐射能到最终的电能需要经历多次能量转换过程。对于不同的光热发电技术方案，尽管能量的转换过程不尽相同，但都不能避免热能作为过渡的能量形式在其中出现，这也是此类技术被统称为光热发电的原因。从原理上讲，太阳能光热发电与传统的火力发电十分相似，都是基于高温高压蒸汽驱动汽轮机做功的热力发电，两者的区别主要在于火力发电所需的热量来自煤炭、天然气等化石能源的燃烧，而太阳能光热发电则依靠太阳辐射获取热量。在各种光热发电技术中，聚光太阳能热发电技术发展最为迅速，目前国内外已有各类型的示范电站，基本已达到并网发电的实际应用水平。

可再生能源发电技术面临的主要挑战之一就是如何把能量储存起来，从而实现电力的可调节性。光伏发电具有"晚峰无光"和"大装机、小电量"特征，随着光伏在电力系统中的比重不断增加，在满足电力系统电量需求的同时，也带来较大的调峰压力。受光照变化的影响，光伏系统的发电功率波动性大、稳定性差，大规模接入后对电网产生很大影响，因而电网经营单位经常以此为由拒绝光伏电力的接入，导致光伏电站的发电量大于电力系统最大传输电量与负荷消纳电量之和，造成光伏发电"弃光"问题。相比之下，太阳能光热发电技术的一个显著特点是其输出电力稳定，所发电力具有可调节性，可以满足尖峰、中间甚至基础负荷电力市场的需求。太阳能光热发电可以设计蓄热系统，在云遮或日落后，蓄存的热能可以被释放出来，使汽轮机持续运行，从而保证输出电力的稳定性，并增加全负荷运行时间。从图 2-3 可以看出，在相同的阴天条件下，太阳能光热发电的电力输出曲线比光伏发电要平稳许多。而在有蓄热系统的情况下，太阳能光热发电基本上可以和用电负荷相吻合，不会出现光伏发电因日落无法发电而不能满足晚间用电高峰的问题。此外，太阳能光热发电易于和常规化石燃料电站整合，因此既可以与传统发电站进行联合循环，实现混合发电，也可以利用化石燃料进行补充，以便在白天太阳辐照不好或晚上的时候，起到稳定电力输出波动的作用。在大规模并网发电方面，太阳能光热发电的年平均发电效率高于光伏发电 5%左右。

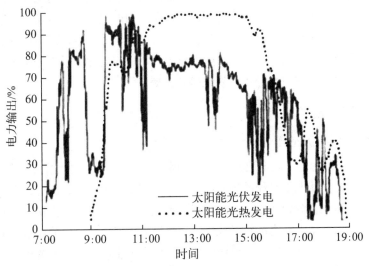

图 2-3　太阳能光伏发电与光热发电的电力输出曲线（阴天）

　　除了输出电力平稳、吻合电力负荷曲线外，太阳能光热发电技术的主要受益点还在于其对环境的负面影响较小。如图 2-4 所示，对于储热型塔式光热发电站，其全生命周期的温室气体排放量约为 21g CO_2/（kW·h），远低于传统化石能源发电技术，也低于光伏、水能、地热能等可再生能源系统。尽管光伏系统在发电过程中不产生温室气体，但太阳能电池在原料加工、电池片生产及废弃处置等环节会产生较多碳排放，故其全生命周期内的温室气体排放比太阳能光热发电系统更高。

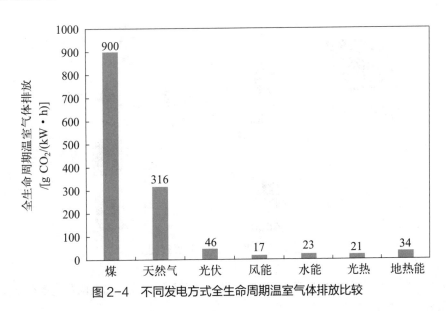

图 2-4　不同发电方式全生命周期温室气体排放比较

虽然太阳能光热发电表现出诸多优势，但由于涉及的能量转换环节多，发电系统更为庞大、复杂，特别是大容量蓄热系统的引入，进一步增加了电站的建设成本和发电成本。2020年，新增集中式光伏电站的上网电价为 0.35～0.49 元/(kW·h)，而太阳能光热发电站的上网电价仍为 1.15 元/(kW·h)。2021年起，对新备案集中式光伏电站、工商业分布式光伏项目和新核准陆上风电项目，中央财政不再补贴，实行平价上网。这在太阳能发电领域引发了一个矛盾：太阳能光热发电输出稳定但发电成本高，太阳能光伏发电虽然输出不稳定但发电成本低。由于两种技术各具明显的特色和优势，因此在发展太阳能发电技术时应对此予以充分考虑，通过科学统筹合理规划，推动太阳能光热发电与光伏发电融合发展、联合运行。

2.2.4.1 光伏发电

（1）光伏发电系统及应用

光伏发电系统一般由太阳能电池方阵、控制器、逆变器及蓄电池等主要部件构成，如图 2-5 所示。太阳能电池是光伏发电系统的核心部件，负责实现能量转换。在有光照的情况下，电池吸收光能，使正、负电荷分别在电池两端积累，形成电压，这就是光生伏特（电压）效应。在此效应作用下，太阳能电池将光能转换成电能。单块太阳能电池产生的电压有限，因此常将多块电池组合在一起形成电池方阵。蓄电池的作用是储存太阳能电池产生的电能，并可随时向负载供电。相较储热而言，储电的难度更大、成本更高，目前蓄电池的成本几乎占整个光伏发电系统总成本的一半左右，而且电池使用寿命远低于其他部件。控制器能够自动防止蓄电池过充电或过放电。由于蓄电池的循环充放电次数及放电深度是决定蓄电池寿命的重要因素，因此控制器是光伏发电系统不可或缺的设备。逆变器的作用是将直流电转换成交流电。太阳能电池产出的是直流电，而我们生活中大多数电器设备都需要使用交流电（如电冰箱、洗衣机、空调等），或者经交流电整流、变压后的直流电（如电视机、电脑、微波炉等），因此就需要逆变器将电池产生的直流电转变成交流电（一般为 220V、50Hz 的正弦波）。此外，为提升发电效率，有些光伏发电系统还加入了跟踪系统，其跟踪精度可达±0.001°，保证电池板能够时刻正对太阳。

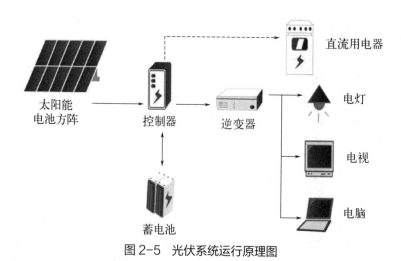

图 2-5　光伏系统运行原理图

按运行方式，光伏发电系统可以分为独立光伏发电系统、分布式光伏发电系统以及并网光伏发电系统三种类型。

独立光伏发电系统是太阳能光伏发电技术实际应用设施中最基础、最广泛的，包括通信基站、边防哨所、偏远乡村太阳能路灯等各种可以独立运行的光伏发电系统。这些区域或设施由于架设配电线路难度较大，因此将独立光伏发电系统应用于其中，能够作为比较便携的移动电源，且具有发电、储电功用，同时耐用性、便捷性更优。

分布式光伏发电系统是指在用户现场或靠近用电现场配置较小的光伏发电供电系统，以满足特定用户的需求，支持现存配电网的经济运行，或者同时满足这两个方面的要求，一般接入低于 35kV 或者更低电压等级的电网。其运行模式是在有太阳辐射的条件下，光伏发电系统的太阳能电池组件阵列将太阳能转换为电能，经过直流汇流箱集中送入直流配电柜，由并网逆变器逆变成交流电供给建筑自身负载，多余或不足的电力通过连接电网来调节。屋顶电站、光伏建筑一体化、农光互补、渔光互补等是分布式光伏发电的典型应用场景。其中，将发电材料作为建材使用的光伏建筑一体化技术和居民生活的相关度最高。光伏建筑一体化技术可根据建筑物的屋顶、墙壁等围护结构面积设计光伏发电系统，具有装机容量小（3～10kW）、流程简单、收益稳定的特点，也是国家补贴相对较高的一种分布式光伏发电系统。

并网光伏发电系统将太阳能组件产生的直流电经过并网逆变器转换成符合市电电网要求的交流电之后直接接入公共电网，分为带蓄电池的和不带蓄电池的并网发电系统。带有蓄电池的并网发电系统具有可调度性，可以根据需要并入或退出电网，还具有备用电源的功能，当电网因故停电时可紧急供电。接入电网的光伏建筑一体化光伏发电就属于这种分布式小型并网光伏发电。不带蓄电池的并网发电系统不具备可调度性和备用电源的功能，其所发电能直接输送到电网，由电网统一调配向用户供电，如集中式大型并网光伏电站。这种电站投资大、周期长、占地面积大，其发展程度也不及分布式小型并网光伏电站。

除以输出电力为目标的传统光伏发电外，近年来光伏/光热（PV/T）一体化技术也受到广泛关注，并取得了不少成果。光伏/光热技术的发展源于对太阳能电池冷却方法的研究。我们知道，太阳能电池是光伏发电系统实现能量转换的核心部件，其光电转换效率是决定光伏发电效率的主要因素。目前，应用最为广泛的晶体硅太阳能电池的理论光电转换效率极限接近 30%，但在标准测试工况（25℃）下的实际转换效率一般只有 20% 左右。也就是说，太阳能电池仅仅将吸收的太阳能少部分转化为电能，而其余能量除一小部分被电池表面反射外，绝大多数都被转化为热能而浪费。更为重要的是，这部分热能无法完全散失，导致太阳能电池温度升高，对其发电效率产生不利影响。研究表明，晶体硅电池的温度系数通常在 $-0.73\%\sim-0.40\%/℃$ 之间，即电池工作温度每升高 1℃，其光电转换效率就至少下降 0.4%。由于持续发电过程中电池温度往往可升高近 50℃，因此太阳能电池的实际发电效率将下降 20%～36%。可见，降低工作温度对于提高太阳能电池的效率非常重要。太阳能电池的冷却可以通过多种途径实现，如水冷、空冷、热管、温差电池等，其中前两种是主流技术。在利用空气或水作为载热介质对太阳能电池进行冷却的同时，载热介质的温度也会有明显提升，从而变成大量的低品位热能。若能对这部分热能加以利用，无疑会提升光伏发电系统对太阳能的利用效率。这种同时可提供电能和低品位热能的系统即为光伏/光热系统，其理念最早由 Kem 和 Russel 于 1978 年提出。

在采用聚光方法提高太阳能电池的发电能力时，基于高效冷却散热技术的光伏/光热综合利用技术更为关键。聚光光伏通过采用廉价的聚光系统将太阳光汇聚到面积很小的高性能光伏电池上，从而降低系统的成本及太阳能电池的用量。然而聚光也使得电池表面的温度急剧上升，太阳能电池的光电转换效率下降更为明显，因此应用光伏/光热综合利用技术也更为必要。聚光光伏/光热一体化系统主要由聚光镜、太阳能电池组件、冷却通道及保温、支架等部件构成，如图2-6所示。聚光镜可以采用中高倍聚光镜或低倍聚光镜。中高倍聚光镜需要十分精确的太阳跟踪以及强劲的冷却系统，因而成本高昂。而使用以复合抛物面聚光器为主的低倍聚光技术时，对温度和追踪精度的要求较低，且聚光镜加工成本也更低，被认为是聚光光伏中最有希望首先实现商业化的方案。西安交通大学长期致力于太阳能光伏/光热综合利用技术，开发了可消除多次反射的复合抛物面聚光器（EMR），使聚光面均匀度和聚光效率大幅提升，优化了光伏/光热结构加工工艺，将冷却介质与太阳能电池的温差控制在10℃以内。在此基础上，建立了500kW级的屋顶聚光光伏/光热综合利用示范系统（图2-7），其光电转换效率为12.3%，光电光热总效率达到65.0%，成本回收期不超过4年。

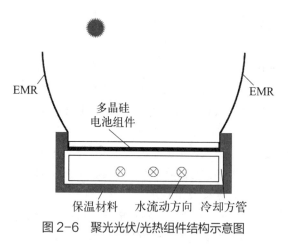

图2-6　聚光光伏/光热组件结构示意图

图2-7　西安交通大学500kW聚光光伏/光热示范系统

（2）太阳能电池

太阳能电池的原理是基于半导体的光生伏特效应将太阳辐射能直接转换为电能。晶体硅是最主要的太阳能电池材料，其导电性随温度的升高而增加，具有显著的半导电性。太阳能电池经过制绒、扩散及等离子增强化学气相沉积（PECVD）等工序后制成P-N结，可以在光照下产生电流。为了将产生的电流导出，需要在电池表面制作正、负两个电极。制造电极的方法很多，但丝网印刷技术是目前制作太阳能电池电极最普遍的一种生产工艺。所谓丝网印刷，就是在太阳能电池的正面减反射膜上用导电银浆印刷一排均匀的细栅线和少量主栅线。细栅线和主栅线都是用于收集光生伏特作用产生的自由电子，主栅线还负责将与其相连的细栅线上的电流汇集到一起进行输出（即电极）。实际工艺中，主栅线的数量一般为2～10根，宽度0.1～2.5mm；细栅线的数量为100～200根，宽度10～39μm。在电池的背面，由于不涉及采光问题，所以一般设计为全铝背板，但也会用导电银浆印刷两条电极以便将载流子导出。

自美国贝尔实验室发现单晶硅P-N结可产生电压以来，太阳能电池技术经历了快速的发展，涌现出了众多类型。总体上，太阳能光伏电池可以划分为3代：第1代晶硅电池、第2代薄膜电池和第 3 代新型高效电池。

由于硅材料地球储量丰富,晶硅电池整个制造流程的技术与支撑设备体系完善,产业化推广最为成熟,是当前太阳能光伏市场的主流产品,市场占比在 80% 以上。晶硅电池主要包括单晶硅电池和多晶硅电池两种,其结构大体相似,只是制作单晶硅电池所用晶硅的纯度更高(≥99.9999%)。单晶硅的实测光电转换效率已超过 26%(多晶硅为 20% 左右),已相当接近硅电池的理论效率(29.8%)。但由于单晶硅电池对材料纯度要求过高,造成其价格较高。相比单晶硅太阳能电池,多晶硅太阳能电池对原材料的纯度要求较低,原料来源也较广泛,因此成本要比单晶硅太阳能电池低很多。目前,我国绝大多数太阳能电站采用的是多晶硅电池。对于多晶硅电池,研究的重点在于提高其生产工艺,减少多晶硅生产过程的缺陷以提高其光电转换效率,同时进一步简化多晶硅电池的制造流程。

薄膜电池就是将一层数微米厚的薄膜制备成太阳能电池,可极大降低电池材料用量,从而降低成本。薄膜电池具有可挠性,可以制作成非平面结构,在光伏建筑一体化、智能穿戴设备等领域应用非常广泛。薄膜太阳能电池主要包括非晶硅薄膜电池、铜铟镓硒化物薄膜电池、碲化镉薄膜电池及砷化镓薄膜电池等。非晶硅薄膜电池因其转换效率低、光致降解等缺点,在陆地应用中几乎绝迹。碲化镉具有较高的吸光能力且碲化镉薄膜可大面积沉积制备使得其成为应用前景较好的一类新型薄膜太阳能电池材料,目前在光伏市场中占有一定的份额。与晶硅电池相比,薄膜电池总体上具有成本低、弱光性好、易与其他材料结合等优势,但也存在能量转换效率低、稳定性差、单位面积输出功率低等缺点。

第 3 代则是基于高效、绿色环保和先进纳米技术的新型太阳能电池,其典型代表包括染料敏化太阳能电池和钙钛矿太阳能电池等。染料敏化电池以低成本的纳米二氧化钛和光敏染料为主要原料,模拟自然界中植物利用太阳能进行光合作用,将太阳能转化为电能。钙钛矿电池是基于染料敏化电池发展而来的,其区别主要在于前者以钙钛矿型有机/无机杂化染料代替有机染料分子作为吸光材料。目前,阻碍钙钛矿电池应用的主要问题是其稳定性极差,而提高钙钛矿电池的稳定性,需要考虑材料制备、晶体结构设计、钙钛矿组成、界面工程、薄膜制备方法、模块技术和封装技术等众多因素的影响。

晶硅太阳能电池经过半个多世纪的发展,具有很高的效率和稳定性,在今后很长一段时间内仍会在光伏发电行业内占据主导地位。然而,太阳能电池未来必然是朝着创新电池材料、简化电池结构、降低生产成本及拓展应用领域的目标发展。从这个角度来看,第 3 代新型太阳能电池具有更好的应用前景和发展潜力。特别是目前备受关注的全无机钙钛矿太阳能电池,不仅兼具低成本、高效率的优势,也具备较好的稳定性,若能进一步提升其转换效率,解决含铅及大面积制备技术等问题,将完全能够取代晶硅电池成为光伏领域的主导,使人类对太阳能的有效利用更上一个新的台阶。

2.2.4.2　太阳能光热发电

(1)太阳能光热发电系统与原理

近年来,太阳能光热发电技术取得了快速发展,整体上已经开始进入大规模商业发电阶段。根据国家太阳能光热产业创新战略联盟的统计数据,2019 年全球新增太阳能光热发电装机容量为 482.6MW,累计装机容量达到 6590MW,其中,我国太阳能光热发电新增和累计装机容量分别占比 41% 和 6%。2021 年,受疫情等因素影响,全球光热发电新增装机容量下降 120MW 左右，但我国逆势增加 24MW。根据国际能源署（IEA）预测，2030 年前全球光热发电量将超过 1000TW·h/a，到 2050 年将突破 4500TW·h/a，相当于 2019 年全球总发电量的 16.7%。

除发电原理外，太阳能光热发电与光伏发电的另一个区别是前者一般为集中式发电系统，需要利用光学系统汇聚太阳辐射能，以发挥规模优势，而后者可根据需要选择分布式发电或集中式发电。根据所采用的聚光集热技术，聚光太阳能热发电可分为槽式、线性菲涅尔式、塔式及碟式 4 种类型。

抛物面槽式反射镜及线性菲涅尔式反射镜都是将太阳光汇聚成一条焦线，故属于线聚焦技术。所不同的是，槽式系统的聚光器与吸热管是一体的，而在线性菲涅尔式系统中，聚光器与吸热管是分体的。这意味着当槽式系统聚光镜在追踪太阳时，聚光镜及位于其顶部的吸热管会同时旋转，因而需要对活动的吸热管与固定的接管进行柔性连接。柔性连接可通过球形旋转接头、蛇形管或柔性接管等不同技术实现，但无论哪种技术都会在连续运行中出现机械疲劳，导致高温工质泄漏，这一问题也成为槽式技术最为致命的弱点。线性菲涅尔式系统则有效地避免了上述问题，由于吸热管直接固定于地面，在进行跟踪操作时，反射镜阵列的旋转不会影响吸热管。这样的设计有利于降低聚光发电系统的建设和运维成本，但也带来聚光倍数低的问题，限制了工质的加热温度和系统的年发电效率。

碟式聚光与塔式聚光都是将太阳光汇聚成一个较小的光斑，属于点聚焦技术。其中，碟式系统类似于槽式系统，其聚光镜与位于焦点处的吸热器采用一体化设计，因而在聚光镜旋转追光过程中也存在较大的工质泄漏风险。塔式系统的聚光镜与吸热器采用了分体式设计，吸热器固定于镜场中心的高塔塔顶，平面反射镜阵列则根据太阳位置进行实时角度调节，确保光斑始终照在吸热器上。

各种类型的聚光太阳能热发电技术尽管在工质、工况、规模等方面存在差别，但其原理、结构及运行模式基本上是相同的。从系统组成上来看，可划分为聚光集热模块、蓄热模块以及动力循环模块三个部分，其中聚光集热模块的功能是将太阳辐射能转化为热能，动力循环模块将热能转化为机械能或电能，蓄热模块则负责热能的储存与释放，保证发电过程的稳定性和延续性。

我们以槽式电站为例来简要介绍太阳能光热发电系统的工作原理。在槽式太阳能光热发电系统中，聚光集热系统主要由槽式太阳能集热场、吸热工质循环泵、控制阀门等构成。其中，集热场由若干聚光比为 80~100 的抛物面槽式反射镜及相应吸热管串并联组成，吸热工质在循环泵的驱动下从镜场一端流入，受热升温后从镜场另一端流出。槽式系统可选择导热油、水/蒸汽、熔融盐作为吸热介质，其中，导热油在加热过程中不发生相变，属于显热吸热过程，循环压力较低，但受材料热稳定性制约，工作温度一般不超过 400℃；水工质受热后会变为水蒸气，相变过程一方面通过吸收大量潜热提高了单位质量流量吸热量，但另一方面蒸汽的产生也使吸热管内压力大幅增加，考虑到承压管材的制造成本，蒸汽压力一般限定在 12MPa 以内，同时由于高温条件下水对金属的腐蚀性显著增加，故水/蒸汽的工作温度一般也设定在 400℃左右；熔融盐，即高温下呈液态的离子晶体，在吸热过程中也不发生相变，一般用于高温场合，如常用的太阳盐（60%$NaNO_3$+40%KNO_3）的实际最高工作温度可达 565℃，但由于其凝固点较高（207℃），当无外界热量持续输入时熔融盐会"冻结"，导致管线堵塞、系统再次启动困难。因此，以熔融盐为吸热介质需要进行大量的热量管理以确保其温度稳定。

太阳能光热发电系统的动力循环一般采用传统的蒸汽涡轮发电机组，对于集热温度较高的塔式系统也可选择超临界CO_2布雷顿循环，而碟式系统则主要与斯特林循环相结合。通常，需要借助一系列热交换设备将聚光集热模块与动力循环模块耦合起来，以实现热量从吸热介质向动力循环工质的传递。当然，对于吸热介质与动力循环介质相同的系统，也可以省去中间换热设备。如槽式太阳能直接蒸汽发电系统，集热场流出的高温高压蒸汽将直接推动汽轮机做功，由于减少了能量传递的环节，因而理论上有利于提升系统的发电效率。但由于聚光集热模块与动力循环模块合二为一，太阳辐射能供给波动性将直接作用于发电过程，不利于系统稳定运行，同时，直接蒸汽发电系统内气液两相流动过程也更为复杂，进一步增加了系统的控制难度。

蓄热模块用于在白天储存多余热量以供夜间发电使用，同时可降低随机因素对系统稳定性的影响。太阳能光热发电可使用的蓄热材料有很多种，一般分为显热蓄热、潜热蓄热和热化学蓄热三大类，目前技术最成熟且具有商业可行性的是以熔融盐为代表的显热蓄热技术，其蓄热系统一般包括熔融盐储罐、熔融盐泵、预热器、熔融盐换热器等主要部件。在熔融盐双罐蓄热系统中，高温熔融盐与低温熔融盐分别储存于热盐罐与冷盐罐中，两罐之间串联有熔融盐换热器，通过熔融盐换热器实现熔融盐与传热流体之间的换热。

太阳能光热发电站一般采用直接发电、发电同时蓄能和蓄能发电等多种运行模式，以便在气象条件突变、电网负荷指令变化、日夜交替及设备故障时，能够通过运行模式切换使机组安全、可靠、稳定、连续运行，通过合理选择模式切换时机，可最大限度提升光热发电站的经济效益。

（2）国内外太阳能光热发电技术应用现状

① 槽式太阳能光热发电站。槽式电站是最早实现工程示范和商业化运行的太阳能光热发电技术。自20世纪80年代开始，世界各国就积极建造槽式电站，其中，美国和以色列组建的Luz公司建设了全球首座商业化槽式电站，并在之后7年内又陆续建成了8座槽式电站（SEGS Ⅰ～Ⅸ），总装机容量达354MW，年总发电量$1.1×10^{10}$kW·h，产生的电力可供50万人使用，其光电转换效率约为15%，至今仍在运行。SEGS电站采用自行开发的聚光镜，单镜面从最初的128m²提升至545m²，抛物面槽开口宽度5m，单根吸热管长度为4m，采用导热油为传热介质，集热器出口油温为390℃。除早期的2座电站外，其余7座电站均采用天然气混合电站形式，天然气贡献了25%左右的发电量，因而可在夜间长时间运行发电。随着技术的不断改进，电站的建造费用已从SEGS Ⅰ的4500美元/kW降至SEGS Ⅷ的2650美元/kW。除技术原因外，当地丰富的太阳能资源也是SEGS电站成本得以下降的重要保障。SEGS电站位于美国加利福尼亚州的莫汉夫沙漠，是世界上太阳能资源最丰富的地区之一，年辐射总量达3000kW·h/m²，约为我国太阳能资源最丰富地区太阳辐照量的1.5倍，且地处平坦的沙漠地区（图2-8），具备发展太阳能光热发电技术得天独厚的自然条件。

除美国外，西班牙也是全球太阳能光热发电技术发展较为迅速的国家，截至2020年西班牙太阳能光热发电装机容量为2304MW，占

图2-8　SEGS Ⅲ～Ⅶ槽式太阳能光热发电站航拍图

当年全球光热发电站总装机容量的 35.6%，其中包括近 40 座装机容量在 22.5～50MW 的槽式太阳能电站，总装机容量超过 1800MW。2012 年投入运营的 Valle 槽式项目位于西班牙加的斯（年辐射总量 2057kW·h/m²），由 2 座近乎相同的电站组成，总镜场面积 $2\times5.1\times10^5m^2$，装机容量为 $2\times50MW$（图 2-9）。该电站采用熔融盐蓄热技术，储热容量为 7.5h，年运行时间达到 4000h，年发电量达到 160GW·h，可为 8 万户家庭提供电力供应。整个系统热效率为 38%，每年可减少二氧化碳排放约 9500t。

图 2-9　西班牙 Valle 槽式电站整体布局（左）与蓄热-动力循环模块（右）

与国外相比较，我国槽式太阳能光热发电技术起步较晚，早期的工作主要是基于 100～200m 长的单槽进行技术验证，如由中国科学院电工研究所与皇明太阳能股份有限公司联合研制的百米槽式集热系统、兰州大成科技股份有限公司的 160kW 槽式电站等。我国首个大型槽式太阳能光热发电项目是中广核德令哈 50MW 槽式电站（图 2-10），于 2018 年 10 月实现商业化运行。该电站建于青海省北部的德令哈市，当地具有较丰富的太阳能资源，年辐射总量达 1800kW·h/m²。德令哈槽式电站采用导热油集热技术，配套 9h 熔融盐蓄热系统，年发电量约为 197GW·h。聚光集热模块（太阳岛）由 190 个槽式集热器标准回路构成，反射镜总面积达 $6.2\times10^5m^2$，真空集热管总长度约 1.1×10^5m，可将导热油加热至 293～393℃。

图 2-10　中广核德令哈 50MW 槽式电站

② 线性菲涅尔式太阳能光热发电站。线性菲涅尔式一般被看作是简化的槽式系统，其聚

光集热系统结构简单，反射镜距离地面很近，风载荷低，抗风能力较强，反射镜布置紧密，用地效率更高，可较灵活地应用于中温及高温参数系统等，这些特点都有利于降低电站建造成本。线性菲涅尔式电站大多以水作为传热工质，直接蒸汽发生（DSG）技术较为成熟，也是国际上已投入运行电站所采用的技术方案，如西班牙1.4MW的PE1示范电站、30MW的PE2商业化电站，以及澳大利亚LIDDELL 9MW菲涅尔光热辅助火电项目、印度Dhursar 125MW线性菲涅尔式电站等。

  由印度阿海珐公司建设的Dhursar项目是当前全球装机容量最大的线性菲涅尔式光热发电站，于2014年投入运行。该电站采用水工质直接蒸汽发生技术，计划年发电量为280GW·h，但由于未配置蓄热系统，实际日均发电量大幅下降。西班牙Puerto Errado 2（PE2）项目于2012年实现并网发电，是目前实际年发电量最多的电站，年发电量达到49GW·h。该电站集热器面积为$3.0×10^5m^2$，由28列长度为940m的菲涅尔集热阵列构成（图2-11），水工质工作温度为140~270℃，设计压力5.5MPa，配有储热容量为0.5h的单罐温跃层蓄热系统。

图2-11　西班牙PE2线性菲涅尔式电站全景（左）及聚光器（右）

  2012年，以中国华能集团清洁能源技术研究院为主研发、建设的中国第一座兆瓦级菲涅尔光热发电项目在海南三亚投产，该项目集热功率1.5MW，发电功率400kW左右，采用菲涅尔式光热与天然气混合发电技术。电厂占地面积$1000m^2$，菲涅尔集热器总长540m，可生产3.5MPa、400~450℃的过热蒸汽，产汽量1.8t/h，集热效率达到55%，年发电量约1.0GW·h，年减排CO_2约900t。采用直接蒸汽发生技术的线性菲涅尔式光热发电站，存在压力高、流动换热不稳定及分流问题，且蒸汽大容量蓄热困难，制约了该类电站的发展。针对此问题，兰州大成科技股份有限公司开发了以熔融盐为传热和蓄热介质的新型技术路线，并建设了敦煌大成50MW熔融盐线性菲涅尔光热发电示范项目（图2-12）。该项目位于甘肃省敦煌市七里镇，占地面积约为$3km^2$，其中集热面积达到$1.3×10^6m^2$，可实现535℃以上的稳定输出温度，蓄热系统容量达15h，具备24h持续发电的能力。该项目年利用时间达4283h，年设计发电量为214GW·h，峰值转换效率不低于

图2-12　敦煌大成50MW熔融盐线性菲涅尔光热发电示范项目

16.7%。该项目于 2019 年底首次并网发电，并于 2020 年 6 月正式进入商业运行阶段。

③ 碟式太阳能光热发电系统。碟式太阳能光热发电系统一般与斯特林发电装置相结合，具有较高的发电效率，且具有可实现灵活部署的模块化特点，可用于分布式发电，也可用于集中式发电。但碟式集热系统结构复杂，难以配备蓄热系统，限制了该技术的大规模应用。根据国际太阳能热发电和热化学组织（SolarPACES）的统计，目前全球仅建成两座碟式太阳能电站，其中一座已停止商业运行。全球唯一仍在运行的碟式光热发电站（Tooele army depot）位于美国犹他州（图 2-13 左）。该电站装机容量为 1.5MW，由 429 台集热面积为 $35m^2$ 的碟式斯特林发电装置构成，斯特林发动机以氢气为工质，于 2013 年开始商业运行。另一座已经停运的 Maricopa 示范电站同样位于美国（图 2-13 右），其装机容量为 1.5MW，由 60 台单机容量在 25kW 的碟式斯特林发电装置组成，斯特林发动机以氢气为工质，热电转换效率为 26%。

图 2-13　碟式太阳能光热发电站：Tooele army depot（左）和 Maricopa（右）

④ 塔式太阳能光热发电系统。塔式集热系统采用中央集热结构，吸热器位于吸热塔顶部用于接收镜场聚焦的太阳辐射能。对于塔式系统，定日镜场和吸热器是系统中最重要也是投资成本所占比例较高的两个设备。定日镜场用于接收和汇聚太阳辐射能，而吸热器则用于接收和利用定日镜场所反射的太阳辐射能。因此，定日镜场的设计需要与吸热器的设计相配合，以提高能量利用效率。对于腔式吸热器，定日镜场多采用北场布置，定日镜在一定角度范围内按照直线、圆弧、辐射网格等排列，如图 2-14（a）所示；对于外置式吸热器，镜场多以吸热塔为中心呈圆形、矩形、螺旋状、不规则等形状，如图 2-14（b）所示。

（a）腔式吸热器及镜场　　　　　　　　　　　（b）外置式吸热器及镜场

图 2-14　塔式太阳能吸热器与定日镜场

1950 年，苏联设计了世界上第一座小型塔式太阳能光热发电试验电站，对太阳能光热发电技术进行了基础性的探索和研究。从 1981～1991 年，由于石油危机的影响，替代能源技术在全球兴起，其他工业发达国家也陆续投资兴建了一批试验性电站。据不完全统计，当时全世界建造了装机容量 500kW 以上的各种不同形式的兆瓦级太阳能光热发电试验电站 20 余座，其中塔式电站为主要形式，最大发电功率为 80MW。由于单位容量投资过大，因此太阳能光热发电站建设逐渐被冷落。一直到 2007 年，太阳能光热发电再次兴起，主要是在美国和西班牙等国家，特别是近几年，光热发电成为国际可再生能源领域的投资热点，项目建设规模也越来越大，越来越多的商家将目光投向塔式太阳能光热发电。

美国 Solar One 是全球首座投入运营的兆瓦级塔式太阳能光热发电系统。该系统以水为传热介质，采用腔式吸收器，未配置蓄热系统，于 1982 年运行，至 1986 年关闭。Solar One 电站的建成与成功运行验证了塔式光热发电的技术可行性。后在 Solar One 电站的基础上，将其改造为以熔融盐为传热介质的 Solar Two 电站，增加了 3h 储热容量，该系统于 1996 年正式发电，于 2009 年拆除。在此之后，美国又陆续兴建了多座塔式光热发电站，包括模块化电站 Sierra Sun Tower、世界上最大的塔式电站 Ivanpah 以及有大型商业化熔融盐塔式电站标杆之称的 Crescent Dunes（新月沙丘）电站，见图 2-15。2014 年，全球装机容量最大的 Ivanpah 塔式项目正式并网投运。该电站总装机容量达到 392MW，由三座 130MW 左右的塔式电站构成，总投资 22 亿美元，也是史上投资额最大的光热发电项目。虽然 Ivanpah 电站采用了较为传统的直接蒸汽发生技术路线，也未配置蓄热系统，但它开启了光热发电站百兆瓦级大规模开发的先河。Crescent Dunes 塔式光热发电站位于美国内华达州，装机容量 110MW，采用熔融盐作为传热和蓄热介质，蓄热容量为 10h，计划向拉斯维加斯市 75000 户家庭提供清洁电力。2018 年，该电站实现 195.8GW·h 的年发电量，但长期受熔融盐罐泄漏等问题困扰，该电站目前已经停运。

图 2-15　Ivanpah 塔式太阳能光热发电系统（左）和 Crescent Dunes 电站（右）

近年来，西班牙的塔式光热发电技术发展也十分迅速，目前有 3 座 10MW 以上的塔式光热发电站投入商业运行。2007 年，西班牙建设了欧洲第一座商业塔式光热发电站 PS10。该电站位于塞维利亚，设计集热功率为 55MW，发电功率为 11MW，采用塔式水工质技术路线，聚光集热系统由腔式吸热器和 624 块总面积达 $7.5 \times 10^4 m^2$ 的定日镜构成，吸热器出口温度为 250～300℃，配有 1h 蒸汽蓄热系统，年发电量为 23.4GW·h。PS20 电站紧邻 PS10 电站，于 2009 年正式投产。该电站装机容量为 20MW，也以水作为传热介质，但将腔式吸热器改进为自然循环形式，同时采光面积也增至 $1.5 \times 10^5 m^2$，从而使发电量提升了 10%左右。图 2-16 为 PS10 和

PS20 塔式太阳能光热发电站航拍图。

图 2-16 西班牙 PS10 和 PS20 塔式太阳能光热发电站

西班牙 Gemasolar 塔式太阳能光热发电站是全球首座采用熔融盐为传热介质和蓄热介质的商业塔式电站（图 2-17），电站装机容量 19.9MW，于 2011 年 5 月投入商业运行，可以满足西班牙安达卢西亚地区的 25000 户家庭的用电需求。Gemasolar 电站配有熔融盐双罐直接式蓄热系统，冷热盐罐中熔融盐的设计温度分别为 290℃和 565℃，设计储热容量为 15h，能够在一年中的多个月份实现 24h 不间断发电，从而克服了太阳能间歇性的特点所导致的电力输出不稳定的缺点。该电站年满负荷运行时间约为 6500h，年发电量达 110GW·h，年减少 CO_2 排放量 3.0×10^4t。

图 2-17 西班牙 Gemasolar 塔式太阳能光热发电站

相比于国外，我国的塔式太阳能光热发电起步较晚，主要分为三个阶段：实验示范阶段、商业示范阶段和大规模应用阶段。2007 年，国内首座 70kW 塔式实验电站于南京建成并发电。该电站定日镜场由 32 台 20m² 的定日镜组成，吸热器为以色列提供的有压腔式接收器。2008 年，中国科学院电工研究所等单位开始联合设计和建设北京延庆 DAHAN 塔式实验示范电站（图 2-18），该电站于 2012 年 8 月发电成功，装机容量 1MW，定日镜阵列由 100 台面积为 100m² 的反射镜组成，采用了腔式吸热器，传热介质为水/蒸汽。该电站是我国首座自主研发、设计和建造的兆瓦级塔式太阳能电站，为我国太阳能光热发电技术的研究和发展奠定了基础。

图 2-18　亚洲首座兆瓦级塔式太阳能光热发电站

西安交通大学研究团队也参与了 DAHAN 电站项目，并负责研发系统中关键的水工质腔式吸热器（图 2-19）。该吸热器的设计目标为在常规光照条件下获得 400℃/5MPa 的高温高压水蒸气，蒸汽流量不低于 8t/h。研发团队克服难题，经过艰苦探索与攻关，成功研制了具有自主知识产权的塔式系统吸热器。2011 年 7 月，吸热器在首次地面试验中就成功产出 400℃/4MPa 的蒸汽。2012 年 8 月，吸热器上塔并成功完成首次全系统测试，在实际光照条件下达到了预期设计目标，并实现 35min 稳定运行。至 2012 年 9 月，吸热器累计稳定运行超 400h，是当时世界上唯一一套正在运行的过热蒸汽吸热器。

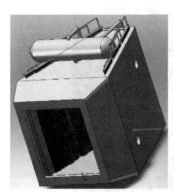

图 2-19　西安交通大学自主设计的水工质腔式吸热器

中控德令哈 10MW 塔式太阳能光热发电项目是我国首个塔式发电商业示范电站，采用塔式水/熔融盐二元工质技术路线，其中水工质于 2013 年 7 月正式投运，熔融盐工质于 2016 年 8 月正式投运。如图 2-20 所示，电站分东、西两塔各 5MW，镜场采光开口面积 63000m²，采用 21500 台 2m² 定日镜及 1000 台 20m² 定日镜，冷却方式为水冷。该项目的投运，为我国建设并发展大规模商业塔式太阳能光热发电站提供了技术支持，起到了示范效应。2018 年，浙江中控又在德令哈建成了 50MW 塔式熔融盐储能光热发电站（图 2-20）。该电站包含 27135 台 20m² 的定日镜，熔融盐工作温度为 290～565℃，主蒸汽参数为 540℃/13.2MPa，配置 7h 熔融盐蓄热系统，设计年发电量 $1.46 \times 10^8 \text{kW·h}$。

图 2-20　中控德令哈 10 MW（左）与 50MW（右）塔式光热发电系统

首航节能敦煌 10MW 熔融盐塔式电站于 2016 年 12 月并网发电，该项目是我国首个带蓄热的塔式太阳能光热发电站，储热容量 15h，其定日镜的结构设计类似于西班牙的 Gemasolar 电站，由 35 面反射镜组成，按 5×7 顺序排列，单台定日镜采光面积 120m^2，共 1525 套定日镜。2018 年 12 月，首航节能敦煌 100MW 熔融盐塔式光热发电站成功并网发电（图 2-21）。该电站镜场由 12000 多台定日镜组成，每台定日镜的采光面积为 115.5m^2，由 35 面 3.3m^2 的子镜组成，总采光面积达 $1.4 \times 10^6 \text{m}^2$。项目配置 11h 的熔融盐蓄热系统，可实现 24h 连续发电，年发电量可达 $3.9 \times 10^8 \text{kW·h}$。该电站是全球聚光规模最大、吸热塔最高（260m）、建设周期最短、可 24h 连续发电的 100MW 级熔融盐塔式光热发电站，标志着我国成为世界上少数掌握百兆瓦级熔融盐塔式光热发电站技术的国家。

图 2-21　首航节能敦煌 100MW（近景）和 10MW（远景）熔融盐塔式电站

2019 年，中电建青海共和 50MW 熔融盐塔式光热发电项目并网成功（图 2-22）。这是我国最新投入运行的大型商业光热发电站，采用近 3 万面 20m^2 定日镜，聚光面积达 $6.0 \times 10^5 \text{m}^2$，选用二元熔融盐作为传热与蓄热介质，熔融盐温度为 290～565℃，蓄热容量为 6h，选用超高压、一次再热、双缸双转速、直接空冷凝汽式汽轮机，设计年平均发电量 $1.6 \times 10^8 \text{kW·h}$，年利用时间 3138h。

图 2-22　中电建青海共和 50MW 熔融盐塔式光热发电项目

4 种系统都有各自的技术特点：槽式集热采用线聚焦方式，聚光比和工作温度较其他 3 种方式低，占地面积也最大，但技术最成熟，已实现大规模商业运行。碟式集热系统单机容量小、效率高，适用于分布式太阳能发电，但蓄能难度大，目前建成的示范系统很少，需要通过设备量产来降低技术成本；线性菲涅尔式集热系统结构简单、建设成本低，但能量转化效率低，应用也较少。相比于其他几种集热技术，塔式集热系统对镜场的跟踪聚光性能要求高，且占地面积更大，因此塔式集热系统的建设成本高、运行维护难度大。但塔式集热技术能量转化率高、蓄热能力强，在规模化应用（50～100MW）中经济效益更高，具有最广阔的发展前景。

2.3　风能

2.3.1　风力发电

2.3.1.1　发展史

在 19 世纪蒸汽机发明以前，风能和水能是除人力和畜力以外仅有的两种可被人类转换为机械能并加以利用的能量形式。据史料记载，早在公元前 3000 年，古埃及人就掌握了驾驶风帆的技能，在尼罗河上驭风而行。公元前 17 世纪，古巴比伦君主汉谟拉比就已经将风车作为重要的灌溉工具，在两河流域推广使用。公元 10 世纪，我国宋代的能工巧匠发明了立轴风车。风车传入欧洲后，荷兰人对风车的结构进行了革命性的改造，风轮的转速和效率有了显著提高。15 世纪前后，荷兰等国为排水建造了功率达 66kW 的风车。由于在围海造陆工程中发挥了巨大作用，风车在荷兰得以快速普及，并逐渐应用于农业灌溉等大小水利工程中，帮助荷兰成为 17 世纪欧洲农业革命的领头羊。1888 年，美国人查尔斯·布鲁斯制造了世界首台可以发电的风力发电机，开启了风能利用的新阶段。1890 年，世界首座风力发电站在丹麦建成，随后风力发电进入第一个快速发展期。第一次世界大战后，由于化石能源价格低廉，兴建大电网的工程得以迅速展开，风力发电被视为一种没有前途的产业而遭到抛弃。1920年，随着空气动力学的发展，风电再次引起人们的关注。1920～1950年，美国和许多欧洲国家使用风力发电机为偏远地区供电，单台风力发电机的发电能力不超过3kW。1960年左右，得益于材料技术的进步，玻璃纤维和塑料等轻质、廉价材料被用于风机制造，风力发电机的功率开始快速增加，50kW的风力发电机逐渐成为主流。20世纪90年代后，空气污染和气候变化逐渐引起人们的注意，风力发电作为一种可持续清洁能源被许多政府加以推广。

2.3.1.2　风的形成

风是地球上的一种自然现象，它主要是由太阳辐射能引起的。太阳光照射在地球表面上，使地表温度升高，地表的空气受热膨胀变轻而往上升，上升的空气因逐渐冷却而变重。地球表面各处受到的太阳辐射强度不同，地表温度存在差异，引起大气层中气压（空气密度）分布不平衡，使空气从高气压区向低气压区运动，从而形成了风。此外，地球自转产生的偏向力也会对风的形成产生重要作用。

实际上，地表附近的风在很大程度上还受到海洋和地形的影响。因此风向和风速的分布较为复杂。比如海陆差异对气流运动的影响：在冬季，大陆比海洋冷，大陆气压比海洋高，风从大陆吹向海洋；夏季相反，大陆比海洋热，风从海洋吹向大陆。这种随季节转换的风，被称为季风。即使在同一气团控制下，不同地区的风也会表现出很大差异，这种与地方性特点有关的局部地区的风系，被称为地方风系。

海陆风是出现于近海和海岸地区的，具有日周期的地方性风（图2-23）。海陆风的形成是由于海水和陆地的比热容不同，海水比热容大，升温和降温都较慢，而陆地比热容小，升温和降温都较快。白天陆地和海洋共同升温，陆地比热容小，升温快，陆地温度比海洋高，在近地面陆地上形成低压，而海洋上形成高压，风从海洋吹向陆地，称为"海风"。晚上，陆地和海洋共同降温，陆地降温快，陆地温度比海洋低，此时陆地为高压，海洋为低压，风从陆地吹向海洋，称为"陆风"。

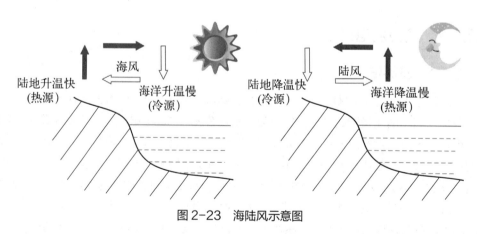

图2-23　海陆风示意图

城市热岛效应和街道狭谷效应共同作用形成了大城市所特有的风。城市风与海陆风有明显的区别，那就是城市风的方向并不会像前者那样在白天和晚上发生改变，也就是说城市风的风向是不变的。现代大、中城市中，因为工业生产和居民生活释放出大量热量、大气污染物集中以及城市建筑材料和结构的特点等，城市市区成为了"热岛"，导致市区空气做上升运动，而郊区温度相对较低，空气做下沉运动。在近地面水平方向上，市区形成低压，而周围郊区形成高压，风从郊区吹向市区，形成热力环流。

2.3.1.3 我国风力资源

地球上的风力资源十分丰富，据世界能源理事会估计，地球陆地表面有27%的地区年平均风速高于5m/s（距地面10m处）。如果将这些地方用于风力发电，则每平方公里的发电能力为8MW，总装机容量可达 $2.4×10^5$ GW。

我国地域广阔，风力资源丰富。根据中国气象局的资料，我国离地10m高的风力资源总储量约为 $3.2×10^9$ kW，可开发利用的风能储量约 $1.0×10^9$ kW。其中，陆地上风能储量约 $2.5×10^8$ kW（按陆地上离地10m高度资料计算），海上可开发和利用的风能储量约 $7.5×10^8$ kW。基于全国387个气象台站1995～2004年的数据资料显示，陆地有效风密度和年可用时数分布两项指标都显示我国风力资源具有"北富南贫"的总体特征，同时沿海地区风力资源十分丰富。综合考虑有效风密度、全年有效风速累计时间及当地年平均风速等指标，可将我国划分为4个风能区。

① 风能丰富区。这一区域有效风密度在200W/m²以上，当地年平均风速大于6.91m/s，风速超过3m/s的时间全年有5000h以上。本区集中分布在内蒙古北部、松花江下游以及东南沿海、山东沿海、辽宁沿海地区，约占全国陆地面积的8%。

② 风能较丰富区。这一区域有效风密度为150～200W/m²，当地年平均风速为6.28～6.91m/s，风速超过3m/s的时间全年有4000～5000h。本区主要分布在3个区域，包括从汕头向北至丹东的沿岸区，从图们江口向西至阿拉山口的三北北部地区，以及青藏高原地区，约占全国陆地面积的18%。

③ 风能可利用区。这一区域有效风密度为50～150W/m²，当地年平均风速为4.36～6.28m/s，风速超过3m/s的时间全年有2000～4000h。本区主要分布在两广沿海地区，大小兴安岭地区，以及涵盖华北平原、长江中下游地区、青藏高原东南部、西部五省部分地区等广大区域，约占全国陆地面积的50%。

④ 风能欠缺区。这一区域有效风密度不足50W/m²，当地年平均风速小于4.36m/s，风速超过3m/s的时间全年小于2000h。本区主要分布在川云贵和南岭地区、雅鲁藏布江区、塔里木盆地西部，这些地区四面均为高山环绕，约占全国陆地面积的24%。

2.3.2 风电技术

2.3.2.1 工作原理

风力发电是当前最主要的风能利用形式。风力发电的基本工作原理和传统风车十分相似，都是通过风力来带动风车的叶轮旋转，将风的动能转化为叶轮的机械能。只不过在风力发电时，还需要先通过增速机加速叶轮的旋转，再利用旋转的叶轮去驱动发电机的转子旋转，从而将机械能进一步转化为电能。从能量转换观点分析，风力发电的基本过程是风的动能→机械能→电能。在自然情况下，当风力等级达到了三级之后就可以通过风力发电机产生电能，当风速过大时，为了保护风机安全，风机开始切断和电网的连接，并收桨停机，风力发电的有效风速范围一般为 3~20m/s。

2.3.2.2 风电的发展现状与趋势

风电技术可分为大型风电技术和中小型风电技术，两者同属风能利用技术，工作原理也相同，但在政策导向、市场、应用领域、应用技术等方面存在显著差异，因而被视为同种产业中的两个行业。此外，为满足市场不同需求而延伸出来的风光互补技术，也逐渐发展为风电产业下的又一细分领域。

大型风电技术主要面向大型风力发电机组，而大型风力发电机组应用区域对环境的要求十分严格，多处在风力资源丰富而资源有限的风场上，环境条件复杂多变，对技术要求很高。我国大型风电技术与国际还有一定差距，表现为风电机组自主设计能力较薄弱，关键部件与核心技术仍依靠国外，设备质量欠佳、故障率较高等。此外，大型风电技术中发电并网的技术还需完善，一系列的问题还在制约大型风电技术的发展。目前，风电行业已呈现出向增大单机容量、减轻单位功率重量、提高能量转换效率等方向发展的趋势，并更加侧重海上风电场的建设。

在我国，海上风电的发展具有诸多优势。首先，我国有着绵长的海岸线和广阔的海域，风力资源非常丰富，具备发展海上风电的自然条件。其次，海上风电不占用土地资源，且对环境的整体影响较小。此外，我国东部沿海地区是中国能源消费的主要地区，海上风电靠近电力负荷中心，而且海上风电设备利用效率更高，有利于配电优化。2021 年，全球海上风电装机容量为 55.7GW，我国装机容量达到 26.4GW。虽然目前海上风电所占比重仍然较低（约 5%），但随着技术的发展成熟以及人们对其重要性的认识逐步加深，海上风电必将成为我国沿海地区可持续发展的重要能量来源。

中小型风电受自然条件限制较小，技术相对成熟，分布式独立发电效果显著。在我国，中小型风电一直是农村能源重要的推广应用技术之一，对于增加清洁能源供应、提升生活用能品位、保护农村生态环境、推进农村生态文明建设大有裨益。除服务农、牧、渔等产业外，中小型风电还被广泛用于城乡照明、通信基站、边防哨所及部分工商领域（如石油开采、海水淡化、户外广告等）。经过多年发展，我国中小型风电技术已跃居国际领先地位，低风速启动、低风速发电、变桨距、多重保护等一系列技术得到国际市场的广泛认可。据统计，全国近 30 家主要生产中小型风力发电机的企业每年向全球 110 余个国家出口近 3 万套装备，出口额近 5000 万美元。未来中小型风电行业的发展应注重提高产品质量和可靠性，为行业树立良好形象；也应参考国外经验，建立和完善产品检测体系与认证制度，设立行业准入门槛；通过政策引导，推广中小型风机在"美丽乡村"建设活动中的应用示范。

风光互补发电系统集风能、太阳能及储能技术于一体，利用智能控制技术将可再生能源发电优化整合。由于风能和太阳能的互补性强，风光互补发电系统弥补了风电和光电独立系统在资源上的缺陷。同时，风电和光电系统在蓄电池组和逆变器环节是可以通用的，因此互补发电系统的造价得以降低，系统成本趋于合理。风光互补发电系统分为离网型和并网型两种。目前，离网型风光互补发电系统发展较快，具有较广的应用场景，如农村生活生产用电、抽水蓄能电站、城市探头等。并网型通常在较大规模风光互补项目中实现，系统的开发建设受地域环境、风光资源、场址条件、用地情况及地方电网状况等诸多因素限制。我国风光互补发电技术存在的问题主要是生产规模较小、投入不够，相关政策及鼓励措施不完善等。

2.4 水能

2.4.1 水力发电

江河水流一泻千里，蕴藏着巨大能量，将天然河流的水能加以开发利用并转化为电能，这一过程就是水力发电。水力发电同时也是重要的科学技术，主要研究将水能转换为电能的工程建设和生产运行等技术经济问题。为实现将水能转换为电能，需要兴建不同类型的水电站。与其他可再生能源发电技术相比，水力发电成本较低，水电站还可与灌溉、防洪、生态等水利事业相结合，从而取得更大的社会与经济效益。

水力发电的基本原理是利用水位落差，配合水轮发电机产生电力，发电过程中出现两次能量转换：首先，水流在重力的作用下通过水轮机，推动水轮机叶片转动，将水的位能转换为水轮机的机械能；其次，水轮机带动发电机转子旋转，将机械能转换为电能。水力的大小取决于水体的落差及流量，同时也受水利工程及水轮机等设备设计的影响。

落差反映了河流上下游水面高度的差别，是构成水力的一个基本条件，水电站上下游落差越大，其出力也就越多。流量是河流中单位时间内流过的水量，通常以体积单位来衡量，是构成水力的另一个基本条件。一般河流上游落差集中，但流量比较小，下游流量虽然大，但落差分散，因此，往往在河流的终端利用水力最为经济。

世界上第一座水力发电站于 1878 年在法国建成。美国首座水电站位于威斯康星州的福克斯河上，装机容量为 25kW，由 2 台被同一水车带动的直流发电机组成，于 1882 年 9 月成功发电。欧洲第一座商业性水电站是意大利的特沃利水电站，于 1885 年建成，装机容量为 65kW。19 世纪 90 年代起，水力发电在北美、欧洲许多地区受到重视，利用山区湍急河流、瀑布等优良地形位置修建了一批数十至数千千瓦的水电站。1895 年，在尼亚加拉瀑布建起了一座大型水轮机驱动的水电站，其容量达到 3750kW。进入 20 世纪后，由于长距离输电技术的发展，边远地区的水力资源逐步得到开发利用，并向城市及用电中心供电。30 年代起，水电建设的速度和规模有了更快和更大的发展，由于筑坝、机械、电气等科学技术的进步，已能在十分复杂的自然条件下修建各种类型和不同规模的水力发电工程。80 年代末，法国、瑞士等发达国家的水能资源已几近全部开发。20 世纪全球装机容量最大的水电站是巴西和巴拉圭合建的伊泰普水电站，容量达到 1.3×10^7kW。世界上第一座抽水蓄能电站是瑞士于 1879 年建成的勒顿水电站。世界装机容量最大的抽水蓄能电站是美国的巴斯康蒂水电站，初始装机容量 2.3×10^6kW，于 1985 年投产，后经数次扩容，容量达 3.0×10^6kW。

我国是世界上水力资源最丰富的国家。中国第一座水电站是建于云南省螳螂川的石龙坝水电站，当时装机 480kW，于 1912 年建成发电。1949 年前，全国建成和部分建成水电站共 42 座，总装机容量 3.6×10^5kW，当年发电 1.2×10^9kW·h（不含中国台湾）。1950 年后，我国水电建设开始快速发展，兴建了一大批骨干电站。截至 1987 年底，全国大中型水电装机容量达 3.02×10^7kW。1988 年，湖北葛洲坝水利枢纽竣工，装机容量为 271.5kW，是我国在长江干流上修建的第一座大型水电站，并兼顾兴利、防洪和通航功能。2009 年，世界规模最大的水电站三峡水利枢纽全部竣工，总装机容量达到 2.25×10^7kW，远远超过位居世界第二的伊泰普水电站。我国在 20 世纪 60 年代后期才开始研究抽水蓄能电站，于 1968 年和 1973 年先后建成岗南和密云两座小型混合式抽水蓄能电站,装机容量分别为 $1.1×10^4kW$ 和 $2.2×10^4kW$。河北丰宁抽水蓄能电站总装机规模 $3.6×10^6kW$,目前已有 10 台机组投入运行,剩余 2 台机组将于 2024 年投入使用,届时将成为世界上规模最大的抽水蓄能电站。

截至 2021 年,全球水电总装机容量达到 1360GW,其中,我国水电装机容量为 390.3GW,相当于近 17 座三峡电站。2021 年,全球新增水电装机 24.9GW,其中,我国贡献了超过 80%的增量。

2.4.2 三峡电站

三峡水利枢纽是治理和开发长江的关键性骨干工程。坝址位于湖北省宜昌市三斗坪,距下游葛洲坝水利枢纽 38km,控制流域面积 $1.0×10^6km^2$,占长江流域面积的 56%。坝址处平均流量 $14300m^3/s$,年均径流量 $4.5×10^{11}m^3$,平均年输沙量 $5.3×10^8t$。三峡大坝为混凝土重力坝,大坝长 2335m,底部宽 115m,顶部宽 40m,高 185m,正常蓄水位 175m(图 2-24)。水库全长 600km,水面平均宽度 1.1km,总面积 $1084km^2$,总库容 $3.9×10^{10}m^3$。

图 2-24 三峡大坝

工程兼具防洪、发电、航运等巨大综合效益。三峡水库防洪库容为 $2.2×10^{10}m^3$,可有效地控制上游洪水,将下游荆江河段的防洪能力由不足 10 年一遇洪水提高至 100 年一遇洪水,并可配合下游分蓄洪工程的运用,保证荆江河段 1000 年一遇洪水时的行洪安全。三峡水电站的机组布置在大坝的后侧,共安装 32 台 $7.0×10^5kW$ 水轮发电机组,其中左岸 14 台,右岸 12 台,地下 6 台,另外还有 2 台 $5.0×10^4kW$ 的电源机组,总装机容量 $2.25×10^7kW$,是世界最大的水力电站。三峡工程与葛洲坝工程联合运行,显著改善重庆至宜昌 660km 航道,建有世界规模最大的内河船闸,可使万吨船直达重庆,并且显著改善了宜昌下游枯水期的航运条件。

三峡工程是我国水电事业成功的典范,除了发电带来的巨大直接经济效益外,在防洪、灌溉、交通、供水、养殖以及改善水质、保障电网安全运行等方面的综合效益同样难以估量。

① 发电与减排。三峡电站 2021 年累计发电 1036.49 亿千瓦时,继 2020 年后再次突破千亿千瓦时大关,相当于节约标准煤 3175.8 万吨,减排二氧化碳 8685.8 万吨、二氧化硫 1.94 万吨、氮氧化物 2.02 万吨。发电稳定性能好,且地理位置适中,向华中、华东、川东、广东等地区供

电距离在 400～1000km 的经济输电范围以内，将在构建跨区域大电力系统中发挥重要作用。

② 防洪。2003～2016 年间，三峡水库共拦洪 41 次，累计拦蓄洪量 $1.2×10^{11}m^3$。2010 年和 2012 年，分别经受了 $70000m^3/s$ 和 $71200m^3/s$ 洪峰的考验，通过消减上游洪峰，大大缓解了长江中下游地区的防洪压力。

③ 航运。三峡工程极大地改善了川江通航条件，结束了"自古川江不夜航"的历史。三峡蓄水前，川江单向年运输量只有 $1.0×10^7t$，万吨级船舶无法到达重庆，蓄水后，川江通航能力逐年提高。2021 年，三峡枢纽航运通过量达 $1.51×10^8t$，其中三峡船闸通过量 $1.46×10^8t$，超过其设计通过能力的 46%，"大国重器"航运效益凸显。

④ 抗旱与补水。每年 11 月至来年 4 月，长江上游及各支流来水大幅减少，三峡水库作为我国重要的战略性淡水资源库，会充分利用早已蓄足的水量，将下泄流量提高到 $6000m^3/s$ 以上，为长江中下游补水。如 2021 年 11 月 11 日至 2022 年 2 月 28 日，三峡水库累计为下游补水 110 天，补水总量超过 $8.0×10^9m^3$，有力保障了人民生产生活用水。

⑤ 水质。三峡水库巨大的调控蓄水作用，明显减少了下泄水流的含沙量，巨大的落差同时也使大坝下游泥沙冲刷距离加长、冲刷量加大，从而减少了泥沙的淤积，改善了水质。

2.4.3　水力资源开发方式

水力资源主要指的是水的势能。为了有效开发水力资源，需要通过修建水电站将原本分散分布的河流自然落差集中起来，形成可利用的水头，然后利用水轮机将水的势能转变为旋转机械能，进而带动发电机发电。水力发电是当前开发水力资源的主要方式。

抽水蓄能电站就是将常规水电站与抽水蓄能这种储能方式相结合的水电站，故又称蓄能式水电站。抽水蓄能电站具有上、下两个水库，利用电力系统中低谷多余电能，把下水库的水抽至上水库，以位能的形式储存，在电力负荷高峰时再从上水库放水至下水库进行发电。在抽水和发电的能量转换过程中（即由电能转变为水能，再由水能转变为电能），输水系统和机电设备都有一定能量损耗，发电所得电能与抽水所用电能之比，是抽水蓄能电站的综合效率。早期抽水电站综合效率在 65% 左右，近年来已提高至 75% 左右。抽水蓄能是利用电力系统低谷负荷时多余的低价电能，换取电力系统中十分需要的高价的峰荷电能，并具有旋转备用、负荷调整、调频、调相、增加电力系统可靠性等动态效益，所以在水电比重低的电力系统中是非常经济和必要的。例如珠三角地区用电量大、负荷变化大，但当地电力供应主要依靠煤电和核电，调峰能力不足，因而该地区十分适合发展抽水蓄能电站。

我国抽水蓄能电站建设虽然起步比较晚，但由于后发效应，起点却较高。截至 2021 年底，我国投入运行的抽水蓄能电站装机容量为 $3.64×10^7kW$，在建规模 $6.15×10^7kW$，均居世界首位。第一批建设的广州、十三陵、天荒坪等大型抽水蓄能电站采用了高水头、高转速、大容量可逆式机组，达到世界先进水平。2009 年投运的西龙池电站最高扬程达 750m，为世界第三。建成投运的仙居电站单机容量 375MW，为已建抽水蓄能电站单机最大容量。

2.4.4　水力发电优势、弊端及展望

水力发电的优势主要体现在以下四个方面：

① 能源的可再生性。由于水流按照一定的水文周期不断循环，从不间断，因此水力资源是一种可再生能源。水力发电的能源供应只有丰水年份和枯水年份的差别，而不会出现能源枯竭问题。

② 发电成本低。水力发电只是利用水流所携带的能量，无须再消耗其他动力资源。而且上一级电站使用过的水流仍可为下一级电站利用。另外，由于水电站的设备比较简单，其检修、维护费用也较同容量的火电厂低得多。如计及燃料消耗在内，火电厂的年运行费用约为同容量水电站的10～15倍。因此水力发电的成本较低，可以提供廉价的电能。

③ 高效而灵活。水力发电主要动力设备水轮发电机组不仅效率较高，而且启动、操作灵活。它可以在几分钟内从静止状态迅速启动投入运行；在几秒内完成增减负荷的任务，适应电力负荷变化的需要，而且不会造成能源损失。因此，利用水电承担电力系统的调峰、调频、负荷备用和事故备用等任务，可以提高整个系统的经济效益。

④ 综合效益显著。大型水利工程除可提供廉价电力外，还具备控制洪水泛滥、提供灌溉用水、改善河流航运等功能，促进旅游业及水产养殖业的发展，具有显著的综合效益。

水力发电的弊端主要体现在技术局限性和对生态的影响两个方面。在技术方面，由于需要在高山峡谷及河道中施工，水电站的建设成本较高，周期也长。因地形、水文等条件限制，无法建造太大规模的电站，而且建成后也不易扩大容量。此外，水力发电受季节和气象因素影响较大。水电对生态的影响也是显而易见的。水力发电需要淹没许多上游流域的水坝，这会破坏生物的多样性、有生产力的低地、沿江河谷森林、湿地和草原，为水力发电而建设的水库能够引起周边地区栖息地的细碎化和导致水土流失的恶化。如长江流域大型水利工程的建设等，影响了中华鲟的洄游路线和繁殖场所，使之种群数量减少。

处在不同发展阶段的国家，具有不同的发展优势。在水力资源开发利用程度已较高或水力资源贫乏的国家和地区，已有水电站的扩建和改造势在必行，配合核电站建设所兴建的抽水蓄能电站将会增多。在一些水力资源比较丰富而开发程度较低的国家，今后在电力建设中将因地制宜地优先发展水电。在中国除了有重点地建设大型骨干电站外，中、小型水电站由于建设周期短、见效快、对环境影响小，将会进一步受到重视。随着电价体制的改革，更恰当地体现和评价水力发电的经济效益，有利于吸引投资，加快水电建设。

2.5 展望

2.5.1 经济与社会效益

在全球气候变化的大背景下，推进绿色低碳技术创新发展，以可再生能源为主的现代能源体系已经成为国际社会的共识，加速能源清洁低碳转型已经成为全球发展趋势。能源转型不仅伴随着产业结构调整，同时也更需要能源技术创新的支撑，能源技术进步与能源转型相互促进，正在深刻改变能源发展的前景和世界能源格局。

世界各国对能源技术的认识各有侧重，但都把能源技术创新视为新一轮科技革命和产业革命的突破口，基于自身能源资源禀赋特点，制定各种政策措施抢占发展制高点，并投入大量的资金予以支撑。国际能源署（IEA）发布的《IEA 成员国能源技术研发示范公共经费投入简析2020》显示，在过去 40 多年里，IEA 成员国能源技术研究、开发和示范（RD&D）公共投入领域变得日益多样化（图 2-25）。1974 年，核能在能源技术投入总额中占比最高，达到 75%，此后逐年下降，在 2019 年已降至 21%，与能源效率（21%）、可再生能源（15%）和交叉领域（23%）的 RD&D 投入相当。另一方面，化石燃料投入占比在 20 世纪 80～90 年代达到顶峰，但在 2013年之后逐步下滑至当前的 9%。2019 年，IEA 成员国能源技术 RD&D 公共投入总额达到 209 亿美元，较 2018 年上涨了 4%。除化石燃料下降 4% 外，所有技术 RD&D 投入均有所增加，其中氢能及燃料电池增幅最大，紧随其后的是可再生能源。

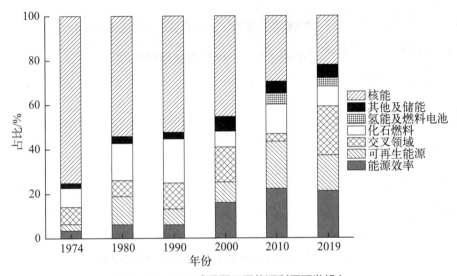

图 2-25　IEA 成员国不同能源利用研发投入

美国政府高度重视能源技术研发，投入大量研发资金，维持其在全球能源技术领域的地位。2017 年，美国投入 73 亿美元支持 RD&D，较前一年增长 9%。大部分 RD&D 资金用于清洁能源技术研究，包括核能（尤其是小型核反应堆），碳捕集、利用和封存（CCUS），能效等。随着可再生能源发电量的增长和电动汽车的发展，以及极端天气和网络攻击发生频率的增加，电网现代化也成为其技术研发的重要内容。

进入 21 世纪后，欧盟可持续发展战略不断深化，提出低碳能源转型，成为低碳经济发展的全球引导者。围绕低碳能源核心战略，欧盟制定了具体的发展目标和技术路线图，例如"3 个20%"目标，即到 2020 年可再生能源电力占比提高 20%、能效提高 20%、碳排放量相比 1990年水平减少 20%。近 10 年来，德国一直推行以可再生能源为主导的"能源转型"战略，持续增加对能源技术研发的公共投入。2017 年，德国投入 10.1 亿美元用于 RD&D，占其 GDP 的0.031%，相比前一年增长了 14%。其中，可再生能源技术占能源 RD&D 总预算的 29%，主要用于太阳能和风能研究；其次是能效（主要用于提高工业能效）和核能（包括核聚变），分别占22% 和 21%；其他电力和储能技术占到 13%，化石燃料仅占 5%，其中一半以上用于碳捕集和利用的研究。

在经历福岛核电站事故之后，日本在能源科技发展重点上有较大调整。日本将氢能作为应对气候变化和保障能源安全的一张王牌，为此制定了建设"氢能社会"的氢能基本战略目标，提出要构建制备、储存、运输和利用的国际产业链，积极推进氢燃料发电，扩大燃料电池及其汽车市场。

就可再生能源技术而言，各国的 RD&D 投入主要集中在太阳能发电和风力发电两个领域（图 2-26），两者投入之和占可再生能源技术总投入的 93.5%。我国在太阳能发电与风能发电这两个技术领域的投入分别为 399 亿美元和 350 亿美元，均超过各自技术领域总投入的三成。我国在其他可再生能源技术领域也均有投入，尤其是在小水电技术领域，我国投入占比高达94.4%。

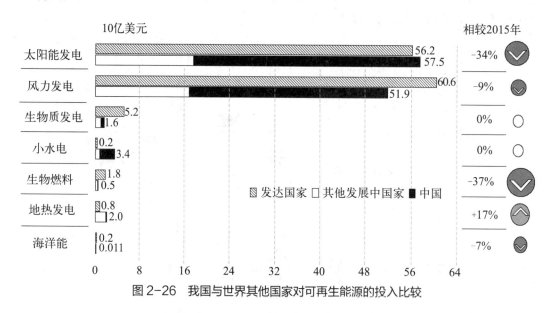

图 2-26　我国与世界其他国家对可再生能源的投入比较

对可再生能源技术的持续投入，为包括我国在内的世界各国带来了显著的经济社会效益，主要体现在以下几个方面：

（1）催生新产业

对可再生能源技术的持续投入，将推动新技术成果逐步产业化，形成广泛的产业链条。以光伏为例，其产业的形成与发展最早始于 2004 年德国颁布的"上网电价法"。目前，光伏产业已经形成了涵盖上游、中游和下游环节的非常广泛的产业链条。其中，位于产业链上游的是原材料和各种生产设备供应商，主要进行硅料提纯、晶硅制造，也称为原材料生产环节；位于产业链中间的是硅棒、硅锭和硅片的生产者，太阳能电池生产和封装环节的生产者，称之为太阳能电池制造环节；位于产业链下游的则是各种应用产品及其零部件（包括蓄电池、逆变器等）的开发商和并网或离网光伏电站，称为系统集成环节。

我国光伏产业的发展就是以准入门槛相对较低的中游环节为切入点的。在政府主导的金融支持下，我国企业在光伏电池片和电池组件领域迅速发展，2007 年就已成为世界第一大生产和出口国。目前，我国在多晶硅、硅片、电池片、组件等环节生产规模的全球占比均已超过 50%。而在下游光伏发电系统环节，我国在 2011 年才开始逐步进入，但在国家和地方政策的大力扶持下，光伏电站的产能迅速提升，不仅满足了国内产业需求，还向欧美发达国家出口，以电池组件为例，2021 年我国电池组件总产量为 182GW，对外出口量 98.5GW，出口额达 246.1 亿美元。同样，在产业政策和金融政策的支持下，我国的风电产业也发展迅速，在 2020 年全球前

15 大风电整机制造商排名中我国企业占据 10 席，市场总份额达到 54.2%。

（2）增加就业机会

可再生能源的产业链广泛，能够提供大量的就业岗位。可再生能源技术的发展可有力带动装备制造、设计研发、配套服务等相关产业的发展，创造更多的就业机会，减轻社会就业压力，促进社会和谐稳定发展。据统计，可再生能源相关产业每年在全球范围内创造 980 万个工作岗位，其中与太阳能相关的行业（包括光伏、光热、太阳能制冷/热泵等）提供的岗位最多，达到 395 万个。此外，可再生能源技术与产业的发展也有利于推进智慧城市的建设，从而创造绿色、低碳、宜居的城市环境。

（3）减少碳排放

可再生能源的发展顺应了全球范围内能源清洁化、低碳化的发展潮流。增加可再生能源在能源体系中的份额、推动能源结构转型，是解决温室效应、空气污染及臭氧破坏等问题的关键和根本举措。由于我国人口基数大、产业规模大，近年来我国二氧化碳排放始终高居全球前列，但我国的减排努力和成效也同样显著。2021 年，我国可再生能源开发利用规模达到 7.53×10^8t 标准煤，相当于替代煤炭近 1.1×10^9t，减少二氧化碳、二氧化硫、氮氧化物排放量分别约达 2.07×10^9t、4.0×10^5t 与 4.5×10^5t。

2.5.2　挑战及发展前景

2.5.2.1　挑战

大力发展可再生能源替代化石能源，是应对气候变化的重要举措，也是能源转型的重要内容。我国可再生能源发展规模已经跃居世界第一，但可再生能源占比仍处于能源转型的初级阶段。随着波动性风光电比重的进一步提高，我国可再生能源发展将面临三大挑战。如何应对这些挑战，将关系到我国能源系统低碳转型能否最终实现。

（1）能流密度低、投资大、成本高

太阳能发电与风力发电是当前除水电外开发规模最大、发展速度最快的可再生能源，太阳能与风能的可开发资源总量巨大、分布广泛、获取方便，这些优势是水能难以比拟的，在未来的能源结构中将扮演更为重要的角色。然而，太阳能和风能的能流密度较小，通常只有几百瓦每平方米，因此必须增加接收面积以获取足够能量，导致系统规模大、占用土地多，因而建设成本巨大。例如，在塔式太阳能光热发电中，定日镜场与吸热器的成本占光热发电站总投资的50%左右；在光伏发电系统中，组件费用占总成本的 70%。在各种可再生能源技术中，太阳能与风能的规模化发电成本也相对较高。2010 年，光伏发电与光热发电的平均成本分别为 0.36 美元/(kW·h) 与 0.33 美元/(kW·h)，显著高于化石能源的平均发电成本[0.05～0.17 美元/(kW·h)]。到 2017 年，光伏发电的规模化发电成本已与化石能源相当，光热发电的成本虽然也有下降，但已成为唯一的发电成本高于化石能源的可再生能源发电技术。

（2）供应、运输及存储问题

可再生能源如太阳能、风能、海洋能等受气候、天气影响，能源供应存在间歇不连续，很难保证长久稳定生产，同时资源地域分布不均匀，弃风、弃光、弃水严重。太阳能充足的地区

往往远离人口中心，因此需要修建长距离的输电线路进行电力的跨区域输送。或者利用储能技术，将间歇性的太阳能等收集起来，这被认为是实现可再生能源大规模应用的一个关键点。

（3）生态环境问题

国际能源署（IEA）推荐，新能源和可再生能源又分为三类：大中型水电、传统生物质能、新的可再生能源。由于大中型水电、传统生物质能开发相对成熟且对生态环境有较大不利影响，被称为旧的可再生能源。新的可再生能源不会耗尽，也较少产生污染排放，对环境友好。因此，在发展可再生能源时应更多向太阳能、风能、海洋能等新能源倾斜。但需要注意的是，新能源向其他能量转化过程中虽然不会产生生态环境问题，但是新能源利用系统中能量转化设备生产及其运行过程会对生态环境产生影响。例如，光伏发电过程不会产生任何排放，但在硅料提纯、切片、电池生产等环节会产生大量的废气与废水，若处理不当可造成环境污染。而光伏电池在报废后，其中的铅、镉等污染物质会向外缓慢释放，不仅污染土壤、水源，还能进入空气凝聚成含铅灰尘等。

2.5.2.2 未来能源结构

推动能源结构和经济发展转型的关键在于加强清洁能源在一次能源结构中的主体地位。未来我国一次能源总量会持续增加，2021 年已达到 4.3×10^9t 标准煤，2030 年接近 5.4×10^9t 标准煤，2050 年接近 5.8×10^9t 标准煤，并进入峰值平台期。同时，非煤比重有望从 2015 年的 35.7%（生产端数据，下同）逐步升高到 2030 年的 55%，2050 年进一步提高到 73%。清洁能源将逐渐成为满足能源供应的主要力量，到 2030 年清洁能源占一次能源比重有望达到 30% 以上，"零碳"的风电、太阳能发电总装机容量达到 1.2×10^9kW 以上，而太阳能将成为最大的单一低碳发电能源，能源结构得到明显优化。

中国电力企业联合会相关数据显示中国 2018 年终端用电占比达 25.5%，而电能在终端能源消费中的比重每提高 1%，可使单位 GDP 能耗降低 3% 左右，而中国 2018 年工业、商业、居民领域煤炭消费量约占能源消费总量的 42.5%，因此终端电能替代对于清洁低碳发展意义重大。发展工业领域电气化，强化建筑集中供热或电供暖，推进电动汽车、电动卡车、码头岸电等终端电气化，我国终端电能消费比例 2030 年有望超过 30%，2060 年达到 70%，则仅此一项即可将单位 GDP 能耗降低至美国相近水平。

我国风、光、水等可再生能源的地理分布与需求不均衡，而利用可再生能源电解水制取的氢气压缩后可储存、可运输，能满足跨地域、跨时间的需求。氢气作为清洁能源，可代替煤炭作为工业领域的还原剂直接使用，也可用于氢能汽车、氢能卡车、燃气发电等领域。假设到 2050 年，氢气消费量达到 6.0×10^7t，则可减排约 7.0×10^8t 二氧化碳。因此，氢气能源化是近中期实现可再生能源向化学能、电能转化的有效途径。

2.5.2.3 可再生能源发展方向

可再生能源利用的突破将主要围绕以下四个方面实现：

① 技术发展。未来，包括海上风电、生物质燃料电池、波浪能、太阳能 PV/T、太阳能光热发电、生物质等离子气化热解、小水电（高水头、小流量）在内的新技术领域将成为重点发展方向。

② 安全、高效、低成本。降低可再生能源发电成本，提高可再生能源转换效率仍然是可再

生能源利用领域追求的目标。以光伏为例，常用晶硅电池的光电转换效率低于 20%，未来将重点发展效率更高的电池（如化合物半导体电池）并降低其技术成本。提高设备安全性与可靠性对于可再生能源技术的发展也至关重要。在风电行业，零部件故障仍是导致风电场非正常停机的主要原因，其中变桨系统故障率最高，占比 28.29%，而风电场的非正常停机不仅降低了风能利用率，也对电网稳定性产生不利影响。

③ 分布式多能互补。多能互补系统可以充分地利用分布式能源和可再生能源，对提升可再生能源消纳比例和提高能源综合利用效率具有重要意义。多能互补是指按照不同资源条件和用能对象，多种能源互相补充、协同供应，以满足用户用能需求，而分布式能源系统则是直接面向用户，按用户的需求就地生产并供应能量。典型的分布式多能互补包括风-光互补系统、抽蓄水-光-风互补系统等。微网技术在分布式多能互补系统中扮演重要角色，可将分布式电源、负荷、储能装置、变流器以及监控保护装置有机整合在一起形成小型发配电系统，降低间歇性分布式电源给配电网带来的不利影响。

④ 储能。储能为解决新能源并网问题的有效措施，是能源互联网中能源供需互动的核心环节，储能技术可作为电网与天然气网络、供热系统、电气化交通网等其他网络的桥梁。现有储能技术包括机械储能、化学储能、电磁储能、储热等。其中，机械储能如抽水、空气压缩、飞轮储能等难以大规模利用；化学储能包括锂电池、钠硫电池、液流电池等，在储能成本、安全性等方面存在不足；储热主要面向聚光太阳能热发电，存在成本高、能量密度低等问题。低成本、高性能、长寿命、高密度将是未来储能的发展方向。

◆ 阅读角

长江与黄河同属中华民族的母亲河。新中国成立后，对三峡工程的规划、勘测和设计工作贯穿整个 20 世纪后 50 年。经过长期、反复的科学论证，三峡工程主体工程终于在 1994 年正式开工。2003 年 6 月 1 日三峡工程开始蓄水发电，整个工程于 2009 年全部完工。而三峡工程的兴建，更是让当地多了一个展示大国重器的窗口。三峡工程从设想到规划、从勘测到论证、从建设到运行的百年历程，孕育了历久弥新的三峡精神——科学民主，求实创新，团结协作，勇于担当，追求卓越。作为"全国爱国主义教育示范基地"，三峡工程在全力服务国计民生的同时，也将强化宣传教育功能，讲好中国故事，凝聚起砥砺新征程、奋斗新时代的强大力量。

 思考题

1. 我国的能源生产与消费结构有何特点？
2. 能源革命是如何影响人类文明进程的？下一次能源革命将如何开启？
3. 你还能想出巧妙利用太阳能的新方式吗？
4. 可再生能源、新能源、绿色能源的概念和范畴相同吗？
5. 从能量守恒角度，世界上的总能量保持不变，但为何人类存在能源危机？
6. 电能是最佳的二次能源，你认为哪种能源技术转换为电能最方便高效？

参考文献

[1] IRENA. Renewable capacity statistics 2021 International Renewable Energy Agency. Abu Dhabi, 2021.

[2] BP. Statistical review of world energy 2021. London: BP plc, 2022.

[3] Parida B, Iniyan S, Goic R. A review of solar photovoltaic technology. Renewable and Sustainable Energy Reviews, 2011, 15: 1625-1636.

[4] Makki A, Omer S, Sabir H. Advancements in hybrid photovoltaic systems for enhanced solar cells performance. Renewable and Sustainable Energy Reviews, 2015, 41: 658-684.

[5] Tasbirul I M, Nazmul H, Abdullah A B, et al. A comprehensive review of state-of-the-art concentrating solar power (CSP) technologies: Current status and research trends. Renewable and Sustainable Energy Reviews, 2018, 91: 987-1018.

[6] 高阳, 魏进家, 谢胡凌, 等. 低倍聚光光伏光热系统热性能分析. 工程热物理学报, 2016, 37(3): 624-628.

[7] 魏进家, 万振杰, 屠楠. 塔式太阳能热发电水工质腔式吸热器研究进展. 科学通报, 2015, 60(7): 603-612.

[8] 朱蓉, 王阳, 向洋, 等. 中国风能资源气候特征和开发潜力研究. 太阳能学报, 2021, 42(6): 409-418.

[9] 中国气象局. 全国风能资源详查和评价报告. 北京: 气象出版社, 2014.

[10] 王浩, 王建华. 中国水资源与可持续发展. 中国科学院院刊, 2012, 27(3): 352-358, 331.

[11] 李建鹏, 王亭沂, 孙伟, 等. 油田企业节能降耗领域技术发展对策之地热篇. 石油和化工设备, 2017, 20(11): 68-70.

第三章

细胞工厂

日益严峻的资源和环境问题已给人类生活带来重大挑战，高消耗的传统制造方法和以破坏环境为代价的经济发展模式亟须改变。目前，实施以"原料绿色化、过程绿色化和产品绿色化"为核心的绿色制造，已被提到发展战略的高度。生物细胞能够在温和、环境友好的条件下，进行复杂的物质和能量代谢。受此启发，构建能够以生物质、工业化过程侧线产品和工业过程废弃物等为原料，在低能耗、低污染条件下，按照人类意愿制造目标产品的细胞工厂成为解决当前困境的重要选项。代谢工程、合成生物学和现代酶工程是支撑细胞工厂构建的关键生物技术。因此，本章将分别对代谢工程、合成生物学和现代酶工程的基本概念、发展历史、使能技术和实际应用等内容进行介绍，详细论述代谢工程、合成生物学和现代酶工程在解决能源、资源、环境及社会问题中的应用和发展潜力。

3.1 概述

3.1.1 代谢工程概述

代谢工程（metabolic engineering）也叫作途径工程（pathway engineering），指利用重组 DNA 技术，对生物细胞内固有的酶催化、运输和调控功能进行定向设计、改造与优化，从而达到改善细胞特性或合成新化合物的目的。代谢工程领域的研究人员经常把生物系统看作是一个能够将原料转化为不同增值产品的"细胞工厂"。由于该过程产物的生产效率或产量与其商业可行性密切相关，因此，通过不同的细胞代谢通路，精确调控转化过程的能量流和物质流，对整个细胞过程的优化是至关重要的，这与传统的化学过程设计工程学科相类似。

代谢工程的基本原理是利用重组 DNA、基因和基因组编辑等技术，对细菌、酵母或植物等生物体的代谢、基因调控、信号网络等进行定向修饰和改造，或将新的酶活性和途径引入到宿主中，从而使其能够利用不同的底物和能量来生产各种化学品、材料或增值产品。这些前沿生物技术既促使了对宿主产物谱进行直接改造，如对内源性途径进行定向改造或在生物体中设计更为复杂的合成途径以合成化学品或小分子药物，也能够致力于宿主本身固有代谢的工程改造，以拓展底物谱，如实现可再生的、低成本的碳源的转化利用。相较于基因工程，代谢工程是基于细胞代谢网络的系统研究，更强调多个酶反应的"整合"作用。同时，在完成代谢途径的遗传改造后，代谢工程还将对细胞的生理变化、代谢通量进行分析，以此来确定下一步遗传改造的靶点。通过多个循环，不断地提高细胞的生理性能。由于代谢工程的目标是构建可用作生物催化剂的微生物，以生产具有成本效益的燃料、化学品、药品或生物基材料等。因此，该过程所包含的远不止简单地将基因拼接在一起来建立一个基本的功能通路。现阶段，代谢工程已能够通过优化现有的生化反应和代谢途径，或引入外源代谢途径，甚至创建自然界不存在的代谢途径，来实现和提高氨基酸、有机酸、化工醇、抗生素、维生素、化学原料药以及其他生物技术产品的生物合成与制造能力。该技术已在化工、医药卫生、农林牧渔、轻工食品、能源和环境等领域均发挥重要作用，可促进传统产业的改造和新兴产业的形成，对人类社会产生深远影响。

1973 年 11 月和 1974 年 5 月，Boyer 与 Cohen 先后联合在美国科学院院刊 *PNAS* 上发表了里程碑式的成果，标志着重组 DNA 技术正式诞生。在他们第一次成功地将外源基因引入细菌细胞后，人们便认为通过基因工程改造能够将细菌和其他细胞转化为小型化学工厂，以生产大量的化学和医药产品。而直到 20 世纪 90 年代，Jay Bailey 和 Gregory Stephanopoulos 等在 *Science* 期刊上系统总结了 20 世纪 80 年代以来科学工作者对生物反应系统的设计与操作，才真正意义上奠定了代谢工程的科学基础，是代谢工程正式诞生的标志。经典代谢工程旨在利用基因工程技术调控特定的基因与反应、改善细胞功能、提高目标化合物的产量，也被视为继传统的蛋白质多肽单基因表达（第一代基因工程）、基因定向突变（第二代基因工程）之后的第三代基因工程。自诞生以来，代谢工程极大地推进了生物技术与生物产业的发展，已成为发展可持续生物经济的支撑学科与技术之一。近年来，随着生命科学的蓬勃发展，基因组学、系统生物学、合成生物学等新学科不断涌现，为代谢工程的发展注入了新的内涵与活力。组学技术、基因组代谢模型、元件组装、回路设计、动态控制、基因组编辑、深度机器学习、自动化技术等前沿领域的快速发展，进一步把代谢工程领域推向前所未有的高度。随着技术的发展以及工程理念的创新，代谢工程已经从简单基因操作向多基因优化改造发展，从改造局部基因组向全基因组规模的设计合成与系统优化发展。随着代谢工程的发展，生物制造将彻底改变自工业革命以来以化石能源为基础的原料路线，实现从不可再生的"碳氢化合物"为能源和原材料的经济结构向可再生的"碳水化合物"的经济结构的转变。

3.1.2　合成生物学概述

合成生物学（synthetic biology）的出现是多学科发展到一定高度的必然结果，其发展以分子生物学、细胞生物学、系统生物学和生物信息学为基础，涉及微生物学、遗传工程、材料科学以及计算科学等多个领域的交叉融合，旨在引入工程学的思路和理念来指导生物学的设计和构建，主要通过标准化、自动化、智能化技术开发新的生物元件和系统，或对现有的生物元件和系统进行修饰，从而实现新的细胞功能。合成生物学将多学科的概念和知识整合起来，通过"基因"连接成的网络，让细胞来完成研究人员设想的各种任务。例如基因回路、生命体，或是改造自然界存在的生物系统和生物过程，甚至也可以是对自然界中不存在的生物元件或者生物系统的设计和组装。

合成生物学的概念最早在 1910 年就被提出，20 世纪 70 年代合成生物学这一名词出现在 DNA 重组技术的发展中。在基因组学获得巨大成功的基础上，分析和设计已经成为当前生物学发展必不可少的元素，在这一发展趋势下，生命科学进入合成生物学时代。2000 年 Eric Kool 在美国化学年会上重新定义"合成生物学"为基于系统生物学的遗传工程，用基因片段、DNA 分子、基因调控网络与信号转导路径人为设计与构建具有新生物功能的生命体系，这也标志着合成生物学的发展真正到来。自此合成生物学研究在全世界范围引起了广泛的关注与重视，被公认为在医学、制药、化工、能源、材料、农业等领域都有广阔的应用前景。

合成生物学与传统的分子生物学和细胞生物学的不同之处在于其"工程学本质"，更加强调人工设计理念和核心元件开发的思想。一方面，合成生物学具有独特的工程学性质以及多学科交叉属性，在传统的基因工程、代谢工程、蛋白质工程等学科研究方法基础上，借鉴了工程学、化学、系统生物学等学科的研究思路，颠覆了以描述、定性、发现为主的生物学传统研究方式，转向可定量、可计算、可预测及工程化的模式。另一方面，合成生物学的研究策略侧重于"自下而上（bottom-up）"的理念，从元件标准化到模块构建再到生物底盘适配，包括对已有的生物体进行改造或设计合成自然界不存在的人工系统，打破了传统"自上而下（top-down）"方法的诸多限制，具有广泛的应用潜力。

从 2000～2022 年的发展历程来看，合成生物学的发展大体经历了四个阶段。第一阶段，创建时期（2005 年以前）：这一时期产生了许多具备领域特征的研究手段和理论，以基因线路在代谢工程领域的应用为代表，典型成果是青蒿素前体在大肠杆菌中的合成。第二阶段，扩张和发展期（2005～2011 年）：这一时期基础研究快速发展，合成生物学研究开发总体上处于工程化理念日渐深入、使能技术平台得到重视、工程方法和工具不断积淀的阶段，体现出"工程生物学"的早期发展特点。第三阶段，快速创新和应用转化期（2011～2015 年）：这一阶段基因组编辑的效率大幅提升，特别是人工合成基因组的能力提升到了接近 Mb（染色体长度）的水平，而基因组编辑技术出现前所未有的突破。合成生物学技术开发和应用不断拓展，其应用领域从生物基化学品、生物能源扩展至疾病诊断、药物和疫苗开发、作物育种、环境监测等诸多领域。第四阶段，全面发展时期（2015 年以后）：这一阶段合成生物学的"设计-构建-测试（design-build-test，DBT）"循环扩展至"设计-构建-测试-学习（design-build-test-learn，DBTL）"，"半导体合成生物学（semiconductor synthetic biology）""工程生物学（engineering biology）"等理念或学科提出，生物技术与信息技术融合发展的特点愈加明显。

合成生物学的核心内容主要包括元件工程、线路工程、代谢工程以及基因组及细胞工程。在合成生物学知识体系中，DNA 合成技术的发展、合成生物学元件的开发是基础。立足元件的标准化开发，利用生物设计的工具，可开发出不同功能的生物线路。这些生物线路在底盘细胞或无细胞系统中，可用于生物基化学品合成、蛋白质或多肽的表达、环境监测、植物育种等领域。在化工领域，合成生物学在化学品的合成、材料制备、能源生产、温室气体生物利用等方面有着广泛的应用前景。在化学品的生产过程中，与传统化学工程相比，合成生物学具有微型化（细胞或酶的催化）、可循环（所需原料以生物质原料为主）、更安全（反应条件更温和，产业链更短）的特点（表 3-1）。随着合成生物学的飞速发展，医学、能源、环境、材料、建筑等很多领域都可以用到合成生物学。

表 3-1 合成生物学与化学工程比较

项目	合成生物学	化学工程
定义	以工程学思想为指导，按照特定目标理性设计、改造乃至从头重新合成生物体系，即生物学的工程化	化工技术或化学生产技术，指主要通过化学反应将原料转变为产品的方法和过程
发展阶段	处于产业化关键阶段，产品种类快速增加，新产品验证和对传统化学法的替代并行	进入成熟阶段，新增产品种类少，主要是现有工艺的优化
核心技术	基因测序和编辑、菌种培育筛选、产品纯化分离、模块化	催化剂、工艺包、化工单元
最小反应单元	细胞或酶催化	反应器
装置	放大难度较小，同一套装置适用于不同产品的生产，容易切换	放大难度较大，且同一套装置难以适应不同产品生产，较难切换
反应条件	较温和	部分涉及高温高压等特殊条件
原料来源	可再生原料为主、化石原料为辅	化石原料为主
产业链长度	较短，大部分合成过程在生物体内	长短不一，通常成熟基础化学品和材料合成路径短，但复杂分子、含杂环或杂原子的化学品合成路径较长，涉及单元操作多
擅长产品类型	底盘细胞生命周期涉及的物质，复杂分子	现有主流的化学品和材料
涉及学科	生物学、生物信息学、计算机科学、化学、材料学等多学科的交叉融合，使生物学的工程化从模块化、定量化、标准化、通用性等角度系统展开	化学、材料学、热力学、动力学等

3.1.3 现代酶工程概述

酶（enzyme）是由活细胞产生的具有催化作用的蛋白质或 RNA，是推动生物体内错综复杂的新陈代谢活动有序进行的工具。由于酶催化的反应具有选择性优良、条件温和及环境友好等优点，在取代高污染、高能耗的传统加工制造技术方面展现出巨大潜力。因此，以酶为基础的生物合成成为最受瞩目的绿色合成技术之一。然而，在工业化生产过程中，酶往往需要在非天然环境下实现对非天然底物的特异性催化，由于细胞环境和工业化应用环境间的显著差异，天然酶的稳定性、底物耐受性、催化活性和选择性等催化性能常不能满足工业生产的需求。因此，具有工业化应用属性的酶开发和利用成为现代生物技术的重要内容。

酶工程就是将现代酶学基本原理与化学工程技术、基因重组技术等进行有机结合，以解决新酶开发和酶的应用问题为目标的一门技术，主要包括酶制剂的制备、酶的固定化、酶的修饰、酶的分子改造及酶反应器等方面内容。现代酶工程的发展历史一般认为是从第二次世界大战后算起。1946 年，纯酶的成功制备及酶可以被结晶的发现使得酶的开发和利用翻开了新的一页；随后，1953~1969 年间，固定化酶、固定化细胞研究及其在实际生产中的成功应用推开了酶在产业领域规模化应用的大门；20 世纪 70 年代以后，DNA 重组、定向进化、表面展示、定点突变和蛋白质的计算设计等技术相继出现，打破了限制酶工业化应用的诸多壁垒，有力地促进了酶工程的快速发展及其向更广泛的工业领域渗透；2018 年，Frances H. Arnold 因其在酶的定向进化方面的贡献获得诺贝尔化学奖，使得基于进化理论的酶分子改造技术进一步向纵深发展，酶的产业化应用范围和空间也迅速扩大。因此，本章关于酶工程的内容将重点介绍酶的分子改造。

　　酶在医药工业、食品工业、化学工业、农业生产、环境保护、能源开发和临床诊断等产业领域的应用已取得举世瞩目的成就，社会效益和经济效益显著。当前，生物催化、代谢工程和合成生物学等具有鲜明绿色制造特征的生物技术已经进入精细化设计和构建细胞工厂的阶段。作为细胞工厂的一线工作者，酶的催化性能能否满足生产需要将决定细胞工厂构建的成败，更加快速高效地获取具有目标催化性能的酶成为酶产业化应用的关键。酶工程作为解决新酶开发和酶的应用问题的技术，有着广阔的发展前景。随着酶学、分子生物学、化学工程技术的不断发展，酶工程必将成为未来生物技术领域必不可少的组成部分，在生物技术产业和绿色制造中扮演举足轻重的角色。

3.2　代谢工程

3.2.1　细胞的生长代谢

　　活细胞体内含有大量不同的化合物和代谢物，其中水是含量最多的组分，约占细胞物质总量的 70%。除去水之后的细胞质量称为细胞干重，主要由高分子量的脱氧核糖核酸（DNA）、核糖核酸（RNA）、蛋白质、脂质以及糖类等多聚化合物组成。除此之外，细胞内还含有低分子量的代谢物，如各种氨基酸、核苷酸、维生素、有机酸、无机盐等。虽然这些代谢物的质量在细胞干重中所占的比例很小，但其种类繁多，并通过酶促反应相互关联，形成一个复杂的细胞代谢网络。一个活细胞可以被看作是一个非常复杂的微型生物反应器，其中进行着数千个代谢反应。在一系列酶的催化作用下，将一种化学物质通过多个中间反应步骤转化为另一种化学物质，这一系列反应序列称为代谢途径。细胞通过一系列代谢途径吸收环境中的营养物质（也称底物），并将其转化成新的细胞成分以维持生长。

　　在微生物细胞培养过程中，培养基质中的底物能被细胞进一步代谢或直接利用构成细胞组分。碳源、氮源、能源、矿物质、维生素等物质以及满足细胞功能必需的各种矿物质元素均属于细胞底物。除了常见的碳源和能源物质，如葡萄糖、蔗糖、麦芽糖等糖类，许多微生物还能利用甲烷、乙酸等充当碳源和能源，例如嗜甲烷菌能够以甲烷为唯一碳源和能源进行生长和代谢。

3.2.2　代谢网络

　　微生物通过特定的生物化学反应，一些物质被分解，从而为基本的生命过程提供能量，同时合成另一些生命所必需的物质。发生在某物种活细胞内的所有代谢反应构成了此物种的代谢网络（metabolic network）。活细胞的代谢活动是通过一个调控的、高度耦合的上千个酶催化反应组成的网络及选择性膜运输系统进行的，可以通过代谢调控对细胞代谢网络进行调节。由于自然环境中进化而来的代谢网络在遗传上对于实际应用目标来说并不是最优的，因此，生物过程的性能可以通过细胞的遗传修饰得到增强。代谢工程研究的目的就是通过改变和调控宿主体内的关键代谢途径或引入新的代谢途径来提高所需目标化学品和蛋白质的产量等，包括关键酶催化底物范围的扩大、新型化学品的生产、产量的提高和细胞生产力的增强等。根据不同的研究目的，代谢工程研究通常涉及一系列不同的改造策略。例如，人们通过重组 DNA 技术对代谢网络中相应的基因或酶进行抑制、转移或解除调控，进而重新设计、调整细胞原有特性以符合人类需要。除了途径构建，代谢工程改造过程中也需要对通路进行精细调控，实现细胞生长和产物合成的平衡。

代谢途径的优化一般是在转录水平和翻译水平上进行优化。优化代谢途径的策略主要包括静态调控和动态调控。静态调控可通过调节基因表达强度或载体拷贝数，以实现路径反应通量平衡和消除瓶颈，从而提高目标产品产量。尽管静态调控的策略相当稳健，但菌株生长往往受到一定削弱，其产物生产速率也会降低。另外，若涉及细胞生长必需基因，对其进行静态调控有相当大的难度，甚至导致细胞死亡。因此，更先进的优化策略涉及蛋白质按需表达的动态调控。例如，通过动态调控使细胞生长期与生产期分离，可允许细胞在引导底物形成所需化合物之前先积累足够的生物量。此外，当宿主或环境条件发生变化时，通过感知关键中间产物来调节蛋白质表达水平的动态调控可使细胞实时调整其代谢强度。这有助于调节细胞资源的有效消耗，保持最佳的蛋白质表达水平合成目标产品。

3.2.3　组学分析

随着高通量技术的广泛应用，多组学分析技术应运而生，研究人员可以从基因组（genomics）、转录组（transcriptomics）、蛋白质组（proteomics）、代谢组（metabolomics）等不同分子层面大规模获取微生物组学数据。多组学整合数据分析也使得生物学发生了革命性的变化，加深我们对生物过程和分子机制的理解。近年来，组学分析技术在揭示细胞生理活动规律的研究中起着越来越重要的作用。研究人员通过组学技术，可以系统评价细胞表型，并根据评价结果进一步设计、修饰和重构细胞，提升代谢工程的合理性和有效性，这就是在后基因组时代采取组学技术指导代谢工程的研究方法，称为"系统代谢工程"。

基因组这个词是由德国汉堡大学 Winkler 教授将基因（GENes）和染色体（chromosOMEs）这两个词各取一部分，再组合起来而形成的。基因组学是研究生物基因组和如何利用基因的一门学科，其中包括对基因组所有基因进行作图、核苷酸序列分析、基因定位和基因功能分析等方向。

转录组是细胞中所有转录产物的总称，即某一细胞在特定时间的基因表达情况。与基因组相比，转录组是动态的，同一细胞的转录组在不同的生长时期和生长环境下是不完全相同的。转录组可高通量地获得基因表达的有关信息，从而可以揭示基因表达与一些生命现象之间的内在联系。据此，我们可以高通量表征细胞生理活动规律，确定细胞代谢特性。当前转录组学已广泛应用于细胞生命和代谢过程，疾病发生机制、诊断和预测以及药物筛选、作用机制及抗药性的研究等。

蛋白质组是由一个基因组，或一个细胞、组织表达的所有蛋白质组成的。蛋白质组具有动态性，随着生物个体的组织以及所处环境状态的不同而发生改变。某一基因在转录过程中能够以多种形式进行剪接，同一蛋白质可存在多种翻译后修饰形式。因此，一个蛋白质组不是一个基因组的直接产物，蛋白质组中蛋白质的数目有时可能超过基因的数目。蛋白质组学以蛋白质组为研究对象，分析细胞内动态变化过程中蛋白质的组分、表达水平与修饰状态的改变，通过了解蛋白质之间的相互作用与联系，在整体水平上研究微生物蛋白质的组成与调控的活动规律。

代谢物指参与细胞代谢或维持细胞生长和正常功能所必需、分子量小于 1000 的有机化合物。给定生物系统在特定条件下合成的所有代谢物，称为代谢组，包括所有胞内代谢物和分泌到培养基中的代谢物或胞外分泌物。代谢组学是通过对生物系统（细胞、组织或生物体）中代谢物的全面定量分析，揭示代谢物水平对环境或遗传操作扰动引起的响应规律。

除此之外，随着高通量技术的迅猛发展，脂质组学（lipidomics）、微生物组（microbiome）等概念也相继被定义和应用，这些组学技术已被广泛应用于代谢工程的各个研究方向。目前，应用系列组学技术形成的系统代谢工程改造策略已经在菌株构建中发挥着关键作用，有效提高了目标产物高效合成菌株的构建效率。

3.2.4 代谢工程应用实例

依据代谢工程的研究方法，现阶段代谢工程研究涉及的产品和应用范围已经涵盖天然产物、生物燃料、生物材料、大宗化学品、环境治理等多个领域，这些研究策略主要涉及了三个方面的代谢工程基本理论。

3.2.4.1 新产物

通过补充不完整的途径以合成新产品；或将编码整条生物合成途径的基因转移到一个异源宿主中，构成杂交代谢网络，以构建更健壮的工业菌种或提高生产能力；或创造新的产品。该策略主要用于在非原生宿主体内制造新的代谢物和其他生物产品。即通过基因工程手段引入外源基因（簇）等，使原有代谢途径进一步向前或向后延伸，从而可利用新的原料合成目标产物或产生新的末端代谢产物，使细胞从不能合成某种代谢产物转变为能合成此代谢产物。常用手段包括转移代谢途径或将无关的代谢途径相连，形成新的代谢途径。

3.2.4.2 可再生原料

通过引入外源基因使宿主细胞使用低成本的原材料，从而拓宽原生宿主的底物利用范围，促使宿主从不能利用某种底物生长转变为能够利用该种底物生长、代谢。该种策略多用于可再生资源，如木质素的高值化利用研究。当前社会日益增长的能源成本和环境问题促使人们迫切需要开发可持续、可再生的燃料和化学品。为此，研究人员正专注于通过更具成本效益的微生物代谢过程来生产高能燃料。例如，脂肪酸由长烷基链组成，是细胞用于化学和能量储存的主要代谢物，也是自然"石油"的代表。现阶段，这些富含能量的分子主要从动植物油中分离得到，用于生产燃料、油性化学品等一系列产品。如果能以微生物转化可再生资源生产此类重要化学品，将为人类社会提供一个更经济、可持续的生产途径。

3.2.4.3 生物降解

通过引入外源功能基因使宿主能够用于降解环境污染物或者强化原有的降解功能。例如，在现代农业生产中，土壤中输入了各种化学农药，由于难降解或半衰期过长，这些化学物质可能对人类健康、作物生长和生态安全产生不利影响。由此产生的生物强化技术旨在将降解微生物接种到污染场地以提高污染物的去除效率，被认为是一种安全、经济、环境友好的方法。生物强化技术可通过微生物代谢途径改造，增强工程菌对难降解有机物的降解能力，提高其降解速率，并改善原有生物处理体系对难降解有机物的去除效能。

通过广泛的代谢工程研究与开发，生物基化学品（如氨基酸、有机酸、维生素、抗生素）、生物燃料（如乙醇、丁醇）、生物材料（如聚羟基脂肪酸酯、聚乳酸）等都可以通过可再生原料和绿色生产方式实现高效制造，从而推动人类工业经济发展进入一个新的阶段。当前，代谢工程研究已发展成为支撑生物技术与生物产业的重要领域。作为一个交叉前沿领域，代谢工程在研究方式上呈现生物科学、物质科学和工程科学紧密合作的特色，这种密切交叉体现了现代技术科学的活力与优势。未来，多学科交叉渗透与集成创新将成为代谢工程发展的新方向。通过生物学与物理学、化学、计算机科学、工程学的交叉与整合，代谢工程研究将进一步加速新一代生物技术和生物制造产业的跨越式发展，促进物质合成与加工方式的变革和传统产业的改造升级，为人类面临的能源、资源和环境问题提供系统的解决方案。

3.3 合成生物学

合成生物学是以系统生物学研究为基础，使用工程化设计思路，串联构建标准化的生物元件和模块，以获得具有新的生物功能的生命体系，或者从头合成全新的人工生物体系，即生物学的工程化。合成生物学本质是让细胞为人类工作，生产想要的物质，用以解决人类食品缺乏、能源紧缺、环境污染、医疗健康等各方面的问题。

合成生物学研究内容可以大体分为三个层次：一是利用已知功能的天然生物模块（module）构建新型调控网络并表现出新功能。不同于代谢工程常用的异源基因表达、细胞代谢反应的构建与调节等常用构建手段，合成生物学为代谢途径的构建提供了更多的方法。二是采用从头合成（de novo synthesis）的方法，人工合成基因组 DNA 并重构生命体。三是在前两个研究领域得到充分发展之后，创建完整的全新生物系统乃至人工生命体。

合成生物学的出现是多学科交叉发展的必然。从 DNA 双螺旋结构的发现与遗传中心法则的阐明开始，到大规模测序技术推动下越来越多基因组遗传信息的解读，人们对生物功能与基因和基因组关系的理解逐渐深刻。工程学思想的引入加速了生物学、生物信息学、计算机科学、化学、材料学等多学科的交叉融合，推动了生物学的工程化从模块化、定量化、标准化、通用性等角度系统展开，形成了合成生物学的研究领域。

3.3.1 研究方法

合成生物学研究策略可分为自上而下法（top-down approach）和自下而上法（bottom-up approach）。两种方法可在某种程度上互相交叉，具有共同目标：工程化特定的生物功能，使其具有可预测性及可靠性。

（1）自上而下法

人们利用合成生物学对现有生物或基因序列进行重新设计，以删除不必要的元件，或取代、添加特定的元件。2006 年克雷格·文特尔研究所进行的生殖支原体最小基因组必需基因的研究，为自上而下法提供了原理证明。如运用自上而下法，从自然界现有生物出发，根据该生物的基因组信息，或根据特定的应用目的，删除基因组中的非必需基因或冗余基因，进而达到基因组简化，减轻细胞负担。2008 年日本花王公司发表了枯草芽孢杆菌基因组简化的研究工作，通过合理设计删除了 20% 的基因，结果增强了重组蛋白的生产能力，已应用于工业生产。

（2）自下而上法

如果人们理解组成生物体的基本原理，能够调控生物体的各种活动，就可利用非生命组分作为原材料来构建生命系统，这就是合成生物学所说的"合成生命"（synthetic life）。与利用现有生物系统的自上而下法相比，采用该方法开展研究的时间较短，工作挑战性非常大。目前，在合成生物学研究中，许多工作是构建具有各种功能的标准零件及基因调控线路。通过这些研究，可以加深对生物体的理解，为今后设计新生命、创建新生命提供基础，同时也可用于对现有生命系统的改造。虽然，目前还没有一个完全真正的人造细胞，但人造支原体"Synthia"是合成生物学自下而上法的一个典型示例。

3.3.2 层级化结构

合成生物学研究最为关键的三个核心词汇：生物元件（part）、生物装置（device）及生物系统（system）。

研究人员通常用电脑中的架构来类比合成生物学的概念（图 3-1），即将电子工程中的概念引入到细胞生物学中，把基因功能作为电路组件，通过具有稳定编码储存功能的 DNA 执行多种逻辑功能。例如，类似于电脑部件的最低级单位二极管电阻、电容器等电子元件组成，生物元件可以是一个简单的 DNA 序列，一些蛋白质，或是基因中的启动子、终止子等。电子元件往上就会组成装置，在电脑中就是一些逻辑门、模块或电路板；在生物学中可能就是某种生化反应，或者某种细胞代谢途径。最终这些元件就可以组成一个行使人类特别设定功能的系统，在计算机科学里面来说就是一个电脑，在生物学中来说就是一个可以行使特定功能的细胞。随着合成生物学的发展，生物元件被赋予工程学上的模块化性质，每一个元件都有详细的生物学特征描述，可以在更大规模的设计中与其他元件进一步组合成具有特定生物学功能的装置。就像工程师利用已有的物理学元件，根据物理学原理设计电路，进一步组建有功能的集成电路甚至中央处理器一样，合成生物学工作者可以利用标准化的元件和装置设计，实现更大规模的生物工程学改造。合成生物学与计算机科学最大的差别在于生物系统是一个"活的生命系统"，在"元件""装置""系统""底盘"之间的相互作用非常复杂，这也是合成生物学研究面临的最大挑战。合成生物学的特点之一就是标准化和简便性，即利用标准化的生物元件，可以简便地实现大规模的生物学途径的构建，达到生物合成的目的。利用具有详细生物学特征的生物元件来构建代谢途径具有更好的可预测性，可以简化代谢工程的过程，提高改造效率，同时也为构建复杂的生物学系统提供技术支持。

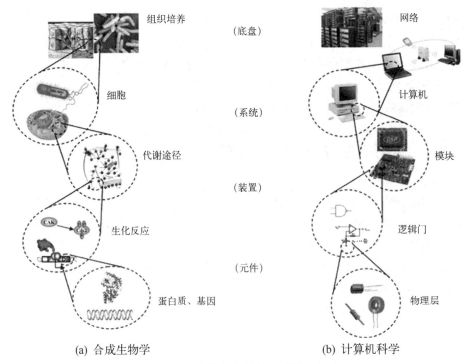

(a) 合成生物学　　　　　　　　(b) 计算机科学

图 3-1　合成生物学与计算机科学概念对比

3.3.3　使能技术

使能技术（enabling technology）是指一种推动行业发生根本性变化的发明或创新技术。颠覆性使能技术是支撑合成生物学发展的关键。在合成生物学领域，DNA 合成以及高效基因组编辑技术是两大核心使能技术。基因组是生命系统的指令中枢，对基因组的研究是生命科学的核心内容，基因组研究相关技术的开发是深化对基因组序列和功能认识的重要推动力量。通过测序读取基因组序列，通过基因组编辑研究基因组对应序列的功能以及通过化学合成从头再造基因组序列，基因组的"读""改""写"技术正从不同的侧面逐步描绘生命这一复杂系统的序列和功能关系的蓝图（图 3-2）。

图 3-2　基因组"读-改-写"技术发展中的关键事件

（1）DNA 测序与合成

高效低成本的 DNA 测序是实现 DNA 合成的基础。自 2003 年科学家完成人类基因组测序以来，DNA 测序成本的下降速率已经突破了计算机工程中经典的"摩尔定律"。2019 年，人类个体全基因组测序的价格已低于 1000 美元，预计这一价格有望在未来 10 年内降至 100 美元以下。测序成本的下降使得下一代 DNA 测序成为可能。在一系列现代技术中，数百万或数十亿条 DNA 链可以被平行测序，然后被组装成一个单一的序列。

DNA 合成技术突破：DNA 的人工合成是合成生物学研究的底层推动技术。20 世纪 80 年代开发的基于亚磷酰胺的 DNA 合成法为 DNA 合成仪的创制奠定了基础。进入 21 世纪，为降低 DNA 合成成本，研发人员开发了光刻合成、电化学脱保护合成、喷墨打印合成这三种芯片式原位合成技术，其中喷墨打印合成技术因其高通量、高效率、低成本极大地推动了 DNA 合成的发展。大规模、高精度、低成本的 DNA 合成技术推动了合成生物学的效率提升。近年来，DNA 酶促合成法日益受到关注，利用末端脱氧核苷酸转移酶（TdT）在温和的条件下进行寡核苷酸链的合成，有望推动 DNA 合成技术的再次升级。

（2）基因组编辑技术

基因组编辑技术是指一种对目标基因进行编辑或修饰的基因工程技术。合成生物学研究对于 DNA 等遗传物质的合成、组装和编辑等操作有着巨大的需求，因此，基因组编辑技术在合成生物学中有着广泛的应用，并加速了合成生物学的发展。2012 年底，*Science* 杂志评选出的年度十大科学突破中，"基因组工程"排名第三，其中着重介绍了锌指蛋白核酸酶（zinc-finger nucleases，ZFNs）、类转录激活因子效应物核酸酶（transcription activator-like effector nucleases，TALENs）以及 CRISPR-Cas（clustered regularly interspaced short palindromic repeats）系统三种基因编辑技术（表 3-2）。在 2008～2013 年这一发展阶段，人工合成基因组的能力提升到了接近 Mb 的水平，使得基因组编辑技术出现前所未有的突破。其中，CRISPR-Cas 基因组编辑技术发展迅猛，其易于构建、编辑效率高、廉价等优点使其一经开发便在合成生物学领域形成广泛应用。由于 CRISPR 系统的高效、方便、廉价、应用场景丰富等优点，前两种方法在 CRISPR 系统发展起来之后被逐渐淘汰。从 2012 年起，科学家利用 CRISPR-Cas 体系的可编程和精准切割等特点陆续发展了一系列基因组编辑的工具，其宿主范围目前已经覆盖了从细菌到高等生物，而且还在不断增加中。2014 年至今，由使能技术的工程化平台和生物医学大数据推动的合成生物学已进入到发展新阶段。利用工程化平台进行合成生物研究能够实现依照"设计-构建-测试-学习"（DBTL）的闭环策略组织工艺流程，进行工程化的海量试错，从而快速获得具有目标功能的合成生命体。

表 3-2　三种基因编辑技术的比较

项目	ZFNs	TALENs	CRISPR-Cas9
识别模式	蛋白质-DNA	蛋白质-DNA	RNA-DNA
靶向元件	ZF array 蛋白	TALE array 蛋白	sgRNA 蛋白
切割元件	核酸内切酶 Fok I 蛋白	核酸内切酶 Fok I 蛋白	Cas9 蛋白
识别长度	（9 或 12）×2 bp	（8～31）×2 bp	20 bp+ "NGG"×1
识别序列特点	以 3 bp 为单位	5'前一位为 T	3'序列为 NGG
优点	平台成熟、效率高于被动同源重组	设计较 ZFNs 简单、特异性高	靶向精确、脱靶率低、细胞毒性低、廉价、简便

项目	ZFNs	TALENs	CRISPR-Cas9
缺点	设计依赖上下游序列、脱靶率高、具有细胞毒性、设计成本昂贵、制备复杂	具有细胞毒性、模块组装过程烦琐、需要大量测序工作、一般大型公司才有能力开展、成本高	靶区前无PAM则不能切割、特异性不高、NHEJ依然会产生随机毒性
能否多靶点编辑	难	难	容易
是否可对任何位点进行编辑	是	是	否，受限于PAM
基因编辑效率	++	++	+++

注：PAM为非同源末端连接，NHEJ为原型间隔区相邻基序。

3.3.4　合成生物系统

人工基因组合成是关于理性设计和重新合成生命的研究，即在工程学思想的指导下，借助计算机模拟，设计具有特定功能的人工基因组，利用DNA从头合成和模块化组装技术，构建人工设计基因组，并使其实现预期功能。最小基因组（minimal genome）、基因组最小化（genome minimizing）等概念是人工基因合成系统的主要依据，目的是避免自然界原有生物固有的复杂性，构建简单的、灵活的、可预测的、可编程的及可控制的生物底盘（biological chassis）。在这种生物底盘的基础上，研究人员可以适当增添扩展一些生物元件、模块及调控线路，构建针对具体应用目标的生物系统。最小基因组的理性合成颠覆了简化生命体的传统策略，使我们对人工细胞在特定环境下的行为和功能机制的理解更加深入。自然界的生物是经过长期进化而来的，为了自身的生存，其形成了完整的结构和复杂精密的调控系统。合成生物学的目标是通过改造现有的生物或构建新的生物以便为人类服务（例如生产有用产品燃料、化学品、药物等）。然而，由于自然界生物本身的复杂性，其特性主要是为满足自身生存，而不是生产产品，因此研究人员需要对自然界的生物进行适当简化，使其既能保持良好的生长特性，又能高效、低成本生产有用产品。

人工基因组合成的发展目标是实现人工细胞性能的定向优化（图3-3）。例如，酶促体外组装和体内组装技术已应用于酿酒酵母、支原体和大肠杆菌的人工基因组合成，推动了组装大片段DNA的发展。位点特异性重组、同源重组技术以及基因编辑技术分别应用于原核和真核基因组的迭代替换，大幅提高了DNA迭代替换效率。人工基因组合成能力的提升推动了基因组设计深度的扩展，可以进行复杂遗传信息的精简，重塑细胞生命活动。

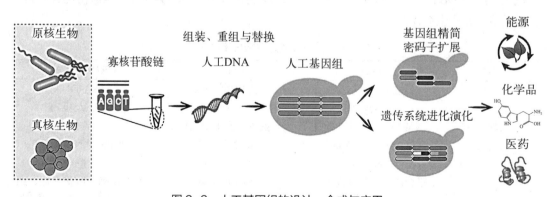

图3-3　人工基因组的设计、合成与应用

3.3.5 合成生物学应用实例

合成生物学以"建物致知"及"建物致用"为目标，以对可再生生物燃料的需求为例，人们期望利用合成生物学的方法改造现有的生物或构建新的生物以将自然界中大量存在的可再生的糖类和纤维素物质转化成燃料，以取代石油等不可再生能源，从而为人类服务。而现今合成生物学的应用已经扩展至诸多应用领域，如生物燃料生产、化学品制造、天然产物合成、生物医药制备、新物种合成等。

3.3.5.1 温室气体捕集

当今世界面临全球气候变化、粮食安全、能源资源短缺、生态环境污染等一系列重大挑战，科技创新已成为重塑全球格局、创造人类美好未来的关键因素。CO_2的转化利用与粮食淀粉工业合成，正是应对挑战的重大科技问题之一。生物制造原则上具有易于大规模生产、条件温和、选择性好、环境友好等优点，符合绿色生态的理念。基于CO_2的生物制造也被称为第三代生物炼制技术，以区别于以淀粉及其他含糖物质为原料的第一代生物炼制技术和以木质纤维素等生物质为原料的第二代生物炼制技术，其特征是利用微生物及藻类细胞工厂在光或电等可再生能源的驱动下将CO_2等一碳化合物转化为生物能源、化学品及材料等。

目前，淀粉主要由玉米等农作物通过自然光合作用固定CO_2生产，合成与积累涉及约60步代谢反应以及复杂的生理调控，理论能量转化效率仅为2%左右。农作物种植通常需较长周期，并使用大量土地、淡水等资源和肥料、农药等农业生产资料。为解决上述难题，中国科学家经过不懈努力在国际上首次实现CO_2到淀粉的从头合成（图3-4），实现了淀粉人工合成的突破性进展，相关成果于2021年发表在国际顶级期刊 *Science* 上。

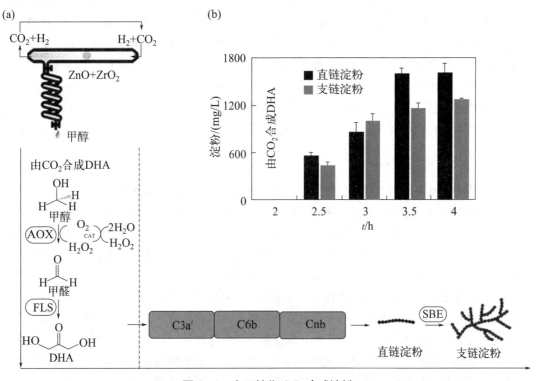

图3-4 人工转化CO_2合成淀粉

研究人员从头设计出包含 11 步主反应的非自然 CO_2 固定与人工合成淀粉新途径，在实验室中实现从 CO_2 到淀粉分子的全合成。这一人工途径的淀粉合成速率是玉米淀粉合成速率的 8.5 倍，以该工作构建的合成模块为基础，理论上将会有更多的化合物可以从 CO_2 合成。按照目前技术参数推算，在能量供给充足条件下，理论上 $1m^3$ 大小的生物反应器年产淀粉量相当于 5 亩土地种植玉米的淀粉年平均产量（按我国玉米淀粉平均亩产量计算）。相关成果使淀粉生产的传统农业种植模式向工业车间生产模式转变成为可能，并为 CO_2 原料合成复杂分子提供了新技术路线。如果未来该系统过程成本能够降低至与农业种植相比具有经济可行性，将可能节约 90% 以上的耕地和淡水资源，同时减少农药、化肥等对环境的负面影响，提高人类粮食安全水平，促进碳中和的生物经济发展，推动形成可持续的生物基社会。

3.3.5.2　生物医药

萜类（terpenoid）是一种在天然宿主中产量低、结构复杂并具有多个手性中心的小分子物质，很多萜类化合物具有较高的药用价值，如具有抗疟疾作用的青蒿素及具有抗癌作用的紫杉醇。目前萜类的生产主要依赖于植物栽培、组织和细胞培养、生物转化等，尽管已经取得了很大的研究进展，但是仍然面临着产量低、培养过程难等问题。通过生物科技手段提高该类化合物的产量具有极高的商业价值和社会意义。

疟疾被世界卫生组织列为世界三大死亡疾病之一，威胁着 3 亿～5 亿人的健康，每年造成 100 多万人死亡。在自然界中，青蒿素是青蒿产生的倍半萜烯酯的内过氧化物，被世界卫生组织推荐为治疗疟疾的首选药物，但在自然界中产量很低。2015 年 12 月 10 日，屠呦呦因开创性地从中草药中分离出青蒿素应用于疟疾治疗而获得当年诺贝尔生理学或医学奖，成为首位获诺贝尔科学奖的本土科学家。化学方法合成青蒿素十分困难，且成本高昂，使得青蒿素的供应短缺，许多患者无法得到及时治疗。2006 年，美国科学家利用酿酒酵母首次实现了青蒿素前体物质青蒿酸的生物合成。之后结合化学半合成方法，青蒿酸可被进一步转化为青蒿素。通过对代谢途径的不断改造和优化，目前青蒿素的产量已经得到了若干数量级的提高，最终将青蒿素的合成成本降为原来的 1/10。2013 年法国制药业巨头 Sanofi 宣布开始应用美国 Amyris 生物技术公司开发的青蒿素生产工艺工业化生产青蒿素。2014 年产出 35t 青蒿素原料药，可供 7000 万治疗人份用药。该公司预测，未来生产出的青蒿素原料药，可供 1.0 亿～1.5 亿治疗人份用药。

3.3.5.3　生物材料

自然界中蕴藏着极为丰富的生物大分子或天然高分子，它们是自然界赋予人类最重要的物质资源和宝贵财富。这些蛋白质功能材料具备良好的生物相容性和可降解特性，从而使其在与人体接触时不会对宿主产生不良影响，同时在被宿主降解时也不会对宿主产生持续性伤害。由于蛋白质功能材料还具备低毒性、抗菌性等特性，现阶段除了广泛应用于衣食住行等日常生活方面，蛋白质功能材料在医药、军事和纺织等领域备受关注。

蛋白质功能材料，包括蛛丝蛋白、蚕丝蛋白、贻贝蛋白、胶原蛋白、弹性蛋白等，由于其独特的材料特性，近年来受到国内外研究者的广泛关注，也开展了大量研究。例如胶原蛋白以其良好的凝胶性、吸水性、生物相容性、可降解、无毒等诸多优良特性，在伤口缝线、软骨缺损填充、骨骼金属植入物镀膜等领域广泛应用，是一种非常重要的生物医用材料。西北大学范代娣教授以微生物为底盘，在胶原蛋白的高效合成领域取得了重要突破，在国际上首次实现了类人胶原蛋白的量产，创制了类人胶原原料、系列新型修复敷料的生产技术。天然的蛛丝蛋白是一种极其柔软的蛋白，同时具有强度高、弹性好等极佳性能，拥有"生物钢"美誉，不仅具有超越其他天然及人造纤维的力学性能，而且具有良好的生物相容性和可降解性，在航空、国防以及生物材料等领域具有重要的应用前景。然而，由于蜘蛛同类相食的个性，无法像家蚕一样高密度养殖，因此天然蛛丝来源极为有限。多年来，研究人员尝试了转基因动物、植物等多种细胞体系，试图通过异源合成蛛丝蛋白大量制备人工丝，但是由于合成水平低下、成本高昂等原因难以实现产业化。以谷氨酸棒状杆菌为代表的微生物宿主，因其生长快速、培养成本低廉的优势脱颖而出，为蛛丝蛋白材料的绿色可持续合成及应用提供了新机遇。

3.4 现代酶工程

3.4.1 酶学基础

3.4.1.1 组成结构

酶是由活细胞产生的具有催化作用的蛋白质或 RNA，大部分为蛋白质，少数为 RNA。除特别说明外，本部分有关内容均指具有催化活性的蛋白质类酶。从化学组成而言，蛋白质类酶可以分为单纯酶和结合酶两类。前者是仅由蛋白质组成，除蛋白质外，不包含其他物质；后者则是由蛋白质部分和非蛋白质部分组成，蛋白质部分称为酶蛋白，非蛋白质部分称为辅因子，两者结合形成的复合物称为全酶（图 3-5）。结合酶的辅因子包括金属辅因子和有机辅因子。例如，Mg^{2+} 是己糖激酶、葡萄糖-6-磷酸酶和丙酮酸激酶的金属辅因子，黄素腺嘌呤二核苷酸（FAD）为丙酮酸氧化酶的辅因子，而烟酰胺腺嘌呤二核苷酸（NAD^+）和烟酰胺腺嘌呤二核苷酸磷酸（$NADP^+$），包括其还原形式 NADH 和 NADPH，是诸多脱氢酶的辅因子。结合酶的蛋白质部分决定酶催化的专一性，非蛋白质部分辅因子通常是起着电子、原子或某些化学基团的传递作用。

蛋白质类酶的催化性能与其空间构象和结构完整性密切相关，细微的改变都可能会对酶的催化性能产生显著的影响，甚至导致酶催化活性的丢失。与发挥其他功能的蛋白质一样，酶的结构组织层次包括一级结构、二级结构、三级结构和四级结构（图 3-5），这些结构对于酶催化性能的发挥至关重要。酶蛋白的一级结构是指构成蛋白质的单元氨基酸通过肽键连接形成的线型序列，为多肽链。二级结构是指多肽链骨架绕曲折叠成的有规律的结构或构象。三级结构是在二级结构的基础上，多肽链进一步折叠卷曲形成的复杂球状分子结构，是整个多肽链的三维构象。四级结构则是指多条肽链通过非共价键（氢键、疏水键、离子键、范德华力）形成的聚合体结构，其中，每条肽链都有自己的三级结构，称为亚基。因此，根据酶蛋白结构特点，又可将酶分为单体酶、寡聚酶和多酶复合体。单体酶一般仅由一条多肽链组成，如溶菌酶。寡聚酶是由两个或两个以上的亚基组成，其亚基既可以相同也可以不同，亚基间靠次级键结合，彼此容易分开；对于大部分寡聚酶而言，其聚合形式是活性型，解聚形式是失活型。多酶复合体是由几种功能相关的酶靠非共价键彼此嵌合而成，例如，大肠杆菌丙酮酸脱氢酶复合体由 60 个亚基 3 种酶组成。多酶复合体使得相关反应在复合体上依次连接，有利于一系列反应的连续进行。

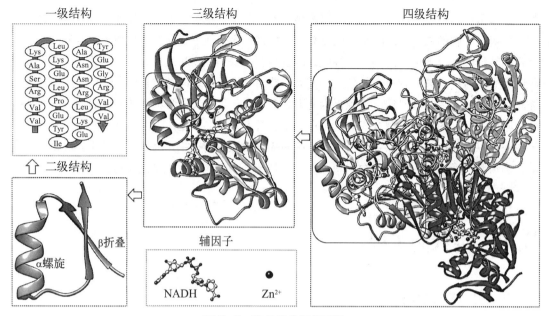

图 3-5　酶的结构组织层次

3.4.1.2　分类和命名

国际酶学委员会在 1961 年颁布第一个版本的酶的分类和命名法，根据酶催化反应类型，将酶分为六大类，分别为氧化还原酶类、转移酶类、水解酶类、裂合酶类、异构酶类和连接酶类；2018 年国际生物化学与分子生物学联盟的命名委员会在原来六大类酶的基础上再增加易位酶类为第七大类酶（表 3-3）。七大类酶分别用 1、2、3、4、5、6、7 来表示。根据底物中被作用的基团或键的特点将每一大类分为多个亚类，每一亚类又按顺序由数字 1、2、3、4、5 等表示，每一亚类再进行更细的划分和表示。每一个酶的分类编号由 4 个数字组成，数字间以 "." 隔开。第一个数字表示该酶属于七大类中的哪一类；第二个数字指出该酶属于哪一个亚类；第三个数字指示该酶的亚亚类；第四个数字则是该酶在亚亚类中的排号。编号之前冠以 EC（enzyme commission）。例如，EC 1.2.1 表示氧化还原酶，作用于供体的醛基或酮基，以 NAD^+ 或 $NADP^+$ 为受体。该系统命名原则和编号统一了酶的分类和命名，而且使一个酶只有一个名称和一个编号，从酶的编号即可了解该酶的类型和反应性质，极大地方便了酶的研究和利用。目前，国际生物化学与分子生物学联盟的命名委员会总共收录了 7400 多种酶。

表 3-3　酶的国际分类

编号	系统大类	催化反应类型
1	氧化还原酶	电子的转移（氢离子或氢原子）
2	转移酶	基团（如乙酰基、甲基、氨基、磷酸基等）的转移或交换
3	水解酶	水解反应（官能团向水分子的转移）
4	裂合酶	在双键上添加基团或通过去除基团形成双键
5	异构酶	同分异构体、几何异构体或旋光异构体之间相互转化
6	连接酶	缩合反应形成 C—C、C—S、C—O 和 C—N 键，偶联有 ATP 的磷酸键断裂释能
7	易位酶	离子或分子跨膜转运或在膜内移动

3.4.1.3 催化特点

酶与一般催化剂具有诸多共同点。两者都只能催化热力学允许的化学反应，缩短反应达到化学平衡的时间，而不改变反应的平衡常数；反应前后本身不发生质和量的变化；都是通过降低分子从常态转变为容易发生化学反应的活跃状态所需要的能量而加快反应的进行。作为生物大分子，酶具有一些特殊的性质，包括高催化效率、高度专一性、活性可调和易变性失活等。其中，高度专一性是酶成为化学品合成优选工具的重要原因，包括结构专一性和立体专一性。

结构专一性是指酶对底物的结构有要求，一种酶只能催化某一类甚至某一种物质发生反应。根据酶对底物结构要求的严格程度，结构专一性又可分为反应专一性、基团专一性和底物专一性（图3-6）。反应专一性是指酶能够催化某一类反应，酶作用于底物中的某一类化学键。如脂肪酶就属于这类酶，它作用于酯键，对酯键两侧基团并无严格要求。比反应专一性要求略高的是基团专一性，酶在作用过程中对于催化位点周围的基团也有一定的要求。例如蛋白酶，蛋白酶是通过水解肽键实现对蛋白质的水解，但不同的蛋白酶催化水解的氨基酸残基位点往往不同，这是因为不同的蛋白酶对所水解肽键两侧氨基酸残基侧链有所要求。对底物结构要求最为严格的是底物专一性，这类酶通常只能够催化某一特定底物进行特定的反应。例如，脲酶就只能催化尿素水解释放出氨和二氧化碳，对任何尿素的衍生物都不会产生类似的催化作用。由于底物专一性对底物的结构要求非常严格，因此，也将这种专一性称为绝对专一性，而前面两种要求相对较低的结构专一性则统称为相对专一性。

酶的立体专一性是指当底物存在立体异构体时，酶只选择性地作用于其中一种。例如，酯水解酶拆分外消旋酯的情况，底物有 R 和 S 两种构型，酶只选择性水解其中一种并产生相应的手性羧酸。另外一种情况是底物并没有手性，而酶催化反应进行会形成含有手性中心的产物。比较典型的是羰基还原酶催化不含手性中心的潜手性酮生成具有手性碳原子的手性醇，不同的酶催化生成的手性醇立体构型不同（图3-6）。

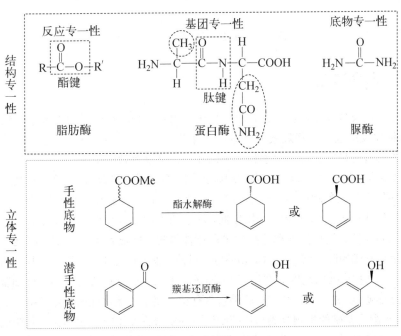

图3-6　酶的专一性

关于酶的专一性的解释主要有两种非常著名的学说："锁和钥匙"学说和"诱导契合"学说（图 3-7）。"锁和钥匙"学说是 E. Fischer 在 1894 年提出的，该学说认为酶与底物的结合方式可以比作锁和钥匙的结合。根据这种假说，酶和底物结合时，底物的结构和酶的活性中心的结构十分吻合，就好像一把锁配一把钥匙一样。酶和底物的这种互补形状排斥了那些形状、大小不适合的化合物。因此，酶对底物具有专一性。但是，酶常常能够催化同一个生化反应中正、逆两个方向的反应。因此，"锁和钥匙"学说不能解释酶的逆反应，如果酶的结构是固定不变的，那就不可能既适合可逆反应的底物，又适合可逆反应的产物。于是，1958 年 D. E. Koshland 提出了"诱导契合"学说，认为酶分子活性中心的结构原来并非和底物的结构互相吻合，酶的活性中心是柔软的；当底物与酶相遇时，可诱导酶活性中心的构象发生相应的变化，从而使酶和底物结构契合而形成中间络合物，并引起底物发生反应；反应结束，当产物从酶上脱落下来后，酶的活性中心又恢复了原来的构象。后来，科研工作者对羧肽酶等进行的 X 射线衍射研究结果有力地支持了该学说。

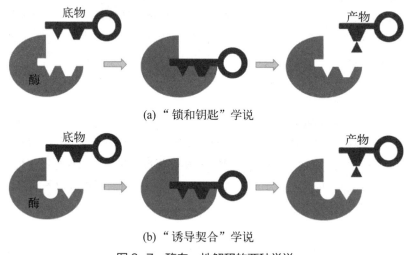

(a) "锁和钥匙"学说

(b) "诱导契合"学说

图 3-7　酶专一性解释的两种学说

3.4.2　改造方法

酶作为细胞内发挥作用的催化剂，通常是在水相介质和温和的反应条件下催化代谢反应进行。因此，酶催化反应过程可有效减少有毒有害有机溶剂的使用量，降低工艺过程的能源消耗。此外，由于酶具有优良的区域、化学和立体选择性，可以有效避免副产品的产生，原子经济性高。因此，以酶为基础的生物合成成为体现绿色化学理念的"典范"，化学家和过程工程师已将其作为高附加值产品绿色制造的重要备选工具。然而，在工业化生产的过程中，酶往往需要在非天然环境下催化非天然底物转化，由于细胞环境和工业化应用环境存在显著差异，天然酶的稳定性、底物耐受性、催化活性和选择性等催化性能常不能满足生产需求。因此，具有工业化应用属性的酶开发成为现代酶工程的重要内容。另外，以生物催化、代谢工程和合成生物学为代表的绿色生物制造技术要求高度标准化、系统化和工程化，以实现具有可预测性细胞工厂的设计和构建。作为细胞工厂的一线工作者，酶是否具有符合要求的催化性能决定了细胞工厂能否有效运行。当前，以酶为基础的生物合成与传统制造业的融合程度不断加深和应用范围的迅速扩展已要求酶的应用模式由根据有限的酶设计合成路线转向按过程需求来设计理想的酶。

随着对自然进化过程认识的不断加深和生物技术的快速发展,在分子水平上对现有酶进行改造已成为现实。酶的分子改造是以酶的结构规律与其催化性能间的关系为基础,通过基因修饰或基因合成,对现有酶进行改造或制造一种新酶以满足人类生产和生活需求的技术。它在改善酶的催化活性、作用底物谱、立体选择性、区域选择性和稳定性等方面的成功应用证明它是一种非常有效的酶催化性能调控手段,是获得理想酶的重要工具。酶的分子改造经历了从模拟自然选择过程的定向进化到以减轻筛选负荷为目标而较为理性地构建突变体文库的半理性设计,再到将蛋白质序列、结构和作用机理等信息与计算机辅助相结合而对酶进行改造的理性设计的发展过程。酶的分子改造可有效缩短生物合成工艺的开发周期,推动酶的开发和生物合成产业的发展。

3.4.2.1 定向进化

定向进化是模拟自然选择过程,通过随机突变和重组,人为制造大量突变,按照特定的需要和目的进行选择,筛选出具有期望催化性能的酶。该方法在不需要了解酶结构信息和催化机制的情况下,可以通过易错聚合酶链反应(error-prone PCR)、DNA改组(DNA shuffling)等技术在酶的编码基因中随机引入突变,从而产生相应的酶突变体文库;进一步,通过对突变体文库的筛选获得具有目标催化性能的酶。该过程可以循环往复以积累有益突变,进而实现酶目标催化性能的显著改善。

值得注意的是,由于定向进化是在酶的编码基因中随机引入突变,往往会产生体量非常庞大的突变体文库。因此,如何快速筛选得到具有目标催化性能的酶突变体成为该方法实施的关键,根据目标酶的性质和催化反应的特点建立合适的高通量筛选方法对于突变体的快速鉴定至关重要。常用的酶突变体高通量方法如显色反应法、分光光度检测法、荧光检测法等是通过检测相关物质的颜色或特定波长下吸收度的变化来进行定性和定量分析的。表面展示技术是将酶展示到噬菌体的蛋白外壳表面或细胞表面,经酶与底物反应后,利用磁激活细胞分选技术、荧光激活细胞分选技术等筛选具有目标催化性能的酶突变体的高通量筛选方法,主要包括噬菌体表面展示技术、细菌表面展示技术和酵母表面展示技术等。

3.4.2.2 理性设计

酶的理性设计是将酶的氨基酸序列、三维结构和催化作用机理等信息与计算机辅助相结合,通过理性选择突变位点和理性设计突变体达到构建少量酶突变体即实现酶催化性能精确调控的方法。与定向进化相比,该手段针对性强、效率高且操作方便快捷,对于无法建立高通量筛选方法的酶分子改造尤其适用。但也需要注意到,该方法需要了解目标酶的氨基酸序列、晶体结构、催化作用机制和酶结构-功能关系等信息。根据酶理性设计所依据的信息不同,可以将理性设计分为基于结构的理性设计和基于序列的理性设计。基于结构的理性设计是以酶结构-功能关系为主要依据,根据欲调控的酶催化性能,针对性地进行相应结构特点的设计和构建,进而达到酶催化性能调控的目的。

酶的结构是其催化性能的基础,酶的催化活性、底物特异性、立体选择性和稳定性都是由特定蛋白质结构支持的。因此,可以通过比对分析来理解酶特定催化性能的分子基础,以此为指导,进行酶突变体的理性构建。由于传统蛋白质三级结构解析方法(X射线晶体学或冷冻电镜)存在耗时长、成本高等问题,在一定程度上对基于结构的酶理性设计造成困扰。DeepMind

公司开发的 AlphaFold 人工智能程序能够高效、准确预测蛋白质三维结构，可有效破除蛋白质结构解析的时间和空间限制，将使海量蛋白质结构信息及其蕴含的生命信息密码被释放，成为蛋白质理性设计新的推动力。尽管如此，当前尚不全面和系统的酶结构-功能关系并不足以完全支持基于结构的酶理性设计；另外，由于部分酶属于新近发现，常缺乏可供参考的结构信息。因此，基于序列的酶理性设计就成为快速获得理想酶突变的途径。该方法是将酶的蛋白质序列信息与其相应的功能结合分析，建立酶蛋白质序列-功能关系数据库，在此基础上，可以对仅有序列信息的相似蛋白的功能进行预测和设计。

3.4.2.3 人工智能设计

机器学习近年来也被越来越多地用于寻找蛋白质相关的数据模型，帮助预测蛋白质的结构和功能并指导蛋白质的设计改造。与蛋白质结构和序列驱动的理性设计不同，机器学习是数据驱动的。它通过识别现有数据中隐藏的模型来预测先前未曾见到过但具有类似输入的酶或酶突变体的特性。与定向进化中对突变体的迭代筛选不同，基于机器学习的酶分子改造可以根据收集到的数据中的模型，产生新的具有潜力的突变体。

目前，已有多种机器算法被用于酶的工程改造，包括用于预测蛋白质溶解度的随机森林算法，用于预测突变后酶稳定性变化的支持向量机和决策树，用于酶功能和机制预测的 K-近邻分类器，以及用于快速功能序列注释的各种评分和聚类算法等。酶分子改造中机器学习的主要吸引力来自它的通用性，一旦它在已知的输入（称为训练集）上被训练，机器学习算法就有可能立即对新的突变体进行预测。但是，由于用于机器学习的数据收集和报告需要严格的质量控制，而酶的催化机制、反应类型和实验条件的多样性导致相关数据格式难以标准化，缺乏可观的同质数据集用于模型训练。此外，用于模型测试的新数据收集也较为缓慢。这些问题对机器学习在酶的分子改造领域的应用提出了重大挑战。

机器学习的两个主要类型是无监督学习和有监督学习。在无监督学习中，目标是将高维数据压缩到一个较低的维数或找到数据集群。在有监督学习中，使用被标记的训练数据集将一个或几个目标属性指定为分类，如酶的活性或稳定性。目标是设计一个预测器，根据其描述符为未见过的数据点返回分类。由于酶分子改造更多的是以改善酶的特定催化性能为目标，所以更多关注的是有监督学习。有监督的机器学习工作流程如图 3-8 所示，包括数据收集和准备、机器学习预测器训练、验证预测器等。

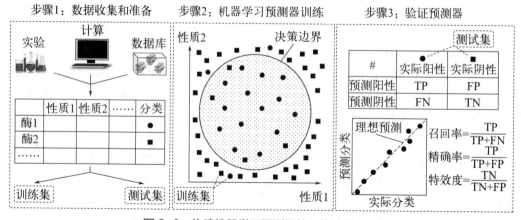

图 3-8　构建机器学习预测器的工作流程示意

由于机器学习算法严重依赖数据，因此，用于训练的数据集质量的重要性不容小觑。表3-4 列出了酶分子改造中经常使用的数据库，最多的是蛋白质序列数据库，其次是蛋白质结构数据库。

表3-4 酶分子改造中用于机器学习的常用数据库

数据库	性质
InterPro	蛋白质家族和结构域的数据库联合体
UniProtKB	蛋白质序列
PDB	蛋白质结构
Brenda	功能数据：反应、特异性、动力学参数、基因组序列、结构、稳定性
BKMS-react	功能数据：反应、动力学参数、实验条件、路径
EzCatDb	功能数据：反应、辅助因子、中间产物、催化结构域、结构
M-CSA	催化残基注释、辅助因子和反应机制
FireProt DB	突变后热稳定性的变化
ProTherm	突变后热稳定性的变化
eSOL	基于体外翻译的蛋白质可溶性
SoluProtMut DB	突变后的可溶性变化
TargetTrack	可溶性
ProtaBank	来自蛋白质工程的蛋白质突变数据

3.4.3 现代酶工程应用实例

由于以酶为基础的生物合成技术具有显著的绿色制造特征，已被广泛应用于食品、制药、环保、能源、化工和农业等领域。酶的分子改造技术也被相应地用于获取适应特定应用场景的酶。酶和酶的分子改造在众多产业领域展现出广阔的应用前景。

3.4.3.1 食品和动物饲料

食品和动物饲料行业的产品预加工和储存等步骤都有酶的参与，主要包括淀粉酶、纤维素酶、木聚糖酶、阿拉伯呋喃糖苷酶、氧化酶、蛋白酶和脂肪酶等。其中，木聚糖酶可以分解酿造或饲料工业原料中的细胞壁以及 β-葡聚糖，具有降低酿造物料黏度、促进有效物质释放和降低饲料中非淀粉多糖等作用，被广泛用于动物饲料和食品添加剂的生产。淀粉加工会产生一系列有价值的化合物，在食品行业占有重要地位。酶法水解淀粉常用的催化剂为 α-淀粉酶、β-淀粉酶和转谷氨酸酶等。α-淀粉酶能够水解淀粉内部的 α-1,4-葡萄糖苷键，将淀粉链切断成为短链糊精、寡糖和少量麦芽糖及葡萄糖，使淀粉黏度迅速下降达到"液化"目的。无论是木聚糖酶还是淀粉酶，在实际应用中常需要在高温下稳定发挥催化作用，定向进化或基于温度因子的酶理性设计等酶改造方法已被成功应用于改善这些酶的热稳定性。

3.4.3.2　制药和医疗

酶在制药领域的工业化应用已有诸多成功的案例，特别是因其突出的立体选择性，在手性药物的合成中表现尤为抢眼。最典型的代表是 Codexis 和 Merck 公司将工程改造后的酶用于抗糖尿病药物西他列汀的生产，通过定向进化获得的（R）-型选择性转氨酶被用于不对称胺化潜手性酮底物以获得对映纯度达 99.95%的西他列汀。另一个手性胺药物合成的例子是慢性丙型肝炎治疗药物博赛泼维，该药物合成过程中采用了经分子改造的单胺氧化酶，结果使得产量增加了 150%，而耗水量减少了 40%。基于酮还原酶的潜手性酮不对称还原合成手性醇也被广泛应用于手性药物制备中，例如阿托伐他汀、孟鲁司特、度洛西汀、苯肾上腺素、依折麦布和克唑替尼等。由于同一化合物的对映异构体可能具有不同的生物活性和毒性，手性化合物的需求在持续增加。因此，基于酶的手性化合物合成工艺在该领域将有广阔的应用空间。

直接作为药物治疗疾病的治疗性酶是生物药物的一个重要门类，在肠道疾病、炎症治疗、抗凝溶栓和抗肿瘤等方面均有应用。通过分子改造可以弱化甚至消除治疗性酶带来的免疫反应，进而提高药物的临床疗效。此外，经过工程改造的工程酶不会干扰原生细胞的功能，但会增强或保持其功能及药代动力学特征。目前，最成熟的治疗性酶是被用于治疗心血管疾病的蛋白酶。组织凝血酶原激活剂（tPA）由 Genentech 公司开发治疗急性缺血性脑卒中，于 1987 年开始以 Alteplase/Activase® 上市；2000 年，美国食品药品监督管理局（FDA）批准了 tPA 的突变体 Tenecteplase（TNKase®），该突变体使得内源性抑制剂对该酶的失活作用减小，特异性和半衰期增加，临床疗效较初代 tPA 更好。

3.4.3.3　环境保护

有毒有害的环境污染物的清除是人类社会面临的重大挑战，生物修复是应对该挑战的重要选项。它是利用生物的代谢活动减小环境中有毒有害物质的浓度或使其无害化，从而使被污染的环境能够部分或完全恢复。植物、微生物及其产生的酶均可用于降解有毒有害物质。与使用基因改造的微生物相比较，直接使用酶进行生物修复有诸多优点。譬如，酶与本底微生物间不存在竞争关系，不会产生显著的生态影响；不存在微生物细胞对营养的要求，控制和处理更简便；此外，监管限制较少，更有利于推广使用。这些优势使得酶在环保领域也拥有巨大的应用空间。有机磷化合物在农业中被广泛用作杀虫剂，具有很强的杀虫、杀菌能力，但对人、畜的毒性也很大，能从口、鼻、皮肤等部位进入体内而被吸收。因此，有机磷化合物成为生物修复的重要目标之一。用于降解有机磷化合物的酶最适温度范围多为 25～37℃，限制了它们在野外环境的使用。来源于嗜热古生菌嗜热硫矿硫化叶菌的磷酸三酯酶样内酯酶具有降解有机磷化合物活性，且其热稳定性很好（熔点 82.5℃）。为了拓展该酶的应用范围，提高其使用效果，多项研究进行了该酶的分子改造并获得了应用性能更好的突变体，使其真正成为有机磷化合物生物修复的潜在备选工具。

3.4.3.4　洗涤用品

在洗涤剂中使用酶可以有效减少能源的消耗和环境污染物的释放。但是，用于洗涤剂的酶需要满足一些特殊的要求，如在较宽的温度范围内（20～60℃）保持活性、适应高碱性 pH 条件、具备降解不同底物的能力。脂肪酶是洗涤剂行业中最重要的用酶品类之一，脂肪酶可以有效去除织物上最难去除的油渍和油脂。但是脂肪酶需要具有一定的热稳定性和抵抗碱性 pH 的能力才能被用作洗涤剂成分。目前，已有多项研究通过分子改造实现了脂肪酶热稳定性和抵抗碱性 pH 能力的提升。此外，将洗涤用脂肪酶固定化也已被证明是改善其耐热、抗碱能力的有效方法。

随着绿色环保和可持续发展理念不断完善和深化，以酶为基础的绿色合成技术向工业领域的渗透速度加快，成为替代传统制造技术的重要选项。应用领域和空间的不断扩展，对酶催化性能的要求更加多样和复杂。定向进化、半理性设计、理性设计和机器学习等酶分子改造方法在酶催化性能的调控方面已取得了举世瞩目的成就，为满足产业界对酶的需求做出了重要贡献。尽管如此，我们也必须认识到这些方法都存在各自的局限性，在实际应用中，必须结合具体情况选择合适的策略或将不同策略进行组合以达到快速、高效获得理想酶的目的。此外，生物信息学、晶体学、人工智能等学科的快速发展给酶的分子改造提供了更多可能，相信酶的按需定制必将成为现实，以酶为基础的绿色生物制造的产业化步伐将更快，成为人类社会可持续发展的重要推动力。

❖ **阅读角**

侯云德是医学病毒学专家，也是我国生物医学领域杰出的战略科学家和科技工作者，从事医学病毒学研究，在分子病毒学、基因工程干扰素等基因药物的研究和开发以及新发传染病控制等方面具有突出建树，为我国医学分子病毒学、基因工程学科和生物技术的产业化以及传染病控制做出了重要贡献。20 世纪 80 年代侯云德率先研发出国际独创、我国首个基因工程药物（国家 1 类新药）——重组人干扰素 a1b，随后又在短短数年间相继研制出 1 个国家 Ⅰ 类和 6 个国家 Ⅱ 类新药，应用于上千万患者的临床治疗。2009 年新型 H1N1 流感大流行期间，作为联防联控机制专家委员会主任，他与全国科学家一起，协同创新，在人类历史上首次成功对流感大流行进行人为干预，并获得国际认可。由于他在基因工程药物研发及分子病毒学研究方面取得了巨大成就，荣获 2017 年度国家最高科学技术奖，并于 2019 年 12 月 18 日入选"中国海归 70 年 70 人"榜单。

 思考题

1. 什么是代谢工程？代谢工程涉及哪些主要概念？

2. 代谢工程与基因工程有什么区别？代谢工程的研究方法有哪些？

3. 代谢工程的应用领域有哪些？列举三个不同关键技术及应用实例加以说明。

4. 什么是合成生物学？与电子信息学对比分析合成生物学研究。

5. 合成生物学的研究策略有哪些？

6. 什么是酶？酶如何分类？酶区别于一般催化剂的特征是什么？

7. 什么是酶的专一性？解释酶专一性的假说有哪些？

8. 酶分子改造的策略有哪些？请比较酶分子改造策略的优缺点。

9. 深入思考代谢工程、合成生物学和酶分子改造在实践中面临的挑战。

参考文献

[1] 赵学明, 陈涛, 王智文. 代谢工程. 北京: 高等教育出版社, 2015.

[2] 李春. 合成生物学. 北京: 化学工业出版社, 2019.

[3] 王钦宏. 代谢工程 30 年专刊序言(2021). 生物工程学报, 2021, 37(5): 1471-1476.

[4] 赵国屏. 合成生物学: 开启生命科学"会聚"研究新时代. 中国科学院院刊, 2018, 33(11): 1136-1149.

[5] 丁明珠, 李炳志, 王颖, 等. 合成生物学重要研究方向进展. 合成生物学, 2020, 1(1): 7-28.

[6] 王会, 戴俊彪, 罗周卿. 基因组的"读-改-写"技术. 合成生物学, 2020, 1(5): 503-515.

[7] Cai T, Sun H, Qiao J, et al. Cell-free chemoenzymatic starch synthesis from carbon dioxide. Science, 2021, 373(6562): 1523-1527.

[8] Ro D K, Paradise E M, Ouellet M, et al. Production of the antimalarial drug precursor artemisinic acid in engineered yeast. Nature, 2006, 440 (7086): 940-943.

[9] 曹中正, 张心怡, 徐艺源, 等. 基因组编辑技术及其在合成生物学中的应用. 合成生物学, 2020, 1(4): 413-426.

[10] 王镜岩. 生物化学. 北京: 高等教育出版社, 2002.

[11] Nelson D L, Cox M M. Lehninger principles of biochemistry. 7th ed. New York: W H Freeman, 2017.

[12] Amatto I, Rosa-Garzon N, Simões F, et al. Enzyme engineering and its industrial applications. Biotechnology and Applied Biochemistry, 2021, 69(2): 389-409.

[13] 李刚, 昌增益. 国际生物化学与分子生物学联盟增设第七大类酶: 易位酶. 中国生物化学与分子生物学报, 2018, 34(12): 1367-1368.

[14] Mazurenko S, Prokop Z, Damborsky J. Machine learning in enzyme engineering. ACS Catalysis, 2019, 10(2): 1210-1223.

[15] Jin Q, Pan F, Hu C F, et al. Secretory production of spider silk proteins in metabolically engineered *Corynebacterium glutamicum* for spinning into tough fibers. Metablic Engineering, 2022, 70: 102-114.

[16] 郭树奇, 焦子悦, 费强. 基于化学品生物合成的嗜甲烷菌人工细胞构建及应用进展. 合成生物学, 2021, 2(6): 1017-1029.

[17] 郭树奇, 费强. 甲烷生物利用及嗜甲烷菌的工程改造. 生物工程学报, 2021, 37(3): 816-830.

[18] 高子熹, 郭树奇, 费强. 生物转化温室气体生产单细胞蛋白的研究进展. 化工学报, 2021, 72(6): 3202-3214.

[19] Hu L, Guo S, Wang B, et al. Bio-valorization of C1 gaseous substrates into bioalcohols: Potentials and challenges in reducing carbon emissions. Biotechnology Advances, 2022, 59: 107954.

[20] Fei Q, Puri W A, Smith H, et al. Enhanced biological fixation of methane for microbial lipid production by recombinant *Methylomicrobium buryatense*. Biotechnology for Biofuels, 2018, 11: 129.

第四章

生物炼制

传统液体燃料多来源于石油化工的"炼制"过程，而相比于"石化炼制"，"生物炼制"在原料、技术、可持续性等方面都有着根本的区别和独特的优势。生物炼制主要是指以木质纤维素等生物质为原料，通过融合化学、物理和生物等技术，利用微生物充分转化生物质中不同的有机成分，制备化学品及能源等产品，最终实现生物质资源的高效利用和循环经济的可持续发展。

本章首先介绍了生物炼制背景及木质纤维素的内在特性，随后探究了迄今为止已经研究过的不同预处理方法及其原理和目的。然后针对不同预处理方法获得的产物，讲解了酶水解和生物炼制工艺过程的技术特点和亟需解决的难题。最后，详细地论述了如何利用不同的细胞工厂和发酵工艺实现生物乙醇、生物油脂和生物氢气的生物炼制。

4.1 概述

4.1.1 背景

能源安全对人类文明和全球经济的可持续性发展至关重要。当今社会极度依赖于有限的化石资源（石油、煤炭和天然气）来满足经济和生活的基本需求。目前，世界上超过80%的能源和90%的有机化学物质来自化石燃料。而随着世界人口的快速增长及人们生活水平的不断提高，能源和化学品的消耗也以每年7%的速度在增长。由于能源需求的不断增加和化石燃料的逐渐枯竭，世界目前正面临着严重的能源危机。此外，大规模使用化石燃料产生的温室气体会导致全球气候和环境持续恶化，这使得全球各国迫切地需要从对有限化石燃料的依赖转向"碳中和"的可再生资源。

作为化石燃料的起源，生物质为满足社会对燃料和化学品的需求提供了极好的生产原料。生物质通过光合作用产生各种有机物质，包括植物、动物及其排泄物、污泥、垃圾及有机废水等。对这些生物质进行加工转换可生产出热量、气体或液体燃料等二次能源。但通过直接燃烧生物质获得能量是低效、不经济、不低碳的。随着工业革命进程的加速，利用多种复杂加工技术可实现高效转化生物质生产燃料、化学品等生物基产品。在此背景下，2022 年，全球能源消耗约为 $7.3 \times 10^{17} kJ$，其中可再生能源（核能、水电、生物燃料和废弃物等）仅占 20%，而生物质能（生物燃料和废弃物的总和）贡献了世界可再生能源的 50%。生物质有潜力满足当前所有可用形式的能源（如运输燃料）和化学品（如聚合物）的需求。这种不断发展的新型制造工艺类似传统的石化炼制过程，通常被称为生物炼制。随着化石能源的日渐枯竭和现代科技发展，生物炼制引起世界各国的高度重视。

生物燃料主要是将生物质进行加工转换而生产的液体或气体燃料，主要形式有生物乙醇、生物柴油、生物氢气等。目前有少数国家已广泛地将生物乙醇或生物柴油与石油衍生燃料以一定比例进行混合使用。因此，通过生物炼制转化生物质制备生物燃料，将对能源产品的可持续生产和石化资源依赖性的有效摆脱起到至关重要的作用。

鉴于生物燃料的可再生性和可持续性等特点，其使用和发展可在解决能源危机的同时进一步改善环境（图 4-1），主要表现在：①植物在生长过程中固定二氧化碳并产生氧气；②生物燃料可被充分燃烧，而该过程产生的二氧化碳又被植物吸收，形成碳循环，理论上实现二氧化碳的净零排放；③植物对生态系统有着积极的作用。

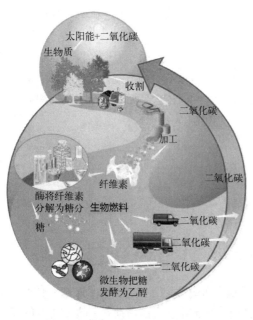

图 4-1 基于生物炼制的碳循环

我国是一个拥有 14 亿人口的农业大国，农村经济对国民经济的贡献份额达 60%以上，发展生物能源，可以为农村开辟新兴产业（生物炼制）和可再生能源（生物乙醇、生物柴油等），有效扩展农业产业链，提升农业产品附加值。同时，发展生物炼制可以替代直接燃烧秸秆、有机废物等传统生物质处理方式，并能获得高效、清洁的生物燃料，促进农村循环经济的发展。因此，改变能源生产和消费方式，开发利用可再生的生物能源，对建立低碳社会、促进可持续发展、保护生态环境都具有重大意义。

综上，生物炼制有着巨大的发展潜力，而随着科学技术的不断发展和更新，相关工艺和技术将会日新月异，并有望在提高生物燃料的产量和性能的同时进一步降低生物炼制生产工业化的投资成本，以提升生物能源的市场竞争性。

4.1.2 第一代生物炼制

光合作用是地球上生命赖以存在的基础。地球上的植物、藻类和光合细菌等细胞工厂，利用太阳产生的能量，将 CO_2 以化学键的形式固定下来并以糖的形式储存起来。正是植物的这种光合作用所产生的生物质，几乎为人类提供了全部食物与能源。生物质光合作用反应可通过下列方程式表述：

$$CO_2+H_2O \xrightarrow{\text{太阳能}} (CH_2O)_n+O_2 \qquad (4-1)$$

$$(CH_2O)_n+O_2 \longrightarrow CO_2+H_2O+\text{能量} \qquad (4-2)$$

直接燃烧是最原始和容易获取生物质能量的方法。炉灶燃烧投资小，但效率低，能量回收效率不足20%。锅炉燃烧采用了现代化的锅炉技术，适用于大规模燃烧生物质。它的主要优点是效率高，并且可实现工业化生产，主要缺点是资金投入高，而且不适于分散的小规模利用，生物质必须相对集中才能采用该技术。虽然通过上述传统的燃烧反应可以轻而易举地获取生物质的能量，但不充分燃烧产生的副产物会严重威胁到环境和人民健康。目前围绕生物质的生物炼制更加聚焦如何将生物质转化为具有更高能量价值和形式的生物能源，以实现对化石能源的替代。

通过生物炼制获取的生物乙醇和生物柴油受到了广泛关注，因其可以替代传统汽油和柴油，已成为全球生物能源开发利用的重要方向。第一代生物炼制技术主要基于转化粮食作物生物质生产生物燃料。美国最早开发基于玉米原料的生物炼制技术，每年将玉米总产量的40%用于生产生物乙醇。尽管当时有大量反对声音，但美国生物乙醇的年产量仍从1980年的8亿升增加到2019年的730亿升。目前，美国已投入生产的乙醇生物炼制厂有200多家，这些工厂的主要原料依然是玉米，而玉米中用于生产生物乙醇的主要成分是淀粉，通过发酵可以很容易地转化为生物乙醇。这正是用玉米生产乙醇的优势，但这也是人们反对的原因，因为淀粉是一种重要的粮食。假设投入1000万吨玉米用于生物乙醇生产，按照全球平均食品消费水平，同等数量的玉米可以满足3000万人口一年的食品消耗。

作为推动第一代生物炼制产业发展的先锋，巴西主要利用从甘蔗中提炼出的蔗糖生产生物乙醇用于汽车燃料（图4-2）。由于20世纪70年代石油价格的不断上涨，为了缓解石油危机带来的压力，并从长远角度维护自身能源安全，巴西开始投资可降低石油依赖度的生物燃料的生产和设施建设。巴西处于热带地区，而该地区的光照非常适合种植甘蔗。巴西是世界上最大的甘蔗种植国以及食糖生产和出口国，每年甘蔗产量的一半用来生产食糖，另一半用来生产生物乙醇。这使得巴西成为全球第二大生物乙醇生产国。

图4-2 巴西生物乙醇炼制工厂

为进一步推广生物乙醇，巴西研制出可任意选择乙醇、汽油或乙醇与汽油任意比例的混合燃料汽车，即"灵活燃料"汽车。目前巴西国内销售的汽车85%以上是灵活燃料汽车，消费者可依据价格优势自由选择添加生物乙醇的比例。2020年，巴西拥有376家生物乙醇炼制厂，乙醇年产能高达 420 亿升，美国成为其最大出口目的地。尽管有人提出种植甘蔗也是一个非常耗能的过程，但研究人员经过仔细计算后得出，每种植 1 吨甘蔗耗能大约 25 万千焦，而 1 吨甘蔗生产出的生物乙醇及用甘蔗渣发电可以得到大约 200 万千焦的能量，回报高达 8 倍。虽然巴西生物燃料发展战略取得了成功，但却不是未来世界生物燃料产业发展的方向。这主要是因为甘蔗的种植受气候影响严重，其他地区无法照搬，尤其是地处温带地区的中国。

中国的第一代生物燃料发展也取得了很大的成绩，特别是在吉林、黑龙江等地分别建设了以陈化粮为原料的生物炼制生产基地后，生物乙醇生产已初步形成规模。"十三五"期间，中国已成为世界上第三大生物乙醇生产国，年产能与产量规模达到 300 万吨，仅次于美国和巴西。2018 年 8 月，国务院确定生物乙醇产业总体布局，决定有序扩大车用生物乙醇的推广使用，除黑龙江、吉林、辽宁等 11 个试点省份外，进一步在北京、天津、河北等 15 个省份推广生物乙醇。

4.1.3　第二代生物炼制

第一代生物炼制过多依赖粮食作为其生物质原料，且受粮食产量和生产成本制约，很难大规模替代石油燃料，并有可能造成粮食危机问题。因此，第二代生物炼制将目光转移到利用非粮木质纤维素作为原料，高效制备生物燃料和化学品，并实现了工业化生产。此外，随着合成生物技术的发展，科学家通过改造微生物代谢路径、构建高效细胞工厂，创建了以一碳气体（CO_2、CH_4）为原料的第三代生物炼制技术路线，实现了能源、饲料、化学品等多种生物基产品的制备。但相对于第二代生物炼制技术，基于一碳气体的生物炼制路线仍处于基础研发阶段，有诸多关键共性问题亟待解决，还未全面实现大规模产业化生产。因此，本章将继续围绕第二代生物炼制相关技术的应用和发展进行介绍。

在综合考虑粮食供给及耕作面积情况的基础上，我国制定了高起点发展生物质车用替代燃料，加强自主知识产权研发和示范，在不与民争粮、不与粮争地、不破坏环境、不顾此失彼的前提下大力发展生物燃料的政策。我国已不再扩大以粮食为原料的生物燃料生产，转而开发非粮食原料生物燃料生产技术。目前开发以非食用薯类、甜高粱等经济作物为原料的生物炼制，既不与粮竞争，又能降低生物燃料成本。广西是木薯的主要产地，种植面积 300 万亩，总产量占全国总量的 70%，木薯乙醇产量超过 30 万吨每年。为了扩大非粮生物乙醇的来源，我国已自主开发了以甜高粱茎秆为原料生产生物乙醇的技术（称为甜高粱乙醇），已在黑龙江、内蒙古、新疆、辽宁和山东等地建立了甜高粱种植、甜高粱茎秆制取生物乙醇的基地，可达到年产 6000 吨生物乙醇的生产规模。北京化工大学创新地提出了生物乙醇、丁醇和木塑复合材料联产的生物炼制策略，进一步提高了甜高粱的利用效率，降低了工艺成本。

事实上，在整个生物燃料领域，当前最吸引投资者的并不是用蔗糖、玉米等粮食或经济作物生产生物乙醇，或是从油菜籽中提炼生物柴油，而是用木质纤维素制造生物乙醇或生物柴油。木质纤维素的来源主要包括枝叶、木屑等林木类生物质和玉米秸秆等农作物类生物质（图 4-3），多组分和大分子是其两个内在特征。木质纤维素主要由纤维素、半纤维素及木质素三部分构成，此外还包括少量的结构蛋白、脂类、灰分、提取物等。不同木质纤维素中各组分含量不同，表 4-1 给出了部分生物质原料的组成。我国农作物秸秆的品种很多、分布很广、数量巨大，仅主要作物秸秆就有近 20 种。如果能把自然界丰富且不能食用的"废物"木质纤维素转化为生物乙醇，那么将为世界生物燃料业的发展找到一条可行的道路。

图 4-3　秸秆木质纤维素原料

表 4-1　不同木质纤维素原料的组分比例

原料	纤维素占比/%	半纤维素占比/%	木质素占比/%
硬木	40～55	24～40	18～25
软木	40～50	25～35	25～35
玉米芯	45	35	15
草	25～40	35～50	10～30
麦秸	30	50	15
树叶	15～20	80～85	0
报纸	40～55	25～40	18～30

　　农作物秸秆是我国主要的木质纤维素资源，其品种以水稻、小麦、玉米等粮食作物为主。2021 年，我国秸秆产量约 9 亿吨，秸秆可收集资源量为 7.5 亿吨。通过生物炼制转化秸秆有助于实现秸秆的高值化利用，如按 6 吨秸秆生产 1 吨生物乙醇计，全部可收集秸秆可转化为 1.25 亿吨生物乙醇，商业开发潜力巨大。我国人均耕地面积少，资源短缺，秸秆焚烧污染环境及"三农"问题等对秸秆高值化开发提出了紧迫的社会经济要求。如果能将秸秆等木质纤维素就地变为国家急需的工业原料和能源，创建以秸秆为原料的新型生态工业，实行种植业、养殖业、农副产品加工业、秸秆生态工业相结合的高级阶段的生态农业生产模式，生物乙醇、生物柴油、生物氢气等作为秸秆转化的产物，则有望形成比传统"石油农业"劳动生产率更高、可持续发展的新型农业。基于木质纤维素原料的第二代生物炼制，在我国有很好的应用前景。

　　但秸秆及木质纤维素资源高效转化是一个世界性的科技难题，利用现有技术生产生物能源的投资和成本均很高，距大规模经济使用尚有距离，需要进一步从基础研究开始寻找新的突破口。最大的技术障碍是预处理环节（将纤维素和半纤维素转化为通过发酵能够分解的成分）的成本和效率仍有待提升，这主要是由木质纤维素的自身结构属性造成的。木质纤维素中的三种主要成分通过不同程度的相互缠绕，形成了一个大且复杂的三维复合结构（图 4-4）。纤维素由(1,4)-D-吡喃葡萄糖单元的线型链组成，单元之间通过 β-糖苷键连接在一起，是无支链的均聚物，具有晶体结构。半纤维素是一种由葡萄糖、甘露糖、木糖和阿拉伯糖以及甲基葡萄糖醛酸和半乳糖酸组成的混合物。与纤维素不同，半纤维素具有侧链分支，是一种非均质聚合物，它通过非共价键紧密地结合在每个纤维素微纤维的表面。作为芳香族聚合物，木质素是一种高分子量的非定形化合物，由酚基丙烷组成非晶异构网络，主要由丁香酚、愈创木酚和对羟基酚组成，其基础单位是由一个三碳链连接在苯丙烷上组成的。木质素的作用类似于"黏合剂"，将木质纤维素的不同成分结合在一起。任何尝试以木质纤维素为原料的生物炼制过程都必须具有足够的灵活性以适应含量和结构不同所带来的影响。单独或完全分离纤维素、半纤维素和木质素并用于单一生物基产品的生产工艺，将消耗大量的溶剂和能量，很难实现较高的经济效益。

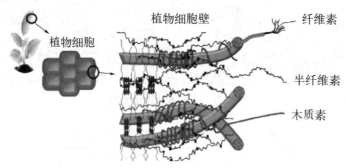

图4-4　木质纤维素结构

尽管现在技术上还存在障碍，且目前基于木质纤维素原料的乙醇生物炼制厂的产量还未达到商业规模，但很多大型能源公司都在竞相改进将木质纤维素转化为生物乙醇的技术。因为发展能源不可能走牺牲粮食的道路，第一代生物炼制无法从根本上解决当前各国面临的能源危机，利用木质纤维素生产生物燃料代表了未来能源的发展方向。美国能源部常年投入数千万美元支持多个生物能源研究中心，负责研究木质纤维素乙醇。欧盟在其研究与发展框架计划中为木质纤维素乙醇研究专门预留出数亿欧元的研发和产业化发展经费。杜邦公司前期投入了数亿美元资助生物能源研究和乙醇生物炼制厂建设（图4-5）。

图4-5　杜邦公司在美国内华达州的生物乙醇生产基地

近年来，中国正在积极开展木质纤维素制取生物乙醇的研发和生产，现已在安徽丰原生物技术股份有限公司等企业形成年产600吨的试验生产能力。2011年底，河南天冠企业集团有限公司万吨级木质纤维素乙醇项目通过国家能源局验收。该木质纤维素乙醇示范装置以玉米秸秆和小麦秸秆为原料，形成了包括原料收、储、运，蒸汽爆破预处理，纤维素酶生产，纤维素酶解，半纤维素厌氧发酵生产沼气等完整的工艺路线，实现了产业化生产示范。山东龙力生物科技股份有限公司是一家以生产第二代木质纤维素乙醇并获得国家燃料乙醇定点生产资格的企业。该公司围绕玉米芯废渣制备纤维素乙醇技术，以提取完功能糖后的玉米芯废渣为原料，利用生物酶法制备木质纤维素乙醇，并将工厂产生的废液和固废用于生产沼气和有机肥，实现生物炼制工艺的绿色环保和可持续发展。

4.2　预处理方法

在自然进化过程中，木质纤维素进化出了复杂的刚性和紧凑的结构，以保护其组成免受微生物和化学物质的攻击和降解，这些抵抗木质纤维素降解的结构和化学机制被称为"生物质抗性"。而木质纤维素的这些固有的物化特性极大制约了木质纤维素在生物转化过程中的液体渗透可及性及酶水解效率，严重影响了生物炼制的工业化成本。通过预处理可除去木质素、溶解半纤维素或破坏纤维素的晶体结构，从而增大其可接触表面积，提高水解产率（图4-6）。

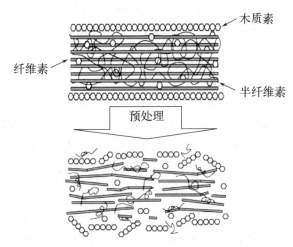

图4-6　木质纤维素生物质原料预处理原理图

在评价预处理方法优劣性时，应该充分考虑是否满足以下条件：①可促进糖类的生成（糖化作用）或有助于酶水解反应；②能避免碳水化合物的降解损失；③可避免生成对水解和发酵过程有害的副产品或强抑制性产物；④具有较高的技术经济可行性。目前常规的木质纤维素预处理方法可大致分为物理法、化学法、物理化学法和生物法。表4-2对部分预处理方法的优缺点进行了总结和比较，下文将逐一对不同方法的特点和应用场景进行简要介绍。

表4-2　预处理方法的比较

方法	优点	缺点	发展阶段
物理	操作简单；环境影响小；无化学药剂；无有害物质排放；无微生物抑制剂产生	能耗高；酶消化性有限；运行费用高	工业规模
化学	预处理时间短；高溶解性和去木质素作用；增强酶水解作用	设备腐蚀；产生抑制剂；中和成本高；潜在的二次污染；试剂回收困难	示范规模
生物	低能耗；无化学药剂；无抑制剂产生；操作简单；无复杂设备需求；反应条件温和	反应时间长；培养条件和控制要求严格；秸秆分解效率低，下游产率低	中试规模

4.2.1　物理法

对木质纤维素进行物理预处理，主要是采用机械法、挤压法、辐照法和热分解法等方法以达到改变木质纤维素物理结构的目的。

（1）机械法

机械法预处理的目的是降低木质纤维素的结晶度和粒度，从而增加其表面积并降低聚合度。减小生物质颗粒尺寸是将木质纤维素转化为生物燃料的必要程序。切削、研磨和铣削是用于减小颗粒尺寸的常用机械预处理技术，并且已经在各种生物加工领域得到应用。湿盘研磨因其能耗低而成为常用的对木质纤维素进行预处理的机械方法。铣削所需的能量随着目标木质纤维素颗粒尺寸的减小而增加。在多数情况下，为获得能够进行酶水解的粒径尺寸需要的能量（取决于最终粒径和尺寸的减小率）往往高于理论上生物质中可用的能量。虽然铣削作为唯一的预处理方法在经济上是不可行的，但是这种方法可以被用于减小经其他预处理工艺处理后的材料的粒度。因此铣削方法经常与其他预处理工艺组合用于生物质的预处理，以增强酶促糖化反应和生物燃料的生产。

（2）挤压法

挤压法是一种利用挤压机使木质纤维素受到加热、混合和剪切的手段。挤压的加工方法在20世纪80年代首次被用于农作物残渣、锯末和城市垃圾预处理。通过调节挤压机的螺杆转速和滚筒温度，可以改善木质纤维素的预处理效果，实现对木质纤维素结构的有效破坏，促进木质纤维素的各个组分分离，进而使后续酶水解的进行更加高效。虽然挤压是一个连续的过程，但它与机械研磨具有相同的缺点，即巨大的能耗导致很难将其从实验室扩大到工业生产中。

（3）辐照法

高能辐照（如紫外线或γ射线）可以降低未经加工的木质纤维素的聚合度，使其结构松散，增强酶促糖化反应。但是由于该方法成本较高，无法实现商业化的大规模应用。而微波加热是一种容积式快速加热技术，其效率高，热梯度小，具有短时间加热能力强、能耗低、操作方便、生成抑制物少等优点，被广泛应用于木质纤维素的预处理。

（4）热分解法

在热分解过程中，固体或液体在不与任何氧化剂相互作用的情况下热降解成较小的挥发性分子。作为一种复杂的热转化过程，热分解法已用于在生物炼制过程中对木质纤维素的预处理。

4.2.2　化学法

化学预处理法通过外加化学试剂来分解木质纤维素，以便改善木质纤维素的利用效率。

（1）酸法

酸法可以通过破坏木质纤维素的聚合键将半纤维素水解成单糖，提高木质纤维素的可用性，从而增强糖化作用。无机酸（如 H_2SO_4、HCl、HF、HNO_3、H_3PO_4）是木质纤维素预处理中常用的酸催化剂，浓酸和稀酸均可破坏木质纤维素的刚性结构。但酸处理的主要缺点是会形成抑制剂，如脂肪族羧酸、糠醛和酚类化合物，这些化合物可能会影响酶的水解，并对微生物的生长产生负面影响。稀酸法是目前研究最多且实际中最常用的化学预处理方法。该方法可在去除绝大部分半纤维素的同时增加纤维素对酶水解的敏感性，但对木质素的溶解效果不明显。

（2）碱法

碱法主要用于降低玉米秸秆、柳枝稷、水稻秸秆、小麦秸秆和软木的结晶度并去除木质素。碱性物质可以皂化木聚糖中 4-*O*-甲基-D-葡萄糖醛酸单元之间的糖醛酯键，并裂解木质素中的可水解键和多糖的糖苷键，从而导致聚合度和结晶度降低、纤维膨胀以及木质素结构的破坏。通过破坏木质素、半纤维素和纤维素之间的酯键进行木质素的增溶。碱预处理后的木质纤维素材料疏松多孔，有利于增大纤维素对酶的可及性，从而增强酶的糖化作用。氢氧化钠（NaOH）、氢氧化钾（KOH）、氢氧化钙[Ca(OH)$_2$]、氨水（NH$_3$·H$_2$O）等各种碱性试剂被广泛用于常温常压下木质纤维素材料的预处理，以促进酶解糖化。NaOH 会引起溶胀，从而增加纤维素的内表面积并降低聚合度和结晶度，可有效地对木质素结构进行破坏。由于成本较低、安全问题较少且易通过与二氧化碳反应从水解物中进行回收，Ca(OH)$_2$ 成为被广泛研究的碱预处理氢氧化物。Ca(OH)$_2$ 预处理可以有效地降低半纤维素中木质素的含量，并去除半纤维素中的乙酰基。与无机酸预处理相比，碱预处理需要较长的预处理时间。虽然碱预处理能够减少抑制物的形成，但高成本严重制约了其应用。

（3）离子液体法

离子液体作为溶剂进行预处理是一种相对较新的方法。离子液体是由大分子的有机阳离子和小分子的无机阴离子组成的盐类，通常定义为熔点低于 100℃ 的熔盐。因其具有高热稳定性、低毒性、高溶解性、不挥发性和可循环性而被认为是绿色溶剂。离子液体的阴离子可以与纤维素之间形成氢键，从而破坏纤维素晶体结构。离子液体具有可控的溶解木质纤维素的能力，可有效降低木质素含量，增加比表面积，从而增强酶的糖化作用。然而，与酸、碱等商业溶剂相比，离子液体预处理成本较高，限制了其在木质纤维素预处理中的大规模应用，因此需要一种成本较低的方法生产离子液体。以木质纤维素为原料合成离子液体是一种成本较低的方法，即纤维素成分用于微生物发酵，而木质素和半纤维素成分将解聚并转化为离子液体。该方法在显著降低离子液体生产成本的同时也能有效提高木质纤维素的综合利用效率，具有很好的工业应用前景。

（4）有机溶剂法

有机溶剂法可有效地用于木质素的提取，其作用是破坏木质纤维素组分之间的非共价键并破坏顽固性结构。该方法具有将木质纤维素分馏成纤维素、半纤维素和木质素的能力，并且产物纯度高，溶剂易于回收和再利用。有机溶剂法可使用多种有机或水溶剂混合物（如甲醇、乙醇、丙酮、乙二醇和四氢呋喃醇），这些混合物起到增溶木质素的作用。与其他预处理方法相比，有机溶剂法的潜在优势是可回收纯度较高的木质素作为副产品。为避免有机溶剂对酶水解和微生物发酵产生抑制作用，具有沸点低且容易去除特性的低分子量醇（如甲醇和乙醇）常被用作有机溶剂进行预处理。

4.2.3 物理化学法

物理化学预处理法结合了物理分解纤维素以及化学加工的优点。与纯物理或纯化学法相似，所有这些方法均能有效提高木质纤维素的酶水解效果。

（1）蒸汽爆破法

蒸汽爆破法是将木质纤维素置于一定压力下的蒸汽中,利用 $160 \sim 260^\circ C$ 的热蒸汽持续数秒至数分保压后骤然减压,迅速减压爆破产生的强剪切力能够使葡萄糖链之间的 β-糖苷键和氢键水解,导致半纤维素的降解和木质素的解聚,从而增加纤维素酶的可及性。蒸汽爆破预处理的机理涉及机械作用和化学作用:①机械作用是指生物质的纤维因爆炸性减压而分离;②化学作用是在高温蒸汽作用下,半纤维素中的乙酰基自发水解生成乙酸。该方法优点是无须使用危险化学品、低能耗和环保,但不可避免地会产生木质素和生物质衍生糖类的降解产物。稀酸与蒸汽爆破相结合可以对软木进行有效的预处理,提高半纤维素在预处理过程中的水解性能,并能进一步降低蒸汽爆破的温度和缩短停留时间。而较短的时间和较低的温度可以减少抑制性化合物的形成,有利于后期的酶水解和发酵过程。

（2）氨纤维爆裂法

氨纤维爆裂法是一种碱热(氨水)预处理方法,在 $1700 \sim 2000kPa$ 高压和 $60 \sim 100^\circ C$ 的温度下利用液态无水氨处理木质纤维素 $5 \sim 30min$ 后突然释压,导致氨气快速膨胀,进而造成木质纤维素的膨胀和物理破坏以及纤维素的部分脱结晶。氨纤维爆裂法是通过降低纤维素结晶度以及破坏木质素-碳水化合物键来进行预处理,由于纤维素和半纤维素均保留在预处理后的材料中,因此在酶解步骤中纤维素酶和半纤维素酶都是必需的。由于氨纤维爆裂预处理后的材料含有大量的木质素,因此氨纤维爆裂法对农业残渣和草本作物相比于高木质素含量的木质纤维素有更好的预处理效果。氨纤维爆裂法预处理的一个优点是没有强抑制性产物(如苯酚、糠醛和5-羟甲基糠醛)的生成,省去了脱毒步骤。此外,氨水易于回收利用,降低了该工艺的整体成本。因此,在氨水可以被回收并循环用于重复预处理时,氨纤维爆裂法将是一种经济有效的预处理技术。

（3）液态热水法

液态热水法是将水高温加热($160 \sim 220^\circ C$)并施加一定高压使其保持在液态,在不添加催化剂或其他化学物质的情况下,选择性地回收液流中半纤维素的一种有效的预处理策略。通过过滤将预处理后形成的浆料分离成富含纤维素的固体和富含半纤维素的液体两部分,能较好地回收固相中木质素组分,损失较小,对半纤维素的去除率可达到80%,并增强了预处理后生物质的酶解糖化作用。由于液态热水法不需要使用催化剂并具有低腐蚀性,与其他一些涉及刺激性化学物质的预处理方法相比,它的初始成本和维护成本都较低,也可在反应温度较低的情况下进行预处理,但在下游加工过程中需要回收大量的水,这将增加运营成本。

（4）CO_2 爆裂法

CO_2 爆裂法与蒸汽爆破的原理相似,是利用 CO_2 在高于其临界点温度下压缩形成的液体状超临界流体,其在水溶液状态下形成碳酸,从而水解聚合物。CO_2 分子的大小与水和氨相当,因此它们以与水和氨相同的方式穿透木质纤维素的孔隙。在 CO_2 分子穿透木质纤维素后,压力骤降致使 CO_2 爆破释放,破坏了纤维素和半纤维素的结构,从而增加了生物质的可接触表面积。超临界 CO_2 因其储量丰富、价格低廉、无毒、无害、易回收等优点被认为是一种绿色溶剂。CO_2 爆裂不会形成毒性抑制物,因此成为一种具有吸引力的木质纤维素预处理方法。虽然经超临界 CO_2 处理的木质纤维素能够高效地酶解,但超临界 CO_2 工艺用于工业放大的预处理成本可能过于昂贵。

（5）湿式氧化法

湿式氧化法是以氧气或空气作为催化剂，在较短的反应时间（10~15min）和170~200℃的温度下进行的一种去木质素方法。在木质纤维素的氧化预处理过程中，会发生侧链置换、亲电取代和烷基芳基醚键的断裂等多种反应，且去木质素的效果取决于氧化剂与木质素芳环的反应活性。湿式氧化通过打开纤维素的晶体结构以溶解半纤维素和木质素，提高纤维素的消化率。但木质素会被氧化成羧酸，从而严重抑制后续的生物转化或微生物发酵步骤，因此这些抑制剂必须通过额外的过程中和或去除。此外该方法使用了大量的氧化剂，成本也是该技术商业化的主要瓶颈之一。

4.2.4 生物法

生物法主要是利用真菌、细菌等微生物降解木质素，进而显著提高纤维素水解效率。此外，木质素的分解产物还可作为养分用于微生物的生长，提升木质纤维素的综合利用效果。生物法的优势在于能耗低、底物专一性高，且不会产生有毒、有害化合物。

真菌，例如白腐真菌和褐腐真菌，在自然界中对去除木质素作用最有效，已经被广泛用于预处理木质纤维素以生产生物基化学品和生物燃料。漆酶、锰过氧化物酶和木质素过氧化物酶是白腐真菌的主要细胞外木质素降解酶。上述降解酶被微生物释放到胞外后，在形成许多具有高度活性的自由基中间体后，通过链式反应产生了许多其他类型的自由基，导致木质素分子中主要的化学键断裂形成小分子化合物。虽然使用真菌进行预处理具有工艺简单、下游处理成本低、能耗低、不产生抑制剂等优点，但它还存在去除木质素作用速度慢、大量全纤维素丢失、预处理时间长等不足。

与利用真菌进行预处理相比，含有木质素降解酶的细菌因其快速生长能力及其丰富的遗传改造工具，已成为更有前景的去木质素的工业微生物。在细菌中分离鉴定的一系列木质素降解酶（漆酶、脱甲基酶、过氧化氢酶、过氧化物酶、酚氧化酶等）可以实现催化脱甲基化、烷基-芳基裂解、交联和 C_α—C_β 键裂解等作用，而在该过程中又形成了原儿茶酸、香草酸、愈创木酚、香草醛和4-乙氧基-3-甲氧基苯甲醛等增值衍生物。将生物法与其他预处理法相结合，可进一步增强木质素降解效率，在提高木质纤维素酶解和生物炼制生产方面具有很高的应用价值。

4.3 酶水解过程

预处理方法的有效性取决于将木质纤维素的顽固结构分解成更易于进行酶水解的底物。因此，在进行任何水解或发酵步骤之前，必须对木质纤维素进行预处理。而在完成对木质纤维素的预处理后，还需要进一步利用纤维素酶等生物酶制剂进行酶水解，以获得可被微生物利用的葡萄糖等可发酵底物。

目前木质纤维素的水解涉及内切葡聚糖酶、外切葡聚糖酶以及 β-葡萄糖苷酶等多个不同类型的生物酶的协同作用。纤维素酶水解过程始于内切葡聚糖酶水解纤维素内部的 β-糖苷键，从而产生不同聚合程度的寡糖和一些新的链端。外切葡聚糖酶的水解过程以纤维素的还原端或非还原端为起始点，进行葡萄糖或纤维二糖的生成。此外，外切葡聚糖酶还可以通过从微晶结构上剥离纤维素链来水解微晶纤维素。最后，β-葡萄糖苷酶将可溶性纤维糊精和纤维二糖裂解成葡萄糖。属于木霉属的里氏木霉是商业生产上述纤维素酶的主要微生物，其纤维素分解体系是一个典型的非复合纤维素酶体系，纤维素酶在其中分泌，并以不协调的、扩散驱动的方式发挥作用。复合纤维素酶体系或纤维小体，是由一些厌氧细菌产生的多酶复合体。这些多酶复合体通过将不同的纤维素降解酶组装在一个结构支架蛋白亚基上，可以有效地降解木质纤维素。这些酶通过对接模块（锚定蛋白）和互补模块（黏连蛋白）之间强烈的非共价相互作用与支架蛋白亚基相连。此外，该支架含有一个碳水化合物结合模块，使整个复合体能与纤维素表面相结合（图4-7）。

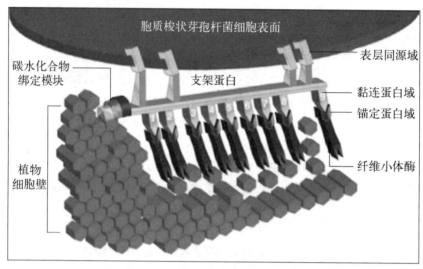

(a) 黏连蛋白-锚定蛋白
相互作用

(b) 基质-纤维小体
相互作用

(c) 细胞表面-纤维小体
相互作用

图4-7　复合纤维素酶体系

　　预处理的主要目的之一是从木质纤维素中溶解出半纤维素，从而对高含量纤维素进行水解。然而通过对不同预处理方法的认识可知，所有方法均不能完美实现这一目的。事实上，由于生物质的纠缠性质，半纤维素可以释放纤维素，更容易被纤维素酶利用。半纤维素酶之间以及半纤维素和纤维素酶之间存在协同作用，其在酶解或生物炼制过程中具有重要的应用价值。因此，针对不同的木质纤维素原料，需要制定相应的半纤维素酶组合策略，实现高效酶水解。

4.4 生物炼制工艺

生物炼制工艺包括对木质纤维素进行预处理以除去木质素和溶解半纤维素，糖化酶（纤维素酶和半纤维素酶）及其在酶水解过程中的应用，以及利用酶水解产生的葡萄糖和木糖进行发酵等步骤。这些步骤既密切关联，又独立存在，且每个步骤都设有独立的过程参数和专用设备。目前已开发出多种基于木质纤维素原料的乙醇生物炼制的工艺路线（图 4-8），如分步糖化和发酵（separate hydrolysis and fermentation，SHF）、同时糖化和发酵（simultaneous saccharification and fermentation，SSF）、同时糖化和共发酵（simultaneous saccharification and co-fermentation，SSCF）以及联合生物加工（consolidated bioprocessing，CBP）。

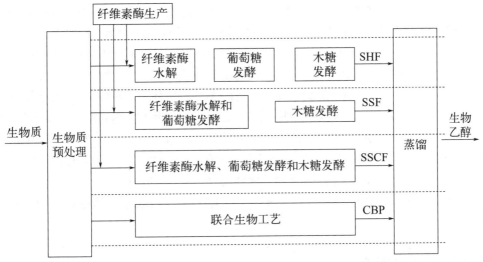

图 4-8 基于木质纤维素原料的乙醇生物炼制工艺路线图

4.4.1 分步糖化和发酵

两阶段 SHF 工艺是最传统的生物乙醇生产方法，该工艺的木质纤维素水解、葡萄糖发酵和木糖发酵步骤是分别在三个不同的反应器中完成。其主要优点是糖化和发酵都在各自最佳条件下进行。然而，主要缺点是糖化过程产生的葡萄糖和纤维二糖会强烈抑制纤维素酶活性，从而导致生物乙醇产率下降，生产成本提高。

4.4.2 同时糖化和发酵及同时糖化和共发酵

为解决 SHF 工艺的缺点，SSF 和 SSCF 工艺被提出，它们的共同特点是可以在单一反应器中完成糖化和发酵，即水解产生的葡萄糖立即被微生物转化为生物乙醇，这样可避免糖化产物对纤维素酶的抑制作用以及减少工艺步骤。SSF 工艺的主要优势之一是提高了水解速率，从而降低所需水解酶的使用量，同时还可以降低污染风险、缩短反应时间以及减小反应器体积。SSF 工艺的难点在于需同时满足酶水解的最佳温度和微生物发酵生产生物乙醇的最佳温度。因为酶水解通常在 50℃ 左右进行，而大多数常见的产乙醇微生物的最佳温度在 35℃ 左右，这会显著影响水解效率或生物乙醇产量。因此，通过构建和改造嗜热产乙醇微生物，有望实现糖化和发酵条件的最佳匹配。

为进一步提高生物乙醇产量和降低生物炼制成本，SSCF 得到了更广泛的关注。由于大部分产乙醇微生物无法高效利用木糖，SSCF 工艺的应用和推广受到了阻碍。但随着合成生物学和代谢工程等技术的发展，葡萄糖-木糖共利用的产乙醇微生物得到了不断优化和改良。通过在野生产乙醇微生物体内构建异源木糖利用途径并提高其对水解副产物的耐受力，乙醇的产量得到提升，显著增强了基于木质纤维素原料的生物炼制的经济性和商业化应用空间。

4.4.3　联合生物加工

上述三种工艺中的水解酶都需要外部购买或单独进行生产，且难以回收。水解酶（纤维素酶）价格近年来居高不下，且仍是生物炼制的经济性限制因素之一。水解酶的成本占生物乙醇生产成本的 20% 以上。基于分解纤维素的微生物自身能够生产纤维素酶，CBP 工艺可实现生物乙醇与纤维素酶的联产，因此无需另购商品化纤维素酶进行水解，有效降低了生物乙醇的生产成本。同时，CBP 工艺可实现一步反应，避免了酶水解步骤额外的设备和公用工程需求。因此，通过开发 CBP 工艺，能够将纤维素酶生产、酶水解和生物乙醇生产等过程有机整合为一体。

应用于 CBP 工艺的微生物（CBP 微生物）需保证可同时完成木质纤维素糖利用和目标产物合成。此外，为确保 CBP 生产周期满足工业可行要求，应避免使用生长较慢的微生物，或将其生长速率提高至足够水平，同时保障微生物能高效利用水解糖进行生长。产物合成过程中需尽可能确保得到专一的目标产物（生物乙醇），同时在生长培养过程中微生物应能够耐受高浓度产物。

4.4.4　微生物的开发

目前主要通过以下两种策略开发用于 CBP 的微生物：①筛选天然分解纤维素的微生物，赋予其产乙醇（或其他能源化学品）的能力；②筛选天然产乙醇的微生物，在其体内构建纤维素酶体系以利用纤维素。后一种常被称作重组纤维素分解微生物开发策略。

（1）天然纤维素分解微生物

天然纤维素分解微生物通常分离于特定自然环境，如土壤或反刍动物瘤胃，在这类环境中微生物只能利用纤维素得以生存。由于这些微生物已经具有利用纤维素和/或半纤维素的能力，可在此基础上针对 CBP 工艺进行开发。要使 CBP 过程具有经济可行性，所选微生物应能高效合成目标产物，而最可靠的方法是运用合成生物技术开发高产率的基因工程改造菌株。尽管天然纤维素分解微生物通常合成大量混合有机产物，但通过代谢工程改造和优化，这些微生物能够将木质纤维素糖转化为单一的目标产物。

开发天然纤维素分解微生物遇到的困难主要是缺乏通用的基因改造和修饰技术。近年来很多研究已经针对一些微生物，如褐色嗜热裂孢菌和嗜热梭状芽孢杆菌开发了对应的方法和平台。通常可通过敲除旁路基因、过表达目标基因等方法实现对代谢通量的调控。但由于中间代谢物、电子供给或代谢网络的平衡受到影响或破坏，往往无法达到最终目的。为实现特定目的（如高产乙醇）而改造微生物，需要全面评估人工改造对原始菌株可能造成的影响。

因为代谢工程改造存在准确度低和周期长等困难，所以系统生物学工具已被广泛应用于理性设计微生物的构建和优化，其包括针对细胞代谢建模和预测最佳代谢途径的计算工具。上述模型的建立有助于处理难以直接进行分析的数据，且能够将实验数据、已知生物途径和基因组信息（包括酶功能和化学计量等更多可能用到的信息）考虑在内。在代谢工程改造中运用这些模型将显著提高基因操作成功的概率。随着包括转录组学、代谢组学和系统生物学在内的更多合成生物学工具得到开发，模型建立将变得更加成熟。从糖代谢和电子传递的角度来看，可基于典型的产乙醇纤维素分解厌氧菌的支链分解代谢机制，找到一些可能的基因敲除靶点。因此，微生物的理性设计和遗传改造操作相结合，有助于提升生物乙醇的生产效率。

选择和开发 CBP 微生物的另一个重要标准是其在高产物浓度下保持生长能力。微生物不仅应在高浓度乙醇环境中继续生长，还需具备针对其他工业生产过程可能出现的副产物及抑制物的耐受性。乙醇对微生物的抑制作用主要源于糖酵解终端产物抑制和对细胞膜的损伤。除乙醇抑制外，工业生产中其他副产物也可能对微生物生长造成抑制。乙酸作为常见的预处理副产物和发酵产物，可将未经驯化的细胞生长速率降低 50%，这主要归结于乙酸的累积可严重影响跨膜质子动力势。与 CBP 微生物开发相似，产物抑制的原因相当复杂，利用生物信息和系统生物学可实现对菌株的定向改造和优化，以便更好地强化菌株对产物的耐受性。此外，常温等离子诱变技术、全自动高通量微生物培养平台等先进方法，已广泛应用于提高天然微生物对目标产物或限制性副产物的耐受能力。

（2）重组纤维素分解微生物

重组纤维素分解策略以能够生产目标产物的菌株为出发点，通过异源基因表达纤维素分解体系，使其能够利用纤维素进行生长。目前已在多种酵母菌中实现纤维素酶体系的异源表达，包括酿酒酵母、嗜鞣管囊酵母、休哈塔假丝酵母和树干毕赤酵母。近期研究也在运动发酵单胞菌、大肠杆菌和产酸克雷伯氏菌等细菌中进行了尝试并取得理想效果。

设计纤维素酶系统时，首先需要确定非纤维素分解微生物体内缺少的生物元件。如要实现非复合纤维素酶系统正常功能，须由作用于纤维素链末端的外切葡聚糖酶（纤维二糖水解酶）、内切葡聚糖酶和β-葡萄糖苷酶组成。此外，纤维二糖水解酶还应具备纤维素结合模块（CBM）。而要实现复合纤维素酶功能，需要以下元件：带有 CBM 的脚手架蛋白；两个内聚蛋白和一个结合细胞壁锚定蛋白的结构域；细胞壁锚定蛋白；至少一个外切葡聚糖酶和一个内切葡聚糖酶，且均含有能够结合脚手架蛋白的锚定蛋白。此外，还需要β-葡萄糖苷酶或纤维糊精和纤维二糖磷酸化酶，以及合适的渗透酶。从实际操作角度来看，构建非复合纤维素酶体系远比复合纤维素酶体系容易。

4.5　生物炼制案例

4.5.1　嗜热微生物合成生物乙醇

通过嗜热厌氧微生物以木质纤维素为底物生产生物乙醇已被广泛报道，其主要来自梭菌属内的细菌，包括梭状芽孢杆菌和嗜热厌氧菌。不同报道中发酵所用木质纤维素原料的类型和浓度、发酵方式（批式、补料、连续）、预处理方法以及使用纯培养还是混合培养对乙醇得率和产量都有很大影响。以纯葡萄糖为底物进行发酵时，乙醇最高得率为2mol(乙醇)/mol(葡萄糖)。然而，以木质纤维素为底物生产乙醇从未接近理论产率，部分原因是木质纤维素的结构复杂，例如木质素水解副产物以及在预处理过程中由糖形成的醛会对微生物的生长产生抑制作用。表4-3列出了多种嗜热微生物使用不同木质纤维素原料生产生物乙醇的研究结果。

许多嗜热微生物具有广泛的底物谱，这使其成为以木质纤维素作为原料的绝佳选择。此外，在高温下培养会提高代谢转化率并减小污染的风险。许多嗜热微生物同时利用葡萄糖和木糖，而运动发酵单胞菌和酿酒酵母等嗜中温微生物通常先利用葡萄糖，然后再利用其他底物。鉴于从糖到乙醇的生化转化是一个放热过程，嗜中温菌培养过程需要进行温度调控，以确保其最佳生长条件。这个问题通过使用嗜热微生物得到一定程度的缓解，并且可以与原位乙醇去除相结合，从而减少工艺冷却和产品回收所需的外部能量，同时推动最终产品的形成，因而被广泛应用于CBP工艺。

表4-3　嗜热微生物转化木质纤维素合成生物乙醇

木质纤维素原料	水解糖浓度/（g/L）	嗜热微生物	乙醇得率/（mmol/g）	温度/℃
打印纸	8.0	热纤梭菌	7.20～8.00	60
草菇	8.0	热纤梭菌	6.10～8.00	60
高粱秸秆	8.0	热纤梭菌	4.80～8.10	60
微晶纤维素	10.0	热纤梭菌、嗜热乳酸梭菌	9.1	57
麦秆	60.0	嗜热厌氧菌	5.30	70
甜菜糖蜜	30.0	嗜热厌氧乙醇杆菌	4.81	65
玉米秸秆	25～150	嗜热厌氧乙醇产生菌	8.50～9.20	70
麦秆	30～120	嗜热厌氧乙醇产生菌	8.50～9.20	70
木质水解液	8.0	嗜热厌氧乙醇杆菌	3.30～4.50	70
打印纸	2.25	嗜热厌氧杆菌	7.7	65
草	4.5	嗜热厌氧杆菌	4.31	65
打印纸	4.5	嗜热厌氧杆菌	7.5	65
大麻	4.5	嗜热厌氧杆菌	4.3	65
木聚糖	10.0	糖酵解热厌氧菌	6.3	60
纤维素	2.5	嗜热厌氧杆菌	8.6	60
草	2.5	嗜热厌氧杆菌	5.5	60

4.5.2　产油微生物合成微生物油脂

油脂类化合物，主要是指以甘油二酯、甘油三酯等为代表的分子中含中长碳链的脂类或类脂化合物。由于甘油三酯中含有三个脂肪酸分子和一个甘油分子，所以被用作生物柴油炼制原料。甘油三酯可以在酸或碱性催化剂作用下的高温（230～250℃）环境与甲醇或乙醇等低碳醇进行酯交换反应，生成相应的脂肪酸甲酯或乙酯和甘油，再经洗涤干燥即得生物柴油，或通过脱氧转化为烃类化合物直接生产汽油或柴油。油脂类化合物主要来源于动植物油脂、废弃油脂以及微生物油脂，其优缺点如表4-4所示。

表 4-4　油脂类化合物的来源及优缺点

原料油种类	代表实例	优点	缺点
植物油脂	大豆油	能大规模生产、技术较成熟	占用大量耕地、与粮争地
	棕榈油	不占用大量耕地、产油量大	产地较为分散
动物油脂	鱼油	来源较广泛	来源分散、原料易腐败
微生物油脂	产油酵母、微藻	不与粮争地、生产周期短	技术要求严格
废弃油脂	地沟油	成本低、来源广、环保	产品质量不稳定、杂质较多、工艺复杂

　　美国早在 20 世纪 80 年代就制定了关于生物能源的国家政策，以推动石化柴油替代燃料的发展，并在 10 年后实现了生物柴油的商业化应用。2022 年美国农业部宣布将加大对生物柴油使用的支持，通过政府拨款建设基础设施，提高混合比例的生物柴油的销售，确保安全供应 B-20（生物柴油的含量为 20%）及以上比例的生物柴油。目前美国生物柴油是仅次于生物乙醇的第二大生物燃料，但其主要原料仍局限在粮食作物。美国国家可再生能源实验室（NREL）最早运用生物工程技术人工改造产油微藻，在实验室条件下产油微藻的含油量超过 60%，在户外培养含油量达到 40% 以上，每公顷产油量近 10 万升，相当于每个篮球场的面积可产油 4000L。我国生物柴油的发展相对比较晚，主要还是使用经济作物或废弃油脂作为原料生产生物柴油。但随着我国"双碳"目标的提出，寻求和开发其他生物柴油原料已刻不容缓。相比来源于粮食或经济作物的油脂，微生物油脂不与民争粮争地，且来源稳定。此外，微生物油脂中的脂肪酸组成可以为生物柴油提供更高的十六烷值（CN 值），帮助改善其在柴油机中燃烧时的自燃性指标，获得优于石化柴油的燃烧性能。

　　利用产油微生物累积高含量生物油脂已成为实现生物柴油商业化生产的可行路径之一，而利用低成本木质纤维素培养产油微生物，可进一步提高生物柴油的市场竞争力。目前已开发出多种技术方法，以实现木质纤维素作为微生物的培养底物（表 4-5）。通过工艺开发和发酵优化，可以提高油脂的产率和产量。采用批式、补料和连续培养等不同的发酵方式，结合多阶段策略来提高产油微生物的细胞密度，以获得较好的产油效果。两阶段发酵策略是微生物油脂合成的最有效方法之一，培养基中的氮含量决定了在生长阶段的最大细胞密度，而过量糖供给决定了细胞的最高油脂含量。因此，在油脂积累过程中，同时补充糖源和氮源将不利于油脂生产。两阶段培养旨在分离产油微生物的细胞生长阶段和油脂合成阶段：第一阶段用木质纤维素糖培养基保证细胞获得充足养分进行生长，产生大量细胞菌体；第二阶段通过限制氮源供给以增加油脂得率。采用营养限制策略，两阶段发酵模式在高木质纤维素糖含量的体系中既能提高油脂产量，又能避免抑制作用。由于微生物油脂在产油微生物的细胞体内积累，所以油脂产率和油脂产量取决于细胞密度。如果发酵液中的细胞密度较低，则获得油脂的成本较高。因此，高密度发酵策略可对大规模微生物油脂生产的经济性提供保障。

表 4-5　不同微生物利用木质纤维素合成生物油脂

木质纤维素原料	产油微生物	油脂含量/%	油脂得率/(g/g)	油脂产率/[g/(L·h)]
玉米芯	隐球菌	60.2	0.13	0.05
甘蔗渣	斯达氏油脂酵母	27.7	0.07	0.09
玉米秸秆	浑浊红球菌	58.7	0.19	0.28
玉米秸秆	圆红冬孢酵母	62	0.24	0.35
玉米秸秆	圆红冬孢酵母	59	0.29	0.40

4.5.3　极端微生物合成生物氢气

生物制氢的生产途径包括蓝绿藻对水进行生物光解、厌氧条件下的暗发酵以及光合异养细菌的光发酵,基于这些微生物途径,利用植物多糖合成氢气的相关研究已开展了数年。在暗发酵过程中,厌氧培养的嗜温微生物(25~55℃)、嗜热微生物(60~75℃)或超嗜热微生物(75~90℃)利用来源于木质纤维素的单糖和复杂底物制氢。嗜热菌或超嗜热菌含有膜结合的NADPH依赖性氢化酶,该酶实现了该过程的热力学可行性和较高的氢气得率。将木质纤维素转化为生物氢气的方法包括直接法和两段法。在直接法中,单一微生物能够水解纤维素或半纤维素,并在一个步骤中产生氢气。而在两段法中,纤维素被纯培养或混合培养水解,氢气产生于不同的培养阶段。极端微生物可以有效地作用于预处理的木质纤维素以产生氢气。嗜热厌氧纤维素菌和那不勒斯热袍菌利用碱预处理的木质纤维素原料芒草生产氢气,其得率为 2.9~3.4mol(氢气)/mol(葡萄糖),达到理论得率的74%~85%。解糖热解纤维素菌 DSM 8903 能够从未经处理和干燥的木质纤维素(如甜高粱、甘蔗渣、玉米叶、小麦秸秆、丝兰和松木)中高效生产氢气。

梭状芽孢杆菌门中的大多数极端嗜热菌利用糖酵解途径将葡萄糖代谢为丙酮酸,然后通过丙酮酸脱羧生成乙酰辅酶 A,质子被还原铁氧还蛋白(Fd$_{red}$)还原为氢气。丙酮酸在糖酵解结束时产生,可通过乳酸脱氢酶还原为乳酸,但大多数厌氧细菌通过丙酮酸氧化还原酶(POR)将丙酮酸氧化为乙酰辅酶 A,根据所涉及的微生物和环境条件,最终产物为乙酸或丁酸。严格厌氧菌可通过两种途径产生氢气,包括利用甘油醛-3-磷酸脱氢酶(GAPDH)从 NAD(P)H 产氢以及利用丙酮酸铁氧还蛋白氧化还原酶(PFOR)从铁氧还蛋白产氢。铁氧还蛋白或 NAD(P)H 产生氢气的过程在热力学上是不利的,因此,嗜温菌和嗜热菌的氢气产量较低。以葡萄糖为底物、最终产物不同的产氢反应如下所示:

如果最终产物是乙酸,1mol 葡萄糖产生 4mol 氢气。

$$C_6H_{12}O_6+2H_2O \longrightarrow 2CH_3COOH+2CO_2+4H_2 \qquad (4-3)$$

如果最终产物是丁酸,则 1mol 葡萄糖产生 2mol 氢气。

$$C_6H_{12}O_6 \longrightarrow CH_3CH_2CH_2COOH+2CO_2+2H_2 \qquad (4-4)$$

所有生产氢气的发酵方法受酶(固氮酶和氢化酶)的活性影响(表 4-6)。氢化酶是生物制氢的主要酶,根据其金属含量分为铁氢化酶和镍铁氢化酶两种类型。厌氧菌解糖热解纤维素菌通过产生一些降解柳枝稷、甜高粱、水稻秸秆等木质纤维素的纤维素分解酶来产生氢气。解糖热解纤维素菌和腾冲嗜热厌氧菌具有一种变型的糖酵解途径,由于产生的乳酸和乙醇较少,解糖热解纤维素菌的氢气得率较高,对这种微生物基因水平的进一步研究有望提升其产生生物氢的能力。

表 4-6　固氮酶和氢化酶的性质

项目	固氮酶	氢化酶
底物	ATP,H$^+$或氮	H$^+$,氢气
产物	H$_2$,NH$_4^+$	ATP,H$^+$或氮
蛋白质数量	2(Mo-Fe 和 Fe)	1

项目	固氮酶	氢化酶
金属	Mo，Fe	Ni，Fe
最佳温度/℃	30	55~70
最佳 pH 值	7.1~7.3	6.5~7.5
抑制剂或抑制条件	N_2，NH_4^+，O_2，高氮碳比	CO，EDTA，O_2 和一些有机化合物
激活方式	光照	有机化合物的缺乏

❖ **阅读角 4-1**

　　为提高国家自主贡献力度，我国在第 75 届联合国大会上宣布中国二氧化碳排放力争于 2030 年前达到峰值，努力争取 2060 年前实现碳中和。这是继中国为达成应对气候变化《巴黎协定》做出重要贡献后，又一个历史性的时刻，同时彰显我国作为世界上最大的发展中国家对人类可持续发展的重视，并以此为己任的决心。发展生物能源及生物炼制技术，是助力实现我国"双碳"目标的有效手段之一。

　　北京化工大学谭天伟院士及其团队从事生物炼制和生物制造技术研究二十余载，其研究领域侧重于微生物发酵、酶催化转化及产品纯化工艺优化、设备研发及过程集成。"酶法合成生物柴油"技术是谭天伟院士团队的攻关项目之一。他带领团队创新性地采用膜或纤维织物布固定化酶，通过膜或织物布的表面改性控制油脂及产物（如甘油）在膜及织物布上的吸附。这种方法固定的脂肪酶催化地沟油、煎炸油及菜籽油进行酯化，生物柴油转化率达 96%，品质达欧洲标准。无独有偶，清华大学刘德华教授围绕脂肪酶的利用效率进行了长期研究，实现脂肪酶可以被用到 300 次以上，极大地降低了成本，提升了经济效益。依托该技术已建成了年产 5 万吨酶法生物柴油装置，产品销往欧洲、南美洲和亚洲，与当地多家企业签订了合作协议，将中国的技术做到真正的"走出去"。

　　要实现碳中和，就必须少用化石资源原料所生产的产品，在"双碳"目标下，生物制造将重构制造业。我国生物制造产业起步较晚，还有很多"卡脖子"技术需要突破和解决。科技自立自强是促进发展的根本支撑，将核心技术牢牢掌握在自己手中，才能真正掌握竞争和发展的主动权，从根本上保障国家经济安全、国防安全和其他安全。

❖ **阅读角 4-2**

　　1959 年 9 月，随着一股工业油流从松辽盆地喷涌而出，大庆油田正式诞生。在中国甩掉了"贫油"帽子的过程中，涌现了以铁人王进喜为代表的石油人，他们在艰苦条件下，拼命鏖战 3 年拿下大油田，并实现了连续 27 年的稳定高产。"大庆精神"充分体现了大庆石油人以振兴国家石油事业为己任的强烈爱国主义情怀和担当，成为激励中华儿女为国争光、为民族争气的一面时代旗帜。

　　历史已经见证，科技创新是引领发展的第一动力，大庆油田发展的每一步都离不开科技创新。而科技创新的每一次突破都充满艰难险阻，必须以务实创新的科学精神坚韧不拔地顽强探索，才能获得成功。正如大庆油田 60 多年的发展历程中，不断涌现出一批批科技工作者，他们始终秉持务实创新的科学精神，把高昂的政治热情、爱国奉献精神和严谨求实的科学态度结合起来，不仅创新发展了一系列具有自主知识产权的勘探开发技术，而且建成了国家级石油开采研发中心。以讲求科学、务实创新为本，不断突破和掌握核心技术，在风险挑战中破浪前行。

"双碳"目标的提出，不仅有利于减轻气候变化的不利影响，还有利于推动经济高质量发展、维护能源转型和安全。当前我国正积极调整能源结构，加快可再生能源代替化石能源的步伐。而在可再生能源中，生物能源成为化石能源最有潜力的替代品之一。但目前我国生物能源的应用不到全国能源消耗的 0.5%，生物能源的发展及未来市场前景还将受到科学技术水平和化石能源价格的影响。

作为发展中国家，我国实现"双碳"目标时间更紧、幅度更大、困难更多。在这样攻坚克难的过程中，我们应继续发扬"大庆精神"，以这种对事业、对工作科学认真、求实严谨的精神为动力，以科学严明的规则作保障，创新攻克关键核心技术，用自己的行动为"大庆精神"注入新的时代内涵和时代价值。

 思考题

1. 生物炼制的原料有哪些？
2. 生物燃料的主要形式有哪些？
3. 第一代生物炼制的局限性是什么？
4. 简述木质纤维素的主要组分及其结构属性。
5. 预处理方法主要有哪几类？各有何特点？
6. 简述不同乙醇生物炼制工艺的优缺点。
7. 简述不同生物油脂的发酵策略。

参考文献

[1] 谭天伟, 秦培勇. 生物炼制技术. 北京: 化学工业出版社, 2020.
[2] 翟旭航, 李霞, 元英进. 木质纤维素预处理及高值化技术研究进展. 生物技术通报, 2021, 37(3): 162-174.
[3] 祝其丽, 何明雄, 谭芙蓉, 等. 木质纤维素生物质预处理研究现状. 生物技术进展, 2015, 5(6): 414-419.
[4] 张海清, 张振乾, 张志飞, 等. 生物能源概论. 北京: 科学出版社, 2016.
[5] 崔堂武, 袁波, 凌晨, 等. 木质素降解酶的酶活测试方法的评价与分析. 化工进展, 2020, 39(12): 5189-5202.
[6] Eckert C, Trinh C. Biotechnologies for biofuel production and optimization. Netherlands: Elsevier, 2016.
[7] Sani R, Rathinam K. Extremophilic microbial processing of lignocellulosic feedstocks to biofuels, value-added products, and usable power. Germany: Springer Nature, 2018.
[8] Liu Z, Ragauskas A. Emerging technologies for biorefineries, biofuels, and value-added commodities. Germany: Springer Nature, 2021.
[9] Cui T, Yuan B, Guo H, et al. Enhanced lignin biodegradation by consortium of white rot fungi: microbial

synergistic effects and product mapping. Biotechnology for Biofuels, 2021, 14(1): 162.

[10] Yang S, Fei Q, Zhang Y, et al. *Zymomonas mobilis* as a model system for production of biofuels and biochemicals. Microbial Biotechnology, 2016, 9(6): 699-717.

[11] Fei Q, O'Brien M, Nelson R, et al. Enhanced lipid production by *Rhodosporidium toruloides* using different fed-batch feeding strategies with lignocellulosic hydrolysate as the sole carbon source. Biotechnology for Biofuels, 2016, 9: 130.

[12] Fu R, Fei Q, Shang L, et al. Enhanced microbial lipid production by *Cryptococcus albidus* in the high-cell-density continuous cultivation with membrane cell recycling and two-stage nutrient limitation. Journal of Industrial Microbiology & Biotechnology, 2018, 45(12): 1045-1051.

[13] 申小凡, 张刚. 中国秸秆露天焚烧碳排放量统计清单. //中国环境科学学会. 中国环境科学学会 2023 年科学技术年会论文集. 2023: 13.

第五章

绿色材料

从石器时代到复合材料时代，材料是人类社会进步的基石，在人类文明发展中扮演着举足轻重的角色。然而，材料在合成、制备、生产、加工、使用和废弃的过程中，常常需要消耗大量的资源和能源，并排放出废气、废水和废渣等污染物，对人类生存环境造成了污染和破坏。统计表明，材料及其制品的制造、使用和废弃过程是造成能源短缺、资源消耗以及环境污染的主要原因之一。基于以上认识，1992 年在里约热内卢召开了联合国环境与发展大会，并制定了《21 世纪议程》，从此可持续发展思想和观念在全世界得到普及和实施，努力实现经济和社会的可持续发展成为世界各国人民共同追求的目标。绿色材料以资源的高效、循环利用为核心，本着"减量化、再利用、可循环"的原则，以尽可能少的资源消耗和尽可能小的环境代价，实现最大的发展效益。因此，绿色材料的广泛使用将对人类的可持续发展带来积极的影响。本章主要讲解绿色材料的制备与应用，以绿色材料定义及分类为起点，逐步讨论一些重要的绿色材料，如绿色吸附分离材料、绿色催化材料和绿色高分子材料等，最后列举绿色材料的应用实例。

5.1 概述

5.1.1 绿色材料定义及其分类

绿色材料（green materials）又称环境材料或生态环境材料（ecomaterials），是指在原料采取、产品制造、使用或者再循环以及废物处理等环节中地球环境负荷最小或有利于人类健康的材料。

绿色材料的特点主要有：

① 先进性：能开拓更广阔的活动范围和环境，发挥其优异性能。

② 环境协调性：协调人类的活动范围与外部生态环境，减轻环境负担，实现资源循环利用。

③ 舒适性：能使人类生活环境更加舒适，保护地球环境，保障人类的生存和健康。

人类的生产活动历来都是从经济观点出发的，而当今世界则已改变为从经济与环境两大观点出发。由此，科学家们提出了绿色材料的新概念。"绿色材料"不是单独的某一类材料系统，而主要是以它对环境的功能或贡献来命名的。在本节中主要介绍几种绿色材料，如循环利用材料、净化功能材料、生物降解材料、环境修复材料等，后面章节将详细介绍绿色吸附分离材料、绿色催化材料等。

（1）循环利用材料

循环利用材料的使用是减少天然资源消耗的重要措施。近年来废旧石化产品的再生和回收加工利用技术水平不断提高，其中含贵金属催化剂的回收利用技术、废橡胶制取超细胶粉、废塑料生产化工涂料等回收利用技术已得到推广应用。在废渣利用上，水泥工业的成绩非常显著。水泥材料是多组分的混合物，从理论上讲，凡是可以提供 CaO、SiO_2、Al_2O_3、Fe_2O_3 的物质，均可作为水泥原料。传统的水泥生产采用石灰石、砂岩等天然矿物作原料，但从本质上讲，完全可以用其他含有类似成分的物质代替，如电石渣、煤矸石、粉煤灰、炉渣、铜矿渣、铜尾矿等。这些工业废渣的加入，不仅能够有效地节省水泥熟料，更重要的是能够改善和提高水泥的性能，如经过加工的矿渣可以提高硅酸盐水泥的抗渗、抗硫酸盐侵蚀等性能。近年来随着混凝土技术水平的不断提高，矿渣、粉煤灰等工业废渣在混凝土掺合料方面的应用更加广泛。

此外，废弃电子电器设备（waste electrical and electronic equipment，WEEE）已经成为城市垃圾的主要来源之一。它们含有大量有毒、有害物质，处置不当会带来严重的环境污染。同时，它们又含有大量有价值的物质，是可利用的宝贵资源。家电中含有纯度很高的铁、铜、铝，以及金、银、铂等稀贵金属。回收 2t 废旧家电可获得 1t 铁，与高品位的铁矿相同；回收 14t 废旧家电就可获得 1t 铜，而从铜矿中提炼则需 200t 矿石；回收 70000t 废旧家电可获得 1t 金，而从金矿中提炼则需 200000t 矿石。

目前，常见的回收技术包括化学溶解、物理拆除、破碎和离子流动法等，其中离子流动法作为有潜力的新技术开始受到人们的广泛关注，可以用于高端产品的回收利用。等离子屏幕就是这样的一个例子，其中铟锡氧化物的回收是非常有价值的研究方向之一。另外，在废旧充电电池回收利用技术方面，已实现了制造与原矿相竞争的钴镍粉体材料的产业化，包括拆解、分类、快速分离提纯、液相成型、高温成型等技术与工艺，以及相关工艺设备设计与制造技术，能生产出适用于电池、合金等高性能的镍粉、钴粉，其成本仅相当于 70%原矿产品的成本。

（2）净化功能材料

通常，把能分离、分解、吸收废气或废液的材料称为净化功能材料，下面是几种常见的净化功能材料。

① 陶瓷过滤器。为了在高温或耐蚀环境中使用，一般用堇青石制成蜂窝结构作为净化废气的载体。这种方法是 20 世纪 70 年代后期为了处理汽车尾气中 C_xH_y、CO、NO_x 等有害气体由美国 Corning 公司发明的，现多用于工程、家庭除臭和热交换器等方面。

② 吸附材料。常见的吸附材料有活性炭、分子筛、活性氧化铝、无机氧化物、金属-有机框架材料（metal-organic frameworks，MOFs）、共价-有机框架材料（covalent-organic frameworks，COFs）、多孔树脂等。其中，方英石和火山灰为主的天然矿石也具有很高的吸臭、吸湿能力，铁的多孔体也是较好的吸臭材料。

③ 废气净化材料。在二氧化硫烟气净化方面，科学家们开发出了离子交换树脂吸附型净

化材料以及利用稀土氧化物材料作为催化剂脱硫。离子交换树脂是以丙烯、苯乙烯为原料经交联悬浮共聚，制成多孔珠状树脂，再经碳化处理得到的。稀土氧化物 CeO_2 是非常有应用前景的吸附剂，CeO_2 在很宽的范围内能和二氧化硫反应，而且在适当的条件下再生，可以使吸附剂产生的废气转化为硫。作为潜在的吸附剂，CeO_2 可以同时脱去烟气中的二氧化硫和氮氧化物，其脱氮和脱硫效率都大于 90%，但目前此类研究正处于实验室阶段。汽车尾气的净化用催化剂通常以铂、钯、铑等贵金属作为主要的活性组分。近年来为了节约贵金属资源，开始研究用廉价的过渡金属、稀土金属部分或全部替代贵金属，用于汽车尾气净化处理，取得了很好的效果。

（3）生物降解材料

在有关绿色材料的研究中，开发生物降解塑料一直是近几年最热门的课题之一。由于白色垃圾的压力，加之传统塑料回收利用的成本较高，且再生塑料制品的性能往往不尽如人意，生物降解塑料及其制品日趋流行。目前市场上主要有两类产品：一类是淀粉基热塑性塑料制品；另一类是脂肪族聚酯塑料制品。目前，生物降解材料主要包括生物降解塑料和可降解无机磷酸盐陶瓷材料。完全生物降解型塑料在世界上已实现工业化规模生产，光-生物共降解塑料的开发是目前研究和工业规模化开发的重点。

（4）环境修复材料

环境修复指对已破坏的环境进行生态化治理，恢复被破坏的生态环境。常见的环境修复材料有防止土壤沙漠化的固沙植被材料、二氧化碳固化材料以及臭氧层修复材料等。不同国家对生物修复方面的研究有不同的侧重。欧洲国家注重对产生污染的传统工艺以及废物的处理系统进行改进，达到缓解或消除环境污染的目的。美国则侧重于对不同污染地的土壤与水体进行整治和修复，尤其是外源有机污染物的治理。日本重点关注全球性的环境修复，体现在以生物制氢为动力的研究和利用微生物对大气中的二氧化碳进行固定，以减轻和消除工业造成的温室效应问题。我国研究的最主要的环境修复材料是固沙植被材料，目前我国沙漠化及荒漠化面积已达国土面积的 17%，大力防治土地沙漠化和荒漠化是实现社会和国民经济可持续发展的一个重要问题。研制、开发新型固沙植被材料，保持水土、减缓沙漠化是科研工作者义不容辞的责任。目前的固沙植被材料主要有两大类：一类是高吸水性树脂；另一类是高分子乳液。目前，这些材料主要用于沙漠与荒漠化地区交通干线的护路以及荒坡固定等。

5.1.2 绿色材料的判据

5.1.2.1 概述

绿色材料与传统材料相比，在内涵、研究重点、评价原则和方法等方面都存在不同之处。传统的材料科学与工程侧重于材料成分、结构、工艺、性能与用途的开发、应用，而绿色材料工程更多地关注材料成分、结构、工艺、性能、用途与自然环境之间的协调性。传统材料研究的主要目的在于追求材料的高性能、多功能、高附加值，有的甚至不惜以资源、能源的高消耗为代价，不顾人类赖以生存的自然环境。而绿色材料研究则将重点更多地放在探索材料对生态环境的作用以及生态环境对该作用的反应之上，力求找到材料的性能与其环境负荷之间的平衡点，以开发性能良好、功能健全、环境负荷小且再循环利用率高的材料。从方法论角度看，绿色材料强调在传统材料研究中应用生态设计原则，充分考虑环境分析的结果。由此可以说，是否进行了充分的环境分析，才是绿色材料与传统材料的最大区别，也是所有绿色材料应该具有的共同特征。

绿色材料的优越性能主要表现在使用性能和环境协调性能两个方面。由于这两种性能随着科学技术的进步而发展变化，因此其评判指标是动态的。某种材料是否属于绿色材料，一般有5个判据：质量判据、经济判据、资料判据、能源判据和环境判据。其中，前两者为一般材料均要求的共同判据，其优劣判定是采用功能性、经济性这种传统的二维指标；后三者则属绿色材料特别强调的判据，亦可通称为环境判据，其优劣判定依据是新的三维指标，即功能性、经济性和环境协调性。就技术手段的性质而言，如何评判和区分绿色材料与非绿色材料，其基本的依据有两类，即定性判据和定量判据。

5.1.2.2　定性判据

绿色材料的定性判据主要是从环境意识出发，强调在材料的整个生命周期过程中，资源和能源的消耗量少、对生态环境的影响小、再循环利用率高、易于降解等。科学家将材料的生命周期分为制造、使用、废弃和回收四个阶段，并针对每个阶段归纳出一个作为判据的生态设计原则，如在使用阶段提高材料的性能、在废弃阶段避免有毒有害物质的排放、在回收阶段提高材料的可回收性等。在此基础上，根据相关的生态设计原则对材料进行归类分析，这就是生态设计。一般来说，详细的生态设计原则主要是从大量的材料研究实例中分类归纳得到的。在材料的整个生命周期中，材料的环境协调性与其所提供的功能或服务是正相关的，与其所消耗的资源和能源、排放的污染物则是负相关的。据此，也可以将材料的生态设计基本原则分为3类，即减少资源能源消耗、减少污染物排放和提高材料使用价值。在此基础上，可以进一步归纳出若干小类的设计原则。将生态设计原则作为绿色材料的定性判据使用，这是非常普遍的做法。但总的来说，定性判据的准确性和全面性都不是很高，容易引起争议，往往并不足以为绿色材料的判定提供可信的依据，其更主要的作用应该是在研究过程中提供启发和指南。

5.1.2.3　定量判据

绿色材料的定量判据涉及材料寿命周期中的环境问题，目前，国际上广泛应用的方法是生命周期评价法（life cycle assessment，LCA）。它起始于20世纪60年代末的能源危机时期，1990年国际环境毒理学和化学学会（Society of Environment Toxicology and Chemistry，SETAC）正式提出了LCA术语，并将对产品或材料全过程的评估能耗思路推广到对其全过程能耗、资源消耗、废弃物排放等各个方面，既可对它们进行单项因素评估，又可进行综合评价。按照ISO 14000定义，LCA是汇总和评估一个产品体系在其整个生命周期中所有的投入及对环境造成影响的方法。

LCA主要包括三个方面：①通过确定和量化与评估对象相关的能源、物质消耗，废弃物排放，评估其造成的环境负担，确定其环境协调性。②评估能源、物质消耗和废弃物排放所造成的环境影响，零排放是不可能的，但要在环境的允许范围内，可开发可不开发的尽量不开发。③辨别和评估改善环境的机会，用最小的投入保证最大的收获。

运用LCA的思路是收集与产品相关的环境编目数据，应用LCA定义的一套计算方法，从资源消耗、人体健康和生态环境影响等方面对产品的环境影响做出定性和定量的评估，并进一步分析和寻找改善产品环境表现的时机与途径。

5.2 绿色吸附分离材料

吸附材料按其化学结构可分为有机吸附材料和无机吸附材料。常用的有机吸附材料有活性炭、离子交换树脂、聚酰胺、纤维素等。常用的无机吸附材料有硅胶、氧化铝、硅藻土、分子筛等。金属-有机框架材料（MOFs）是一类周期有序的有机无机多孔杂化材料，由金属中心/金属簇与无机/有机配体通过配位作用或者超分子作用自组装形成。这些材料比表面积大，相较于传统吸附材料具有更优异的吸附性能（图5-1）。

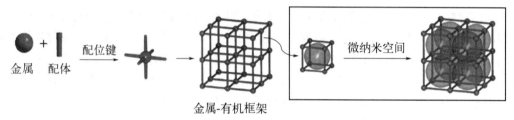

图5-1 金属-有机框架材料由金属离子和有机配体组成

5.2.1 金属-有机框架材料

MOFs 也称为多孔配位聚合物（porous coordination polymer，PCP），是由金属节点（金属离子或金属簇）和有机配体通过配位键自组装形成的具有无限网络结构的多孔材料。"配位聚合物"一词最早出现于 20 世纪 60 年代初，该领域的第一篇文章发表于 1964 年，直至 20 世纪 90 年代，关于多孔配位聚合物的研究才逐渐增多。1995 年，美国化学家 Yaghi 等首次提出 MOFs 这一概念并系统开展其作为多孔材料的研究工作。经过近 30 年的发展，已有成千上万种 MOFs 被设计合成出来，并被广泛应用于气体存储和分离、荧光、传感、催化等领域。

从组成角度出发，按照金属中心种类的不同可将其分为碱金属、碱土金属、过渡金属、稀土金属、混合金属的配位聚合物；按照有机配体种类可将其分为含氮杂环类、含氧有机配体类、含氰基有机配体类以及混合配体类配位聚合物等。按照 MOFs 的发展历程和性质特点将其划分为四代（图5-2）：第一代 MOFs 具有非永久性孔道，微孔框架只能在客体分子存在的时候保持晶态，一旦移除客体分子，框架会发生不可逆的坍塌；第二代 MOFs 具有稳定和坚固的多孔骨架，在移除孔道中的客体分子后仍能保持永久的孔隙；第三代 MOFs 具有柔性或动态响应性，比如在客体分子、光、热、电等外界刺激下，框架可以发生可逆的动态变化；第四代 MOFs 经过后修饰后，仍能保持原来的拓扑和结构。

为了制备不同性能、尺寸的 MOFs，合成的方法也在不断地创新，从常规的普通溶液法、水（溶剂）热、扩散法等传统方法发展到微波合成法、超声合成法、电化学合成法等新型合成法。表 5-1 列出了目前常见 MOFs 合成方法及其优缺点。

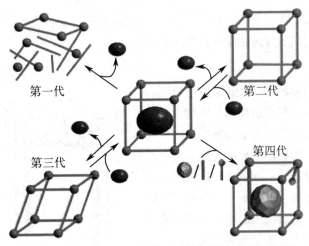

图 5-2　按照 MOFs 的发展历程与属性进行的分类

表 5-1　常见 MOFs 合成方法的对比

合成方法	优点	缺点
普通溶液法	操作简单、快捷、节能,有利于大量、快速制备微晶 MOFs。其中,静置法适合生长大单晶,搅拌法适合快速获得大量纯相微晶	难以用于制备较大尺寸的 MOFs 单晶,不利于用单晶衍射的手段表征其晶体结构
水(溶剂)热法	有利于 MOFs 单晶的生长,可望获得较大尺寸、可以用于单晶 X 射线衍射实验的晶体	产物中容易出现混合物,分离相对困难,能耗较高,反应时间较长
扩散法	有利于难溶产物的晶体生长,以便获得较大尺寸的 MOFs 单晶	产率低,反应时间长,难以进行大量的合成
机械合成法	环保,产率高,产物后处理容易,易于大量合成	难以得到尺寸较大的晶体

(1) 普通溶液法

所谓普通条件下的溶液反应(conventional solution reaction),指的是直接将金属盐与有机桥联配体在特定的溶剂(如水或者有机溶剂)中混合,必要时调节 pH 值,在不太高的温度下(通常在 100℃以下),于开放体系中搅拌或者静置,随反应的进行、温度降低或溶剂蒸发析出反应产物的过程。

一般而言,静置法往往适合生长大单晶,搅拌法适合快速获得大量纯相微晶。对于一些含高价金属的 MOFs,因为其稳定性高、溶解度低,通常难以用溶液法制备较大尺寸的 MOFs 单晶,不利于晶体结构表征。故此,这一方法也不太适合未知 MOFs 的研究。不过,普通溶液法胜在操作简单、快捷,有利于大量、快速制备粉末态 MOFs,且非常节能。

(2) 水(溶剂)热法

所谓水热法(hydrothermal method)或溶剂热法(solvothermal method),通常指的是直接将金属盐与有机配体在特定的溶剂(如水或有机溶剂)中混合,放入密闭的耐高压金属容器(即反应釜)中,通过加热,反应物在体系的自生压力下进行反应。对 MOFs 而言,反应温度通常在 80～200℃之间,很多化合物可以在 150℃左右的温度下合成,进行一次反应通常需要半天至数天。在采用高沸点溶剂和较低反应温度时，也可以使用带盖的玻璃瓶作为反应容器。常用于水热或溶剂热反应的不锈钢反应釜示意见图5-3。

（3）扩散法

扩散法通常分为界面扩散法和凝胶扩散法。界面扩散法是将金属盐和有机配体分别溶于不同的溶剂中后，将密度较小的溶液铺展于密度较大的溶液上，界面被认为是化学反应开始的地方，质量较好的单晶较易在界面处生长。凝胶扩散法与界面扩散法本质相同，目的都在于降低不同原料溶液的扩散速率，减缓反应进程，获取优质单晶产物。凝胶扩散法选 U 形管作为反应容器，在 U 形管中加入琼脂、明胶等作为反应凝胶，然后在两侧加入金属盐和有机配体的溶液，两侧溶液在凝胶中缓慢扩散，在两者交汇处发生反应进而生长单晶产物。

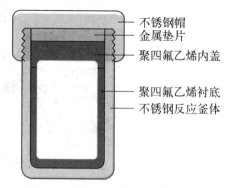

不锈钢帽
金属垫片
聚四氟乙烯内盖
聚四氟乙烯衬底
不锈钢反应釜体

图5-3 常用于水热或溶剂热反应的不锈钢反应釜示意

（4）微波合成法

近些年来微波合成法在水热反应过程中得到了较为广泛的应用。通常将反应物质在适当溶剂中混合后，使用微波作为加热手段。与传统加热过程不同，微波加热具有内热效应，反应体系的温度迅速升高，进而发生化学反应，整个反应体系温度很均匀，不会有局部过热情况发生（图5-4）。产物通常为纯相，产率高，晶体尺寸比较均匀。目前已经有一些商品化的微波合成仪（图5-5）。

（5）超声合成法

超声合成法将原料溶于溶剂中不断地进行超声，能够使材料成核均匀，缩短晶化时间，形成均一尺寸的晶体。但超声合成法也有一定的缺点，在于形成的 MOFs 结构具有多样性，这就使得合成的材料纯度不一。2008 年安徽大学 Qiu 等用此方法来合成 MOFs 材料 $Zn_3(BTC)_2$，将醋酸锌和均苯三甲酸溶于乙醇水溶液超声 5min，即可得到产率为 75.3% 的 MOFs。后续又有研究人员利用超声合成法制备出 MOFs 等（图5-6），相应合成时间比微波合成法还要短。

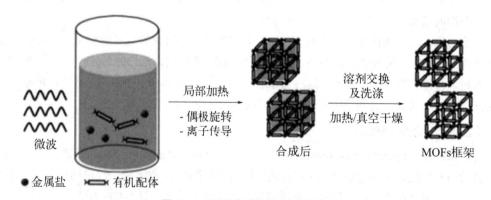

微波

●金属盐   ⬭ 有机配体

局部加热
- 偶极旋转
- 离子传导

合成后

溶剂交换及洗涤
加热/真空干燥

MOFs框架

图5-4 微波合成法制备 MOFs

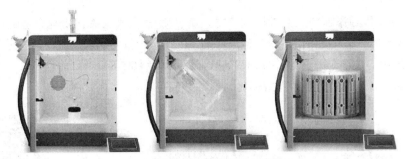

图5-5　商品化的微波合成仪

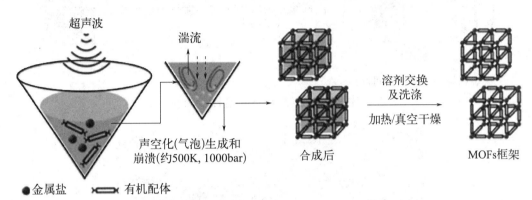

图5-6　超声合成法制备MOFs

（6）电化学合成法

电化学合成法通过电解池中阳离子溶解的过程连续提供金属离子，这些金属离子可以与电解液中的有机配体直接反应生成目标产物（图 5-7）。在此过程中通常选用离子型溶剂阻止金属在电解池阴极的沉积。这种方法合成速度快，能在温和的反应条件下连续合成颗粒尺寸可控的 MOFs 材料，但该方法产量较低，并且容易出现副产物。

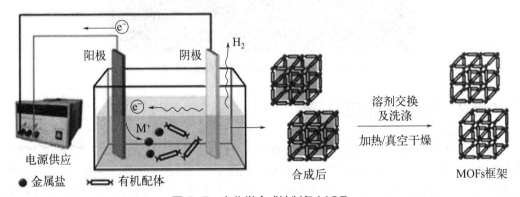

图5-7　电化学合成法制备MOFs

（7）机械合成法

溶剂通常被认为有利于结晶，甚至可以充当多孔结构形成的模板剂。因此，在合成 MOFs 的各种方法中，各种溶剂被广泛使用。然而，减少甚至不使用溶剂，不仅有利于环保，而且可能降低成本。无溶剂合成方法，特别是高温固相反应，已经被广泛应用于多种无机材料的合成。

以少量溶剂或盐作为添加剂，通过机械研磨金属氧化物/金属氢氧化物与有机配体即可得到MOFs。甚至完全不加入任何溶剂或其他添加剂，仅按照计量比加入反应物，通过研磨加热就可以生成高纯度的、颗粒大小均匀的MOFs微米级晶体（图5-8）。目前已经有一些MOFs可以通过机械合成法实现百公斤级的规模化制备（图5-9）。

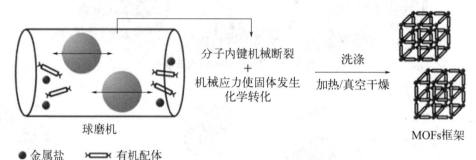

图 5-8　机械合成法制备 MOFs

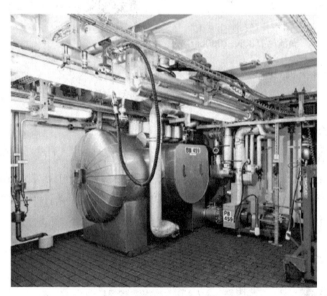

图 5-9　百公斤级 MOFs 的规模化制备

5.2.2　共价-有机框架材料

共价-有机框架材料（COFs）是由有机构筑基元通过共价键连接而成的一类新兴的有机多孔晶体材料，也被称作"有机沸石"（图5-10）。从化学组成的角度来看，COFs由C、H、O、N、B和Si等轻元素组成。COFs具有高度有序的周期性结构，其形貌类似于蜂窝状网络。COFs具有极低的密度、较高的比表面积、较高的孔隙率等优点，具有可设计的化学框架，其孔径、形貌、孔道表面环境都有很高的设计自由度。与MOFs相比，COFs由共价键连接，在二维的方向上具有π电子共轭体系、层间有序的π-π柱状堆积，使其具有更好的热稳定性和优良的物理化学性质。自2005年Yaghi课题组利用动态共价化学的原理和对称的有机构筑单元成功合成第一例以来，COFs受到了广泛的关注。COFs的构筑单元、连接形式、合成方法、拓扑结构得到了不断扩展，关于 COFs 构-效关系的研究不断深入（图 5-11）。

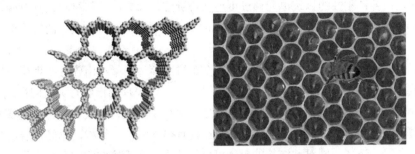

图 5-10　COFs 类似于蜂窝状的网络结构

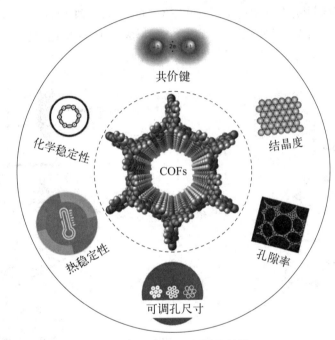

图 5-11　COFs 材料的特性

（1）COFs 的分类

近年来，研究人员采用不同的合成方法成功制备了不同类型的 COFs。按照化学成键方式不同可分为硼酸类、亚胺类、腙类、偶氮类、酰亚胺类、三嗪类、碳碳双键类、吡嗪类等；而根据结构的差异主要可分为三大类：硼酸类、三嗪类和亚胺类。硼酸类 COFs 根据合成方式可以分为两类：①硼酸自身脱水缩合而成；②由硼酸与羟基通过脱水缩合而成。三嗪类 COFs 的制备机理主要是单体中的氰基在高温中三聚缩合形成三嗪环。亚胺类 COFs 可分为两类：①通过醛基和氨基缩合形成，即席夫碱型；②通过醛基和酰肼缩合形成，即肼型。亚胺类 COFs 和硼酸类 COFs 在晶体的结晶度上明显优于三嗪类 COFs；亚胺类 COFs 在水中和有机溶剂中的稳定性优于硼酸类 COFs。综合以上优点，亚胺类 COFs 可能成为以后 COFs 材料研究的主要方向。

（2）COFs 的结构设计

COFs 是由各种刚性的构筑单元通过可逆共价键连接起来的框架材料，具有确定的构建方式和规则的周期性结构，因此，可以根据单体的类型和构建方式对 COFs 的结构框架进行预先的设计。

COFs 的构建可以看作拼图，其单体为一个个拼图碎片，最终由碎片有规律地排列形成的框架就如同一幅完整的拼图图案，而其排列方式与每一个碎片的形状有关。同样地，COFs 最终的孔道结构与单体的空间构型、连接方式和官能团位置、数目有关，通过改变单体的大小或者调节其侧链长度可以控制孔径的大小。COFs 具有丰富的拓扑结构，已经扩展出多种拓扑结构和连接键类型，选择不同对称结构的单体可以构建出具有不同空间和孔道结构、不同功能团种类和分布，甚至不同维度的 COFs。

COFs 按照空间拓扑结构可以分成二维和三维 COFs。在二维 COFs 中，单体通过共价键连接在平面内形成层状结构，层与层之间通过 π-π 作用形成共轭体系，同时也形成一维的孔道，其孔道大小和形状与层间的堆积方式密切相关（图 5-12）。

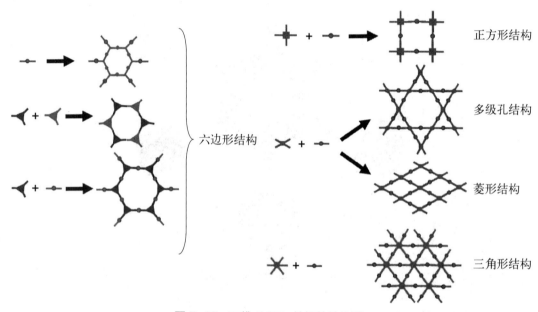

六边形结构

正方形结构

多级孔结构

菱形结构

三角形结构

图 5-12　二维 COFs 的拓扑结构图

对于三维 COFs，单体通过共价键无限延展，形成具有规整、周期性结构的框架。与二维 COFs 不同的是，三维 COFs 在三维空间延展的时候容易形成较大的笼状空腔，而单体可以在空腔里继续反应，向外生长，因此，三维 COFs 往往是多重穿插结构（图 5-13）。目前对 COFs 的研究重点集中在单体设计、合成方法和构建方式上，通过设计具有特殊性能的单体从而合成不同结构和应用性能的 COFs 材料。

（3）COFs 的应用

COFs 在气体的吸附与分离、非均相催化、质子传导、金属/核素分离和回收、能量存储、光电、传感、荧光检测以及药物递送等领域已经有了广泛的研究，并展现出优异的应用前景（图 5-14）。

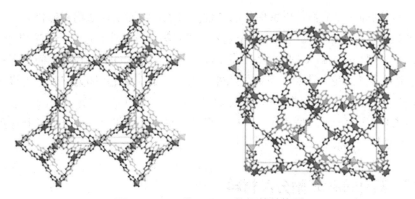

图 5-13　三维 COFs 的拓扑结构图

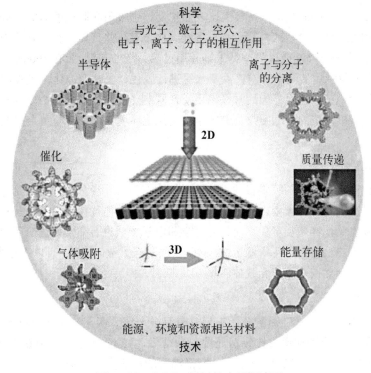

图 5-14　COFs 材料的应用概述图

　　① 气体存储与分离。COFs 因具有高比表面积而在气体或小分子存储上有着潜在的应用价值，很多研究将 COFs 应用到氢气、甲烷、二氧化碳的存储中。构筑基元的结构和连接方式影响了 COFs 的孔径、孔体积和比表面积，从而决定了 COFs 对气体的存储能力。对于高压气体捕获，孔体积是关键，因为吸附机制是从气体与孔壁之间的单层相互作用转变为气体分子之间的整体相互作用，并且 COFs 的比表面积越大，气体存储能力越强。此外，三维 COFs 因具有较高的比表面积和较低的密度以及疏松的堆积结构而具有更好的气体存储能力。

　　② 催化应用。功能化多孔材料在催化上的应用非常广泛，COFs 基催化可分为光催化、电催化、有机催化、金属络合催化、酶催化和金属纳米颗粒催化。COFs 在催化领域中有很大的优势，有序的孔道结构有利于物质的传输，不同的功能基团也可以实现不同种类的催化反应，

利用 COFs 材料的高比表面积可以将催化活性位点引入，从而实现非均相催化。

③ 光电材料。光电材料需要满足两个基本条件：第一，材料中的电子受光照容易激发；第二，电子在材料中容易传播。COFs 拥有共轭体系，并且二维 COFs 层与层之间呈平行堆积状，具有开放孔道，容易满足上述两个条件。此外，COFs 以各种发色团为基础，为设计具有拓扑有序的柱状排列的发光材料提供了一个独特的平台。

总之，COFs 作为一种新型的共价有机晶形多孔材料，近年来，在合成及其应用方面的研究已经取得突破性的进展。

5.2.3　其他绿色吸附分离材料

（1）活性炭

活性炭（active charcoal）是具有较大比表面积及很强吸附和脱色能力的一种碳素材料。其外观呈无定形的粉末状、粒状或丸状，具有多孔结构，对一些气体具有良好的吸附能力，通常由木材、硬果壳（如椰子壳）或兽骨等经干馏并用过热蒸汽在高温（800～900℃）下处理而得。早在 19 世纪人们就利用活性炭对糖、酒及水等进行脱色、去味及净化，骨炭用于水的过滤也有 100 多年的历史，第一次世界大战时开始用活性炭制作防毒面具。到 20 世纪 90 年代，活性炭在污水处理、有机溶剂的浓缩回收、空气净化及其他环境保护项目与黄金提取等领域得到广泛的应用。

（2）介孔二氧化硅

介孔二氧化硅具有较好的吸附特性，其孔道结构有序，孔径分布均匀。此外，介孔二氧化硅具有较大的比表面积和孔体积，其可以作为药物载体或催化载体应用于医药和催化领域。二氧化硅独特的孔壁结构和微观形貌，使其在光学和电学领域也有非常好的应用前景。此外，该类材料具有良好的热稳定性和化学稳定性，同时表面附有大量硅羟基，可以进行表面化学改性，使其成为一种很有前途的新型复合载体。

（3）分子筛

自然界中存在一种天然硅铝酸盐，它们具有筛分分子、吸附、离子交换和催化作用，其内部充满了细微的孔穴和通道，比蜂房还要复杂得多，$1\mu m^3$ 具有大概 100 万个纳米级孔穴，这种天然物质称为沸石。1932 年，McBain 根据沸石的结构人工合成了沸石，从此提出了"分子筛"的概念，表示可以在分子水平上筛分物质的多孔材料。分子筛的化学组成通式为：$M_{2/n}O \cdot Al_2O_3 \cdot xSiO_2 \cdot pH_2O$。其中，M 代表金属离子（人工合成时通常为 Na）；n 代表金属离子价数；x 代表 SiO_2 的物质的量，也称为硅铝比；p 代表水的物质的量。

分子筛往往是结晶态的硅酸盐或硅铝酸盐，是一种无机非金属多孔晶体材料，由硅氧四面体或铝氧四面体通过氧桥键相连而形成的分子尺寸大小（通常为 0.3～2.0nm）的孔道和空腔体系。然而随着分子筛合成与应用研究的深入，研究者发现了磷铝酸盐类分子筛，并且分子筛的骨架元素（硅、铝或磷）也可以由 B、Ga、Fe、Cr、Ge、Ti、V、Mn、Co、Zn、Be 和 Cu 等取代，其孔道和空腔的大小也可达到 2nm 以上，因此分子筛按骨架元素组成可分为硅铝类分子筛、磷铝类分子筛和骨架杂原子分子筛。由于含有电价较低而离子半径较大的金属离子和化合态的水，水分子在加热后连续地失去，但晶体骨架结构不变，因此形成了许多空腔，空腔又由许多直径相同的微孔相连，这些微小的孔穴直径大小均匀，能把比孔道直径小的分子吸附到孔穴的内部中来，而把比孔道大的分子排斥在外，因而能把形状直径尺寸不同的分子、极性程度不同的分子、沸点不同的分子、饱和程度不同的有机烃类分子分离开来，即具有"筛分"分子的作用，故称为分子筛。

分子筛具有大的比表面积、规整的孔道结构以及可调控的功能基元，能有效分离和选择活化不同的分子，具有吸附、催化、离子交换三大功能，被广泛应用于气体分离与净化、富氧燃烧、催化脱硝等能源化工领域和核废水处理、盐碱地土壤治理、重金属污染土壤修复等环境治理领域。相关数据显示，作为吸附剂的分子筛占到全球分子筛应用的 65%，是其最大的应用领域。

（4）超交联聚合物

超交联聚合物（hyper cross-linked polymers，HCPs）是一种新型的有机微孔聚合物材料（microporous organic polymers，MOPs），与 COFs 类似，但结构特点及合成方法不同（图 5-15）。超交联聚合物材料基于傅-克烷基化反应（Friedel-Crafts alkylation）合成，由于合成方法简单且通用，大量的芳香族单体可用于合成具有各种孔结构的聚合物网络。此外，HCPs 的常规合成只需低成本的试剂（单体、反应介质和催化剂），且易于处理和控制反应条件，合成超交联聚合物的产率一般都比较高。

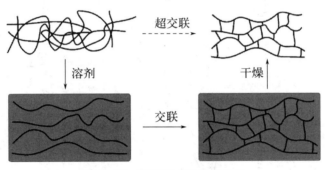

图 5-15　超交联方法的示意图

超交联聚合物的发现借鉴了其他材料合成中所使用的"交联"概念，而在超交联聚合物的制备过程中，交联的程度大，所得到聚合物的网络呈现出高度刚性，阻止了聚合物链的紧密收缩，在分子链间存在一些空隙，因而形成了孔。由于交联网络的高度刚性，超交联微孔聚合物材料一般具有稳定的孔结构、较大的比表面积和微孔体积。经过数十年的发展，随着不同结构性质单体的开发应用，超交联微孔聚合物材料的种类越来越多，聚合物的性能有了显著的提高，应用范围也有了极大的扩展。

（5）共轭微孔聚合物

共轭微孔聚合物（conjugated microporous polymers，CMPs）是一类由全共轭分子链构筑，具有三维网络骨架、自具微孔结构且孔径小于 2nm 的有机多孔材料。从分子结构上看，共轭单元的刚性和成键方式导致其骨架能有效地支撑起微孔通道，而不像共轭小分子或线型共轭聚合物那样通过 π-π 堆积形成致密的凝聚体。因此，共轭微孔聚合物既拥有某些共轭聚合物的光电性质，又能够提供稳定的多孔性；同时，还具有功能调控、环境稳定性高、制备路径简单和多元化等特点。通过偶联反应制备 HCMPs（超交联共轭微孔聚合物）见图 5-16。

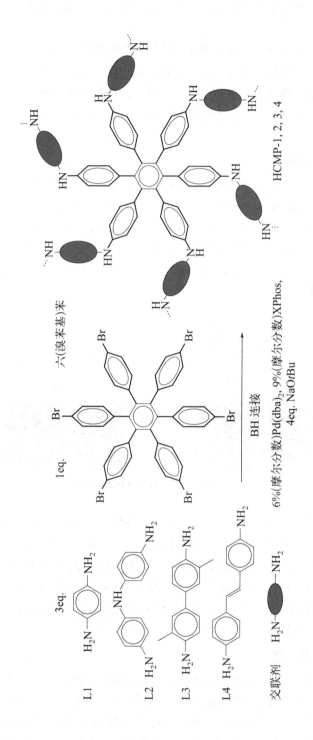

图 5-16　通过偶联反应制备 HCMPs

（6）自具微孔聚合物

自具微孔聚合物（polymers of intrinsic microporositys，PIMs）是靠自身的刚性和分子空间旋转结构而获得微孔的一类特殊的聚合物（图 5-17）。大多数聚合物有相当大的构象柔韧性，其构象能够重排，但是 PIMs 刚性和扭曲的分子结构，使其主链不能自由转动，大分子中各部分不能有效地占据内部空间，凹陷的刚性部分形成连续的微孔。尽管 PIMs 材料具有刚性的分子结构，有些 PIMs 通过改变前驱体可以形成网络结构的聚合物，而有些则不能形成这种网络结构，但是后者可以溶解在很多有机溶剂中。因此，PIMs 能够制备成不溶的网络和可溶的线型聚合物。可溶的 PIMs 不但可以利用凝胶渗透色谱（GPC）测量其分子量，更好地控制合成条件，而且可以通过浇铸的方法获得具有微孔性质的薄膜，应用于吸附分离领域。此外，PIMs 在氢气存储、气体吸附等方面也表现出了极大的潜力。

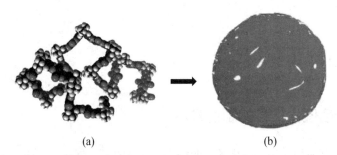

图 5-17　刚性和扭曲结构的 PIM-1 小片段的分子模型（a）及 PIM-1 膜（b）

5.2.4　绿色吸附分离材料发展前景

煤和石油等化石燃料的持续开采和消耗，对环境和能源的可持续发展带来了极大的压力。传统化石燃料燃烧所产生的二氧化碳导致了温室效应和气候变化。据统计，自工业时代以来，空气中二氧化碳的浓度从 1750 年的 0.55mg/L 上升到了 2019 年的 0.81mg/L，已上升 40% 左右，到本世纪末可能会翻倍。另外，燃烧化石燃料也会导致很多污染物的排放，比如硫化物（SO_x）、氮氧化物（NO_x）、一氧化碳（CO）和悬浮颗粒物（PM）等。尽管从 19 世纪中叶开始，电力与石油作为第二次工业革命中的"新能源"带来了全球生产力的飞跃，但化石能源燃烧时产生的二氧化碳在大气中不断积累也使得全球的温度逐步升高。实现"碳中和"是解决全球变暖的重要手段，我国致力于在 2060 年实现国内"碳中和"。党的十八大以来，绿色发展理念始终贯穿于一系列顶层设计之中。我国在第七十五届联合国大会上更是庄严宣告"中国二氧化碳排放力争于 2030 年前达到峰值，努力争取于 2060 年前实现碳中和"。"双碳"目标将有力推动国内的能源结构转型以及零碳排放技术的发展，而实现"碳中和"依赖于：①能源结构转型，从化石能源向清洁能源过渡；②节能降耗，减少生活生产中的碳足迹；③固碳技术的大力发展，助力实现"零碳排放"，有利于我国在未来的碳权交易中掌握先机。

实现"双碳"目标，大力发展高性能吸附分离材料有非常重要的意义。近年来，我国对绿色吸附分离材料的研究逐步深入，使得绿色吸附分离材料促进了其他行业的发展，也给我们的生活带来了更多的便利。在国家政策的指引下，国家对新材料产业尤为重视，必将迎来快速的发展。绿色吸附分离材料的发展趋势可概括为高性能化、高功能化、低成本化和绿色化。

① 高性能化。致力于提高绿色吸附分离材料的吸附容量与吸附选择性，从而实现少量吸附剂的高额度吸附，并得到高纯产物。

② 高功能化。除了对单一物种的吸附，可以通过设计微观功能结构，达到多元吸附的效果。此外，通过材料孔道大小与功能化设计，达到尺寸筛分与特异性吸附的协同作用。

③ 低成本化。通过优化合成方法，选用充足、低廉的反应原料来合成产物，并简化合成步骤，提高产率。此外，设计加强绿色吸附分离材料的循环稳定性，使其可回收利用。

④ 绿色化。保证绿色吸附分离材料的合成原料与中间产物的低毒性与环境友好性，避免高温高压的合成条件，降低能源消耗，或开发新的合成途径，充分利用太阳能等清洁新能源。

绿色吸附分离材料优异的性能可推动各个领域的技术进步，甚至质的飞跃，在各行业产生巨大的经济收益和社会效益，并促使新产品出现。

5.3 绿色催化材料

5.3.1 绿色催化材料的制备方法

大量催化剂的开发及应用，使化学工业得到了快速发展。据统计，约有 85%的化学品是通过催化工艺生产的。过去在研制催化剂时只考虑其催化活性、寿命、成本及制造工艺，极少顾及环境因素。伴随着人类文明的快速发展，一些危机已经慢慢显露出来，例如能源危机、环境污染和全球变暖。随着"碳达峰""碳中和"等一系列国家政策的提出，以清洁生产为目的的绿色催化工艺及绿色催化剂开发已成为 21 世纪的热点。美国化学会（American Chemistry Society，ACS）提出了"绿色化学"的概念，即要从源头上减少和消除工业生产对环境的污染，进一步推动半导体光催化技术在化工合成中的研究。

5.3.1.1 半导体光催化剂的制备方法

半导体光催化剂的制备方法可以分为以下几种：

① 水（溶剂）热法。该方法合成方式与 MOFs 所用的溶剂热法是一致的，只不过由于 MOFs 对水比较敏感，几乎不会采用水作为溶剂。并且相较于 MOFs 合成，半导体的合成温度一般更高。

② 固相反应法。该方法是合成二元或多元氧化物半导体材料的传统方法，将原料金属碳酸盐、硝酸盐或氧化物等经过混合、研磨，在高温下进行煅烧得到产物，也称为高温固相反应。

③ 溶胶-凝胶法。该方法广泛用于制备氧化物半导体。溶胶-凝胶法是把无机盐或金属醇盐作为前驱体，在液体溶剂中将各组分原料混合均匀，通过水解反应、缩合反应等在溶液中逐渐形成具有透明状态的溶胶体系，然后溶胶经过陈化、聚合等过程，最后形成具有空间网状结构的凝胶，凝胶网络锁住了一定量的溶剂，最终形成凝胶，再将凝胶干燥焙烧后得到纳米粉末。

④ 化学共沉淀法。通过在溶解有各种离子的溶液中加入合适的沉淀剂，使溶液生成均匀的沉淀，沉淀加热分解得到高纯度的纳米级颗粒材料。

5.3.1.2　MOFs 的制备方法

MOFs 具有多孔性及超高的比表面积、结构与功能多样性、存在不饱和的金属活性位点等特点，这些特点使得 MOFs 在催化领域具有很大的优势。有机配体的种类数不胜数，因此可以合成的 MOFs 数量庞大，并且可以通过选择具有不同官能团的有机配体来调整 MOFs 的性质，例如选择具有吸光性质的卟啉配体，合成的 MOFs 就可以具有光催化性能。MOFs 可以直接作为光催化材料，其固有的大比表面积及多孔性不仅可以在催化反应中暴露出更多的催化活性位点，还可以作为载体来分散其他催化剂。如贵金属催化剂、半导体催化剂的催化活性很高，但是会因容易团聚而很快失去催化活性，将这些催化剂封装在 MOFs 的孔道内，具有超高比表面积的 MOFs 可以很好地分散它们，而且 MOFs 孔径很小，可以使在 MOFs 孔道内生长的材料的体积限制在几到十几纳米级别（限域效应）。我们知道，催化剂的尺寸越小，其催化活性会越高。因此 MOFs 在催化过程中作为载体不仅可以增强催化剂的工作稳定性，还可以提高催化活性。

5.3.2　绿色催化材料应用举例

5.3.2.1　半导体光催化剂

半导体的能带结构通常是由一个充满电子的低能价带和一个空的高能导带构成，价带和导带之间的区域称为禁带，区域的大小称为禁带宽度。半导体的光催化性质与其能带结构密切相关，在基态条件下半导体内部没有载流子，电子处于价带上，导带为空带，材料没有催化活性。带隙是导带的最低点和价带最高点的能量差，也就是电子从价带激发到导带所需要的最低能量。当半导体受到一定能量的光激发时，电子将跨过带隙从价带迁移到导带形成激发态。

如图 5-18 所示，半导体光催化过程包括以下三个步骤：①半导体受到能量大于等于带隙能量的光子激发时，价带上的电子将会迁移到导带上，并在价带上留下空穴；②光生电子和空穴从相应的价带和导带迁移到光催化剂表面的不同位置；③若导带上电子的化学电势与标准氢电极（NHE）相比为 $-1.5\sim0.5\text{V}$，则表现出较强的还原能力，若价带上空穴的化学电势与 NHE 相比为 $1.0\sim3.5\text{V}$，则展现出较强的氧化能力。因此，当催化反应进行时，电子和空穴将分别扮演还原剂和氧化剂的角色，与吸附在半导体表面的反应物进行氧化还原反应。

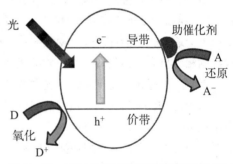

图 5-18　半导体光催化剂催化原理示意图

一般来说，设计一个高效、稳定的用于太阳能转化的半导体光催化剂，有几个标准需要满足：首先半导体要有足够大的带隙（$E_g > 1.23\text{eV}$）以提供高能空穴和电子，同时带隙也不能太宽（$E_g < 3.0\text{eV}$）以有效吸收太阳光波长范围内的能量，这一点是因为太阳辐射主要集中在可见光部分（$400\sim760\text{nm}$），波长大于可见光的红外线（$>760\text{nm}$）和小于可见光的紫外线（$<400\text{nm}$）的部分少。在全部辐射能中，波长在 $150\sim4000\text{nm}$ 之间的占 99% 以上，且主要分布在可见光区和红外、紫外区，可见光区约占太阳辐射总能量的 50%，红外区约占 43%，紫外区的太阳辐射能很少，约占 7%。其次，在半导体光催化剂中光激发产生的电子和空穴能够有效分离和转移。

最后，半导体光催化剂在光催化反应过程中具有良好的稳定性。但是需要特别注意的是，对于半导体光催化剂来说，处于激发态的导带电子和价带空穴极易复合（通常在几毫秒内），并通过光和热的形式释放能量，不能再用于后续的氧化还原反应。因此，电子和空穴对的快速复合是制约半导体催化活性的主要因素，为了获得高的光催化效率就必须使空穴和电子有效分离，并抑制它们的复合。

因此，仅凭单纯的半导体光催化剂进行光催化反应时，往往很难达到令人满意的活性。科研工作者们在后续的研究中对光催化剂进行改性，以提高光催化剂的催化活性。目前，对缩小尺寸、贵金属表面沉积、离子掺杂、构建异质结构、染料光敏化等改性手段已经进行了广泛的研究。

5.3.2.2 MOFs 光催化剂

光活性 MOFs 中的吸收带隙值是由配体到金属的电子跃迁、金属到配体的电子跃迁或者芳香性配体内的 π-π* 跃迁造成的。因此，很多光活性 MOFs 中的有机配体都具有吸光性。例如，多环芳香族化合物因其良好的共轭性可以进行多电子转移，常见的具有吸光性能的有机配体有二羧酸类配体，如苯二羧酸、2,2′-联吡啶-5,5′-二羧酸、联苯二羧酸等，可以吸收紫外光。当该类配体具有类似于氨基的取代基或者染料敏化时，可以使配体的吸收红移，具有可见光吸收。MOFs 中的电子转移有两种方式：供体-受体配体对之间和配体与客体分子之间的电子转移。光活性 MOFs 光催化剂在光催化反应发生时，吸光的有机配体被光激发后，产生光生电子，光生电子沿着 MOFs 的骨架从有机配体传递到金属节点，金属中心瞬间进行得到电子、失去电子的过程，同时催化发生氧化还原反应，形成一个反应循环。通常选择高价金属中心的一些 MOFs 进行光催化反应，如 Ti 基 MOFs，在 Ti 离子发生 Ti^{4+} 到 Ti^{3+} 之间的相互转化时，这类高价金属不会因为价态的变化而使得 MOFs 的框架坍塌。

对于 MOFs 光催化剂来说，金属-有机配体之间的配位键不稳定，大部分 MOFs 对水敏感，例如最经典的 MOF-5 在湿气中会逐步分解。水不稳定性导致 MOFs 光催化剂在一系列光催化反应中会逐渐失去活性。虽然 MOFs 的多孔性使得其具有有利于质子和电子传输的通道，这点较纯固相无机半导体材料具有一定的优势，但是其仍然存在光生电子和空穴极易复合的缺点。

因此，进行光催化反应时，优先考虑选择暴露在水气氛中仍能维持结构稳定的 MOFs。大部分水稳定 MOFs 材料具有很强的配位键（提供足够的热力学稳定性）或者很大的空间位阻（动力学稳定性），用来阻止破坏 MOFs 金属-有机配体结构的水解反应发生。水稳定 MOFs 材料主要分为三类：高价态金属羧酸盐框架结构，如 Zr 基 UiO-66、Ti 基 MIL-125；含氮有机配体的金属咪唑类框架结构，如 Zn 基 ZIF-8、Co 基 ZIF-67；MOFs 后修饰疏水多孔表面。对于 MOFs 光催化材料改性来讲，金属离子掺杂、构建异质结构、使用光敏剂敏化都能改变其光吸收范围，提高光催化活性。这些策略与半导体改性的策略相同，这里就不再赘述。

MOFs 光催化材料在光催化中的另一个作用是作为载体，通过石墨烯、碳纳米管、金属纳米颗粒或纳米棒、半导体材料、络合物，甚至酶功能材料组合等，科学家们已经制备了许多 MOFs 复合材料，用于光催化析氢、二氧化碳还原、光降解污染物等。

5.3.3 绿色催化材料发展前景

随着近年来世界各国对可持续发展战略的日益重视，绿色化学将给化学工业和环境工程带来革命性的改变，要实现环境友好的绿色化工，研究开发新的催化剂及催化方法成为关键。绿色催化材料包括纳米材料、生物材料等，这些催化材料不仅具有较高的活性和选择性、对环境和人体无毒无害，而且还可以重复使用。正是因为这些绿色催化材料的逐渐运用，才使得化学工业从低污染排放转向阻止污染排放的期望成为可预见的现实。

人类因为滥用催化剂带来了惨痛的教训。在1953年，日本九州岛熊本县水俣镇突然发生家猫暴躁不安集体投海的怪事，与此同时海面上有死鱼浮起，空中飞鸟无故坠地。正当人们困惑之际，许多当地人出现口齿不清、面部发呆、手脚发抖、精神失常等症状，最后这些病人因久治不愈，全身弯曲，悲惨死去。后来当专家调研此事时才发现，原因竟是当地化工厂以乙炔为原料生产乙醛的过程中使用了硫酸和氧化汞作为催化剂，而含有汞盐的废水排入海中后通过食物链被鱼群富集并转化为甲基汞，人食用该鱼后就引起了中毒。纵观历史，不仅是在上世纪科学研究不深入时期有滥用催化材料的现象。就是现在，仍有很多有机反应需要在酸催化剂的催化下进行（例如烷基化反应、酯化反应、烃类异构化反应等），而目前使用的酸催化剂主要有氢氟酸、硫酸、三氯化铝等液体酸催化剂。这些催化材料在工艺上难以实现连续生产，对设备的腐蚀严重，更重要的是对人体有危害、对环境有污染。

催化剂的滥用对人类健康和环境安全都无益处，由于现在资源的日益减少和经济发展造成的环境污染蔓延，新型绿色催化材料、催化技术成为21世纪优先发展的重点。从传统的石油化工技术来说，目前技术方面基本趋于成熟，但是仍需要新型绿色催化材料来满足原料性质变差、产品升级换代以及日趋苛刻的环保要求。虽然天然气化工和煤化工在经济方面还不能与石油化工相竞争，但也面临着与石油化工相同的问题。对以高附加价值化学品和药物中间体合成为主的精细化工行业来说，具有高选择性的新型绿色催化材料是其加快发展的基石。

相比传统催化材料对环境和人体的危害，绿色催化材料从根本上避免了此类问题。绿色化学工艺对催化材料提出两点要求：①环境友好。催化材料自身应该是无毒的，催化剂构成材料应该是环境友好的，杜绝催化材料在高温下分解产生有毒气体等物质。②经济性。催化材料应当具备制造成本低、制造工序简单、有良好的稳定性和使用寿命等特点。总的来说，绿色催化材料可以分为六个大类，分别是固体酸催化剂、固体碱催化剂、生物催化剂、光催化剂、电极催化剂、膜催化剂。绿色催化材料可以被运用到汽车尾气的催化转化、消除酸雨和化学酸雾的发生、CO_2的节能减排、水污染处理等多个方面。接下来就从以下几个具体方面来叙述绿色催化材料的发展趋势与前景。

（1）绿色炼油与化工催化材料

近年来，在炼油与化工方面通过固体碱代替传统氢氧化钠等液体碱催化剂已经成为必然的发展趋势，煤液化催化材料的研究重点集中在超细粒分散型铁基催化材料的制备与加入方式上，今后的研究方向将聚焦于催化剂引入方式的探索、直接浸渍法的改进以及纳米级氧化铁或改性（硫化）氧化铁的应用。

（2）绿色光催化材料

目前光催化材料运用比较好的领域有：①将二氧化钛涂在建筑材料、交通工具、室内装修材料等的外表面，利用生活中的太阳光、照明灯光即能分解这些表层污染物，通过雨水冲刷即可实现自洁功能。②对空气和水资源进行净化，比如在工厂排水系统中添加具有分解有害物质能力的光催化材料以减少水污染，又或是在医学方面利用光催化材料消毒和灭菌。③利用超亲水光催化材料在玻璃表面成膜，当该玻璃遇到水汽时表面会形成均匀的水膜，从而保持清晰的镜像。当然绿色光催化材料在防腐、印刷、光储存等诸多方面应用前景也很可观。我们知道，利用多相光催化材料治理污染的过程不需要能源和化学氧化剂，且光催化材料无毒、廉价、反应活性高，若能找到量子效率足够高的光催化材料，那么这项技术将在工业生产、日常生活中具有十分广阔的发展前景。

（3）绿色生物催化材料

生物催化材料技术是化学生物技术的一个组成部分，作为化学合成的一种手段或工具，近年来其重要性日趋增加。科技的发展、产业界对高收益低成本的需求、消费者对新产品的期待、政府和行政部门加强管理的压力以及新技术的出现等因素推动了生物催化材料的应用。绿色生物催化材料的逐渐运用对传统化学工业产生了积极的影响。例如，微生物和酶工艺已经被运用于生物衍生方面，将传统的化学合成转变为生物酶催化过程，具有节约成本、环境友好、催化效率高等优点，更重要的是这种方法可以提高天然原材料的使用率。也正是由于这些优势，近年来绿色生物催化材料在精细化工产品市场中呈现出很强的增长趋势。

5.4 其他绿色材料

5.4.1 绿色建筑装饰材料

据联合国环境规划署（UNEP）估计，建筑部门在国家层面提供了 5%～10%的就业机会，并贡献了 5%～15%的 GDP。然而，除了积极贡献之外，建筑行业也对环境造成了负面影响。在同一份报告中，联合国环境规划署声称，建筑部门约占全球能源消耗的 40%，并产生约 30%的温室气体。在此背景下，绿色建筑的概念被提出并广泛推广，以实现建筑领域的可持续发展。建筑装饰材料的整个生命周期，包括原料采集、产品制造、产品使用、废弃物再循环等阶段，都会对环境造成一定的影响。建筑装饰材料在不同的产品阶段对环境有不同程度和不同方面的影响。

（1）原材料采集阶段对环境的影响

大部分建筑装饰材料如水泥、玻璃、陶瓷、金属等原材料是不可再生的天然矿物原料，其消耗量巨大，我国每年生产建筑材料要消耗各种矿产资源 70 多亿吨。矿石的采掘过程产生了大量粉尘、噪声和固体废弃物，矿石大量采掘形成的土地转移和转化还带来了一系列的生态问题，如河床、植被土壤破坏和水土流失。

（2）生产阶段对环境的影响

建材行业尤其是传统建材行业大都是高温工业，生产过程需消耗大量能源。生产过程中燃烧煤、油、燃气排放出大量的有害气体如 CO_2、SO_2、H_2S、NO_x、CO 等是造成地球温室效应的主要原因之一。除废气外，大量的废液和工业固体废弃物也是建材行业产生的环境污染源。

（3）使用阶段对环境的影响

建筑材料使用阶段对环境的影响表现在维持室内温度调节、采暖、空调、照明及设备运转的能源消耗上，以及建筑物的室内环境污染、建筑施工过程中噪声污染和光污染对人体健康的影响上。

（4）建筑材料解体、废弃过程对环境的影响

大部分建筑施工和建筑物解体、拆除后成为难以处理的建筑垃圾，如废弃混凝土、废建筑玻璃纤维、陶瓷废渣、金属、石棉、石膏、装饰装修中的塑料、化纤边料等，它们占有一定的土地和空间，不燃烧、不分解、难拆卸、难分类、回收附加值低，给环境造成巨大的压力。

随着人类对能源和环境意识的变化，可以将建筑材料的发展大致分为以下四个主要阶段：毫无节制地向自然界索取和废弃；污染末端治理；生产和使用过程的环境协调化改造；材料生态化设计。目前国内外建筑装饰材料的发展主要在第三阶段，即环境协调化改造为主的发展阶段，主要是朝着节约能源、节约资源、改善生态环境几个方向发展。

相比于传统建筑材料，绿色建筑装饰设计已在降低能耗、节约水资源、材料的回收利用、空间有效利用以及提高空气环境质量等方面做出有效改进。绿色装饰材料作为一种绿色健康的材料，一般选择的是一些低排放的原料，加之本身是无毒无害的，在环境以及人体健康方面危害较弱，能够给使用者构建一个安全、满意的环境。

绿色装饰材料的发展要以改善居住环境以及提高生活质量为宗旨，在保护生态环境免遭进一步破坏的同时，也包含诸多对人民生活有利的作用，促进了人们生活环境的优化。环保绿色建筑装饰材料是通过科学、合理地应用各种清洁生产工艺，来降低能源、资源过多消耗，减少有害物质的使用和产生，保护生活健康和生态平衡。

绿色建筑装饰材料是绿色产品在建筑装饰领域的延伸，它并不是指某种材料，而是对建筑装饰在整个生命周期过程中"健康、环保、安全"等属性的一种要求。

满足这种要求的材料应具有以下几个方面的特征：

① 具有高使用效率和优异的性能，能降低使用过程中该材料的消耗，如轻质高强混凝土。

② 制备过程中能大量利用工业废弃物作为原材料，如粉煤灰制造粉煤灰水泥、加气混凝土、蒸养混凝土砖、烧结粉煤灰砖、粉煤灰砌块。

③ 生产过程中消耗的资源和能源相对最低、环境污染最小，如用先进工艺和技术生产高质量水泥、利用其他废料制造建筑材料等。

④ 能大幅度地减少建筑能耗（包括生产和使用过程中的能耗），如具有轻质、高强、防水、保温、隔热、隔声等功能的新型墙体材料。

⑤ 能改善居室生态环境和保健功能，如抗菌、除臭、调温、调湿、屏蔽有害射线的多功能玻璃。

⑥ 废弃后还可以作为资源或能源被利用，如破碎废弃混凝土作为再生材料制造混凝土。

随着人们对健康生活环境的追求，对建筑装饰材料也提出了更高的要求，从对环境没有污染发展到可以改善环境。改善居室生态环境的绿色材料主要包括抗菌材料、负离子涂料、调温材料、调湿材料、调光材料和电磁屏蔽材料。低辐射镀膜玻璃就是使用新的技术，在传统玻璃的外层和表面上添加了多层金属镀膜与金属混合物，从而达到了降低外界辐射渗入的效果。金属镀膜玻璃具有较强的采光质量与反光效果，带给人们视觉上的享受。合成石是一种节能型的

石材，它是通过将建筑材料的废渣、荒料、矿石以及尾料残渣进行再加工所形成的一种新石材。由于这种石材是对建筑废料的再利用，所以其价格比普通石材要便宜很多，在建筑装饰施工中使用十分广泛。由于合成石中含有大量的金属矿物质，所以合成石的密闭性极好，不会像普通的石材一样因为风吹日晒而出现裂痕，也不会受到雨水的渗透和风化的侵蚀，是很好的建筑材料。

5.4.2 绿色高分子材料

高分子材料主要分为塑料、橡胶和合成纤维三个类别。它具有许多优点，在人们生活中扮演着重要的角色。在高分子材料研发和生产过程中，过去我们只追求材料性能，忽视了材料的生产使用，浪费了大量的能源和资源。随着科学技术的发展和生活质量的提高，人们重新思考了高分子材料的生产、使用和浪费与环境之间的关系。

绿色高分子材料相对于常规高分子材料来说，在材料合成、制造、加工和使用过程中不会对环境产生危害，也称环境友好高分子材料。广义地讲，具有耐用、性价比高、易于清洁生产、可回收利用和可环境消纳等性能的高分子材料，都属于绿色高分子材料研究开发和推广的范畴。绿色高分子材料的"绿色"体现在高分子材料合成工艺的绿色化、绿色高分子材料本身的降解和废弃高分子材料的回收。

斯坦福大学的 Trost 教授于 1991 年提出了原子经济的概念，即充分利用反应物中的各个原子，因而既能充分利用资源，又能防止污染。理想的原子经济反应是原料分子中的原子 100%成为产品，不产生副产品或废物，实现"零排放"。例如，UOP 公司用分子筛代替以前的催化剂合成乙苯和异丙苯，工艺简化，投资降低且过程效率提高，产品收率与纯度均大于 95.5%，基本接近原子经济反应，且分子筛催化剂无毒、无腐蚀、可再生，基本上消除了"三废"的排放。用分子筛催化剂来合成乙苯和异丙苯，是目前用固体酸代替液体酸取得显著经济效益和环境效益最为成功的实例之一。

高分子材料的绿色化主要表现在可降解性。目前研究最多的是可降解塑料。所谓可降解是指在一定的使用期内具有与普通塑料同样的使用功能，超过一定期限以后其分子结构发生变化，并能自动降解而被自然环境同化。根据降解机理的差异，可降解高分子可划分为光降解高分子、生物降解高分子以及光-生物双降解高分子三类。光降解塑料的光降解反应机理，是在太阳光的照射下引发光化学反应，使高分子化合物的链断裂和分解，从而使分子量变小。光降解塑料的制备方法有两种：一是在塑料中添加光敏化合物；二是将含羰基的光敏单体与普通聚合物单体共聚，如以乙烯基甲基酮作为光敏单体与烯烃类单体共聚，成为能迅速光降解的聚乙烯、聚丙烯、聚酰胺等聚合物。

生物降解塑料可以在细菌、酶和微生物的侵入、吸收及破坏下产生分子链的断裂，从而达到降解、崩坏的结果。生物降解塑料主要是由微生物的作用使高分子链断裂，这种降解是一种连续性的微量渐变过程，表现的形式是塑料整体的逐渐消失。上述可降解塑料都存在一定的缺陷，光降解塑料只有在较直接的强光下才能发生降解，埋入地下或得不到直接光照时不能进行光降解；而生物降解塑料的降解速度和降解程度与周围环境直接相关，如温度、湿度、微生物种类、微生物数量、土壤肥力、土壤酸碱性等，实际上生物降解的降解程度也不完全。为了提高可降解塑料制品的实际降解程度，近年有人将光降解和生物降解结合起来制备光和微生物双降解塑料，已取得较好的效果。目前公认的产品是聚乳酸（PLA），它由乳酸分子经羟基和羧基在适当条件下脱水缩合而成，高分子的聚乳酸机械强度高，常用于医用材料，它不仅符合医用要求，而且能被人体逐步分解吸收，有助于损伤机体的康复。

聚乳酸是以微生物的发酵产物 L-乳酸为单体聚合成的一类聚合物，是一种无毒、无刺激性，具有良好的生物相容性，可生物分解吸收，强度高，不污染环境，可塑性加工成型的高分子材料。其具有良好的力学性能、高抗击强度、高柔性和热稳定性，不变色，对氧和水蒸气有良好的透过性，又有良好的透明性和抗菌、防霉性，使用寿命可达 2～3 年。其缺点是脆性高、热变形温度低（0.46MPa 负荷下为 54℃）、结晶慢，但可分别通过和己内酰胺等共聚和添加结晶促进剂如滑石粉后退火处理加以改性，活性聚乳酸的结晶度可达 40%，热变形温度提高到 116～121℃。

聚乳酸的合成方法通常可以分为两大类：一类是以丙交酯为原料进行开环聚合合成；另一类是以乳酸、乳酸酯和其他乳酸衍生物等为原料进行聚合合成（图 5-19）。

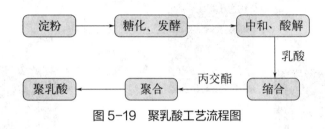

图 5-19　聚乳酸工艺流程图

聚乳酸在医药卫生方面因具有生物相容性和可吸收性，可以用于医用成骨材料及敷料和医用缝合线、药物运载及释放系统的药物基质以及组织工程等。在农业方面可以用作高附加值薄膜，用于代替目前易破碎的农用地膜，用于缓释农药、肥料等，不仅低毒长效，还会在使用几年后自动分解，不污染环境。在工业方面，适合加工一次性饭盒和其他各种饮料、食品的外包装材料；生产仿棉纤维、仿羊毛、仿丝绸纤维，可单独纺丝或与其他天然纤维混纺用于生产各种织物。

5.4.3　绿色纳米材料

纳米材料广义上是三维空间中至少有一个维度处于纳米尺度范围或者由该尺度范围的物质为基本结构单元所构成的材料的总称。由于纳米尺寸的物质具有与宏观物质所迥异的表面效应、小尺寸效应、宏观量子隧道效应和量子限域效应，因而纳米材料具有异于普通材料的光、电、磁、热、力学等性能。根据物理形态，纳米材料大致可分为纳米粉末（纳米颗粒）、纳米纤维（纳米管、纳米线）、纳米膜、纳米块体和纳米相分离液体。目前只有纳米粉末实现了工业化生产（如碳酸钙、白炭黑、氧化锌等），其他纳米材料基本上还处于实验室研究阶段。

在纳米尺度上对物质和材料进行研究处理的技术称为纳米技术。纳米技术本质上是一种用单个原子、分子制造物质的技术。纳米技术的目的是通过在纳米尺度上控制它们的形状和尺寸，为结构、设备和系统提供有目的的设计、表征、生产和应用。纳米材料的主要特征是它们的尺寸依赖性功能和性质，这是由特殊的表面活性，电学、磁学、光学性质，以及纳米级尺寸的形状决定的。在过去的几十年中，纳米材料已在医学和制药中用作智能和多功能纳米颗粒，特别是癌症诊断和治疗、电池中的纳米结构电极、通信技术设备中的单壁碳纳米管、化妆品中的抗菌材料、食品和服装行业（图 5-20）。

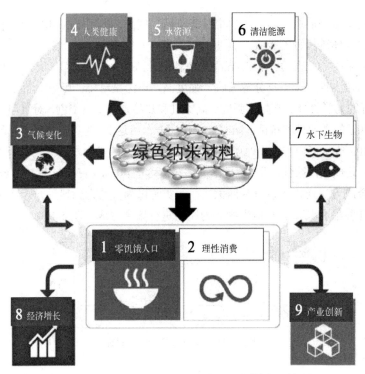

图 5-20　可持续发展目标与绿色纳米材料之间的联系

5.4.3.1　绿色纳米材料的制备

传统纳米材料微粒的合成方法种类较多，大体可分为物理法、化学法和物理化学法，或气相法、液相法和固相法等。绿色纳米材料的合成（或制备）从反应原料的绿色化、溶剂的绿色化和合成工艺的绿色化角度，考虑反应的适用性。纳米材料的绿色合成工艺方法有声纳化学合成、激光烧蚀法、微波法、电化学法、微反应器法等。声纳化学合成是在制备纳米粒子时对粒径大小和形态实现可控反应的新方法，目前对此方法的研究不多。

激光束具有高能而非接触性的优点，是一种干净的绿色热源，激光烧蚀法已被用来制备纳米粉末和薄膜。一般的报道是激光烧蚀发生在气固表面，利用一束高能脉冲激光辐射靶材表面，使其表面迅速加热熔化蒸发，随后冷却结晶，而最近发现在液固表面也可烧蚀制备一些形貌可控的纳米粉体材料，由于液固两相存在的反应比较复杂，所以在液固表面烧蚀所得的产物往往是混合物。

微波是一种电磁波，其加热简单、快速、均匀而且节能，更为特殊的是微波加热有加速反应的特点，反应的时间较短（几分钟到十几分钟），且产物的纯度很高。像 InGaP、InP、CdSe 的纳米半导体复合材料和一些半导体纳米线都可用该方法制备。随着研究的深入，微波技术必将被推广到合成纳米半导体材料工业化大生产中。

另外，纳米生物技术利用生物途径合成纳米粒子，利用细菌、真菌、藻类以及植物提取物或植物中的特定生物分子（包括碳水化合物、蛋白质和脂质）来合成纳米粒子，使用无毒且廉价的材料，同时确保最小的副产物形成和低能耗。纳米材料的合成与应用在许多领域都有很大的潜力，例如农业、环境、食品、能源、建筑和生物医药，符合可持续发展的目标。

5.4.3.2　绿色纳米材料的应用

绿色纳米材料可以作为传统能源净化剂、助燃剂，可以不需要辅助装置使煤、汽油、柴油等充分燃烧，减少硫的排放。在开发新能源方面，可以把非可燃气体变成可燃气体；研发能量转化材料，将太阳能转化为电能、热能转化为电能、化学能转化为电能等。

纳米材料在医药上的应用，比如数字纳米粒子包裹的智能药物进入人体，可主动搜索并攻击癌细胞或修补损伤组织；使用纳米技术的新型诊断仪器，只需检测少量血液就能通过其中的蛋白质和 DNA 诊断出各种疾病。另外，对纳米微粒的临床医疗以及放射性治疗等方面的应用也进行了大量研究，并取得了很大的成功。

使用纳米微粒作催化剂可大大提高反应效率，控制反应速度，甚至使原来不能进行的反应也能进行。在精细化工方面的应用如在橡胶中加入纳米 SiO_2，可以提高橡胶的抗紫外辐射和红外反射能力，同时也提高了橡胶的耐磨性和介电特性。纳米材料表面涂层是将透明、疏油、疏水的纳米材料颗粒组合在大楼表面或瓷砖、玻璃上，大楼就不会被空气中的油污弄脏，瓷砖和玻璃也不会沾上水蒸气而保持透明。绿色纳米材料的应用，还包括利用纳米修复材料对损坏的材料进行诊断和修复，利用纳米药物无须针管注射的特点避免注射感染等很多方面。绿色纳米材料的应用涉及各个领域，在机械、电子、光学、磁学、化学和生物学领域有着广泛的应用前景。通过纳米技术改进传统产品，增加其高科技含量以及发展纳米结构的新型产品，使材料科学在各个领域发挥举足轻重的作用。

❖ **阅读角 5-1**

纳米材料是国家战略前沿重要研究领域。《中华人民共和国国民经济和社会发展第十三个五年规划纲要》中明确要求："推动战略前沿领域创新突破，加快突破新一代信息通信、新能源、新材料、航空航天、生物医药、智能制造等领域核心技术。"发展纳米材料对上述领域具有重要的推动作用。从"十五"期间开始，我国纳米材料研究呈现出快速发展的势头，尤其是近年来，我国对纳米材料的研究一直保持高速发展，应用研究屡见报道，基础研究成果精彩纷呈，其中若干成果处于国际领先水平。例如，作为基础研究成果的重要标志之一，我国自 2013 年开始，在纳米科技研究领域发表的 SCI 论文数量超过美国，跃居世界第一。金属-有机框架材料具有纳米级的孔道，是一类具有广阔应用前景的新型纳米材料，近 30 年来，金属-有机框架材料因在吸附、分离、催化、传感、离子导电等方面具有出色的性能和应用前景，引起了各国化学、化工、材料科学家们的广泛兴趣和深入研究，不仅成为重要的研究热点，而且呈现出交叉学科研究趋势，并开始展示商业应用的端倪。

❖ **阅读角 5-2**

2021 年 11 月 3 日上午，2020 年度国家科学技术奖励大会在北京人民大会堂隆重召开。中国科学院大连化学物理研究所"纳米限域催化"成果荣获 2020 年度国家自然科学奖一等奖。该成果为认识催化作用机理和实现精准调控化学反应奠定了重要基础。"限域效应实际上是保持催化体系在反应过程中处于活性状态，并维持催化体系循环往复不断地发生。"包信和院士说。

我国资源禀赋"贫油、少气、相对富煤"，大量依赖进口石油生产液体燃料和化学品，这关系到国家能源安全。因此，化学品的生产要发展就必须蹚出一条适合国情的路子。1995年刚回国的包信和毅然将自己的研究方向锁定在能源转化中的催化基础研究，瞄准煤、天然气等非石油资源的转化利用，努力创新高效、环境友好的催化过程。

2006年，团队成员在将三氧化二铁纳米粒子填充到碳纳米管的过程中，发现了一个有意思的现象：随着管径缩小，碳纳米管内催化剂的还原温度降低了，而且管腔还有稳定还原态催化剂的作用。如何解释这一现象，团队争论不休。这一现象也引起了包信和的重视。多年的经验和积累告诉他，这或许能为深入理解催化机理找到突破口。他随即设计了严谨的实验计划，指导团队成员进行探索。

一次实验现象转瞬即逝，但包信和敏锐地抓住了这一瞬间，并通过大量的实验验证，揭示出其中的科学本质。研究发现，卷曲的管壁导致碳纳米管内外形成了电势差，促进了管内催化剂形成配位不饱和的活性中心。随着研究的深入，研究人员逐步理解了碳纳米管内催化剂显示出独特性能的机理，据此提出了"碳纳米管限域"的概念。后续研究发现，除碳纳米管外，金属-氧化物界面也能稳定配位不饱和的活性中心，团队进一步提出"界面限域催化"的概念。碳纳米管限域与界面限域催化构成了"纳米限域催化"概念中狭义限域和广义限域两个方面。

"在纳米限域催化这条研究道路上，团队已经坐了20多年的'冷板凳'。但只要方向对，就不怕路途遥远；只要坚持，再冷的板凳也能焐热。实现'从0到1'的突破离不开日积月累，坚持非常重要。可能一开始突破并不大，但只要一直下功夫，一定会打开催化自由王国的大门，对产业和学界发展产生巨大的推动作用。"包信和说。

现如今，"纳米限域催化"已成为催化领域中的一个重要概念，发表的相关研究论文被其他国内外学术同行引用超3万次，其中重要的8篇代表性论文被引累计近4000次，来自不同国家的众多团队跟随开展限域催化相关的研究工作。业界认为，该技术应用前景广阔，理论上，通过调变氧化物和分子筛双功能催化剂的结构等，就有可能实现最终产品的调控，届时有望提高我国乃至全球的资源利用效率。

 思考题

1. 什么样的材料称作绿色材料？绿色材料的种类有哪些？
2. 什么是金属-有机框架材料（MOFs）？列出其中三种系列。
3. 目前制备金属有机框架材料的方法有哪些？尝试列出不同制备方法的优缺点。
4. 共价-有机框架材料（COFs）和金属-有机框架材料（MOFs）的区别是什么？
5. 半导体光催化材料分解水的机理是什么？
6. 什么是绿色纳米材料？

参考文献

[1] 杨伟楠, 王书墨. 环境材料的概念、特点与评判依据初探. 世界环境, 2019(2): 58-60.

[2] 孙朋成. 三种环境材料对土壤铅镉固化及氮肥增效机理研究. 北京: 中国矿业大学, 2016.

[3] 郭舒. 浅谈绿色建材在绿建工程中的应用. 安徽建筑, 2015, 22(5): 2.

[4] 罗坤莉. 环境材料生态设计方法的研究现状与进展. 广东化工, 2015, 42(14): 2.

[5] 牟相楠. 浅析生态环境材料的应用. 化工管理, 2016, 1: 149.

[6] 张侃, 薛然. 金属材料的环境协调性设计. 中国化工贸易, 2012, 4(2): 3.

[7] 黄志海, 杨木易, 田佳鑫. 纳米材料的环境风险. 广东化工, 2019, 9: 142-145.

[8] Lin R, Zhang Z, Chen B. Achieving high performance metal-organic framework materials through pore engineering. Accounts of Chemical Research, 2021, 54: 3362-3376.

[9] Liao Y, Weber J, Mills M B, et al. Highly efficient and reversible iodine capture in hexaphenylbenzene-based conjugated microporous polymers. Macromolecules, 2016, 49: 6322-6333.

[10] Wang S, Mu X, Liu H, et al. Pore-structure control in metal-organic frameworks (MOFs) for capture of the greenhouse gas SF_6 with record separation. Angewandte Chemie International Edition, 2022, 61: e202207066.

[11] Wang S, Shivanna M, Yang Q. Nickel-based metal-organic frameworks for coal-bed methane purification with record CH_4/N_2 selectivity. Angewandte Chemie International Edition, 2022, 134: e202201017.

[12] Qian B, Li N, Chang Z, et al. Porous coordination polymers: development and research progress. Scientia Sinica Chimica, 2019, 49: 1361-1376.

第六章

有机固体废弃物资源化

随着全球人口的增长和经济的快速发展，有机固体废弃物的产量与日俱增，如不经合适的处理和处置，将给全球的经济和环境带来巨大的挑战。为了解决上述问题，迫切需要开发工程适用的、经济可行的和环境可持续的有机固体废弃物处理和处置技术。传统的焚烧技术可在一定程度上实现有机固体废弃物处置的减量化，是目前有机固体废弃物的主要处置技术。但该过程尚存在能耗较高、易产生有害气体等问题，且其残留的灰分仍需后续的填埋处置，而随着人口的增长和城市化的发展，能源和土地资源十分有限，因此目前的处置方式并不能满足有机固体废弃物处置对于环境友好和经济可持续的要求。集减量化、无害化和资源化于一体将是未来有机固体废弃物处理和处置技术发展的目标和指导思路。本章首先介绍了有机固体废弃物的概念、分类及其资源化的意义，随后对典型有机固体废弃物资源化技术包括好氧堆肥、厌氧消化和热解处理技术进行了详细的阐述，然后介绍了目前全球典型有机固体废弃物的资源化技术进展，最后对未来有机固体废弃物的资源化进行了展望。

6.1 概述

有机固体废弃物是固体废弃物重要的组成部分，是指人们在生产和生活中产生的丧失原有利用价值或虽未丧失利用价值但被抛弃或放弃的固态有机类物品和物质，包括农业有机固体废弃物（主要包括农作物秸秆藤蔓、畜禽粪便和水产废弃物等）、工业有机固体废弃物（主要包括有机废渣等）、市政有机固体废弃物（主要包括园林绿化废弃物、市政污泥、餐厨垃圾等）三大类。

农业有机固体废弃物是指在农村农民生活和农业生产过程中产生的有机类固体废弃物，主要包括以下 4 类：植物性来源有机固体废弃物（包括水稻、玉米、豆类、花生等农作物秸秆，林业生产过程中残余的树枝木条、落叶、干枯藤蔓、杂草、果壳等），我国年产生量为 $1.0 \times 10^9 t$ 左右；动物性来源有机固体废弃物主要是指牛、猪、羊、家禽等畜禽粪便，我国年产生量为 $2.7 \times 10^9 t$ 左右；农副加工业产生的有机固体废弃物（甘蔗渣、土豆渣、甜菜渣、肉食加工工业产生的屠宰污血等废弃物）；农民日常生活有机固体废弃物，包括粪便和生活垃圾。

工业有机固体废弃物是在工业生产中排出的含有有机质成分的固态废弃物的统称。在我国，工业有机固体废弃物普遍存在于化工、医药、机械、资源开采等关系国计民生的多个工业生产领域，每年排放出大量的各类有机固体废弃物。工业有机固体废弃物通常具有成分复杂、可生化性差、有毒等特点，采用常规处理方法处理效果差、能力小、费用高且容易造成二次污染。

市政有机固体废弃物是指人类在生产、消费、生活中产生的固态、半固态有机废弃物质。近年来，随着我国经济的快速发展和城市化进程的加速，城市居民的生活水平发生了巨大的改变，市政有机固体废弃物产生量越来越大，主要包括餐厨垃圾、废水污泥和园林废物等。市政有机固体废弃物种类繁多、成分复杂，如不经过合理处置，将对生态环境造成潜在的危害。但同时市政有机固体废弃物富含丰富的有机质和微量元素，可生化性好，极具资源化潜力，越来越受到人们的重视。

全量资源化是未来有机固体废弃物处理的必然趋势。目前，有机固体废弃物资源化的方法主要有好氧堆肥、厌氧消化和热解等技术。

6.2 有机固体废弃物堆肥处理技术

6.2.1 堆肥概念及影响因素

6.2.1.1 定义与分类

堆肥（composting）是在一定条件下，利用自然界广泛分布的细菌、真菌等微生物，促进有机固体废弃物发生生物稳定作用，使可生物降解的有机物转化为稳定腐殖质的生物化学过程。

不同于卫生填埋和废物的自然腐烂与腐化，堆肥是在人工控制条件下进行的生物发酵过程，原料是有机固体废弃物中可降解的有机成分，实质是生物化学过程，堆肥产品是无害的，即废物达到相对稳定。

堆肥的产物称为堆肥（compost），是一种深褐色、质地疏松、有泥土气味的物质，类似于腐殖质土壤，故也称为"腐殖土"，它也是一种具有一定肥效的土壤改良剂和调节剂。

堆肥系统的分类：按温度分为中温堆肥和高温堆肥；按技术分为"非反应器型"（静态、开放）堆肥和"反应器型"（动态、密闭）堆肥。

6.2.1.2 堆肥过程

根据堆体内温度的变化，堆肥过程大致可分成以下三个阶段。

（1）升温阶段

升温阶段（产热阶段）主要指堆肥的初期，堆体基本处于25～45℃，此阶段嗜温微生物最为活跃，主要以糖类和淀粉类等可溶性有机物为基质进行新陈代谢活动。嗜温微生物主要包括真菌和细菌。

（2）高温阶段

当堆体温度升至45℃以上即进入高温阶段，在这一阶段，嗜温微生物受到抑制甚至死亡，嗜热微生物成为主角。堆肥中残留的和新形成的可溶性有机物质继续被氧化分解，堆肥中较为复杂的有机物如半纤维素、纤维素和蛋白质也开始快速分解。在高温阶段，各种嗜热微生物的最适宜温度也不相同。在温度的上升过程中，嗜热微生物的类群和种群互相交替成为优势菌群。通常 50℃ 左右最活跃的是嗜热真菌和细菌；当温度上升到 60℃ 时，真菌几乎完全停止活动，仅有嗜热细菌在活动；温度升到 70℃ 以上时，大多数嗜热微生物已不再适应，从而大批进入死亡和休眠状态。现代化堆肥的最佳温度一般为 55℃，这是因为大多数微生物在 45～60℃ 范围内最活跃，也更容易分解有机物。高温阶段，堆肥中的大部分病原菌和寄生虫可被杀死。堆肥在经历高温阶段后，堆积层内开始发生与有机物分解相对应的另一过程，即腐殖质的形成过程，堆肥物质逐步进入稳定状态。

（3）降温和腐熟阶段

在内源呼吸后期，剩下的部分物质主要为难降解有机物和新形成的腐殖质。此时微生物的活性下降，发热量减少，温度下降。嗜温微生物重新占据优势，对残余的较难分解的有机物做进一步分解，腐殖质不断增多且逐步稳定化，堆肥进入腐熟阶段。此时，需氧量大大减少，含水率降低，堆肥物孔隙增大，氧扩散能力增强。

堆肥过程实质是微生物在自身生长繁殖的同时对有机垃圾进行生化降解的过程。堆肥微生物主要有两类：①有机固体废弃物固有的微生物种群，一般生活垃圾中的细菌数量在 10^{14}～10^{16} 个/kg；②人工加入的特殊菌种。

6.2.1.3　影响堆肥的因素

（1）化学因素

① C/N。碳（C）和氮（N）是微生物分解所需的最重要元素。C 主要提供微生物活动所需能源和组成微生物细胞所需的物质，N 则是构成蛋白质、核酸、氨基酸、酶等细胞生长所需物质的重要元素。堆肥过程理想的 C/N 在 30∶1 左右。当 C/N 小于 30∶1 时，N 将过剩，并以氨气的形式释放，发出难闻的气味；而 C/N 高于 30∶1，将导致 N 的不足，影响微生物的增长，使堆肥温度下降，有机物分解代谢的速度减慢；当 C/N 超过 40∶1 时，应通过补加氮含量较高的材料来调整 C/N。畜禽粪便、肉食品加工废弃物、污泥均是氮含量较高的材料。

② O_2。通风供氧是堆肥成功与否的关键因素之一。堆肥需氧量主要与堆肥材料中有机物含量、挥发度、可降解系数等有关，堆肥原料中有机碳含量越高，其需氧量越大。堆肥过程中一般存在一个合适的氧浓度，过低将抑制好氧堆肥中微生物的生命活动，容易导致堆肥过程发生厌氧作用而产生恶臭。一般在堆肥过程中，通过测定堆体温度来控制通风量，以保证堆肥过程处于微生物生长的理想状态。同时由于氧的吸收率可起到衡量生物氧化及有机物分解程度的作用，因此，在机械化连续堆肥生产系统中，可通过测定排气中氧的含量来确定发酵仓氧的浓度及氧吸收率，排气中氧的适宜体积浓度为 14%～17%。

③ 营养平衡。微生物的新陈代谢必须保证足够的磷、钾和微量元素，磷是磷酸和细胞核的重要组成元素，也是生物能 ATP 的重要组成成分，一般堆肥的 C/P 以(75～150)∶1 为宜。

④ pH 值。一般 pH 值在 7.5～8.5 时，可获得最大堆肥效率。

（2）物理因素

① 温度。温度在堆肥过程中扮演着重要角色，它是堆肥时间的函数，对微生物的种群有着

重要的影响，而且堆肥过程的其他因素也会随着温度的变化而改变。不同的堆肥工艺有不同的堆肥温度。在密闭堆肥系统中堆肥过程达到的温度最高；静态垛系统能够达到的温度最低，且温度分布不均匀，堆体中心温度高而表层的温度较低。一般认为堆肥的最佳温度在 50～60℃，高温菌对有机物的降解效率高于中温菌。

② 颗粒物尺寸。由于微生物通常在有机颗粒的表面活动，所以降低颗粒物尺寸，增加表面积，将促进微生物的活动并加快堆肥速度，而颗粒太细又会阻碍堆体中空气的流动，将减少堆体中可利用的氧气量，反过来又会减缓微生物活动的速度。通常最佳粒径随垃圾物理特性变化而变化。

③ 含水率。堆肥原料的最佳含水率通常是在50%～60%，含水率太低（<30%）将影响微生物的生命活动，太高会降低堆肥速度，导致厌氧分解并产生臭气以及营养物质的沥出。不同有机废弃物的含水率相差很大，通常要把不同种类的堆肥原料混合在一起。堆肥原料的含水率还与设备的通风能力和堆肥物质的结构强度密切相关。

（3）生物因素

堆肥中微生物种群的类别和数量也将影响有机物的降解速度，通过选择有效的菌系，可加速堆肥的腐熟。

6.2.1.4 堆肥的腐熟度及其判定

"腐熟度"是国际上公认的衡量堆肥反应进行程度的一个概念性参数。腐熟度的基本含义是：通过微生物的作用，堆肥产品要达到稳定化、无害化；在使用期间，不能影响作物的生长和土壤的耕作能力。目前尚没有权威、统一的腐熟度评判标准。一般认为可从物理方法、化学方法、生物活性、植物毒性4个方面对堆肥腐熟度进行判定，见表6-1。

一般来说，仅用某单一参数很难确定堆肥的化学及生物学稳定性，应由多个参数共同确定。通常，化学方法中水溶性有机化合物的分析及C/N最为常用。生物活性中呼吸作用是较为成熟的评估堆肥稳定性的方法。植物毒性分析是检验正在堆肥的有机质腐熟度的较精确、有效的方法，其中发芽实验较为快速、简便，而植物生长实验则最直接地反映堆肥对植物的影响，但存在时间较长、工作量大的缺点。随着分析技术和微生物技术的发展，先进、快捷的堆肥腐熟度评估方法不断出现，堆肥过程中可根据实际情况选择合适的评估方法。腐熟的堆肥因为含有丰富的有机质、氮、磷等养分，可用于改善土壤，或作为有机肥用于作物生产。

表6-1　判定堆肥腐熟度的方法

方法名称	参数、指标或项目	判别标准
物理方法	温度	温度下降，达到45～90℃且一周内保持不变
	气味	堆体内检测不到低分子脂肪酸，具有潮湿泥土的霉味（放线菌的特征），无不良气味
	色度	堆肥过程中物料由淡灰逐渐发黑，腐热后的堆肥产品呈黑褐色或黑色
	残余浊度和水电导率	检测堆肥对土壤残余浊度和水电导率的影响，该方法可靠性尚存争议，需与植物毒性物质和化学指标结合进行综合考量
	光学性质	堆肥 E_{665}（E_{665} 表示堆肥萃取物在波长 665nm 下的吸光度）的变化可反映堆肥腐熟度，腐熟堆肥 E_{665} 应小于 0.008

方法名称	参数、指标或项目	判别标准
化学方法	碳氮比（固相 C/N 和水溶态 C/N）	一般地，固相 C/N 从初始的（25～30）∶1 或更高降低到（15～20）∶1 以下时，认为堆肥已腐熟
	氮化合物（NH_4^+-N、NO_3^--N、NO_2^--N）	对于活性污泥、稻草的堆肥，当氨化作用已经完成，亚硝化作用开始的时候，可认为堆肥已腐熟。多数情况下，该参数不作为堆肥腐熟的绝对指标
	阳离子交换量（CEC）	生活垃圾堆肥 CEC>60mmol 时，CEC 可作为堆肥腐熟的指标。对 C/N 较低的废物，CEC 波动大，不能作为腐熟度评价参数
	有机化合物（还原糖、脂类化合物、纤维素、半纤维素、淀粉等）	腐熟堆肥的化学需氧量（COD）为 60～110mg/g 干堆肥，动物排泄物堆肥 COD 小于 700mg/g 干堆肥时达到腐熟。堆肥产品中，五日生化需氧量（BOD_5）应小于 5mg/g 干堆肥。挥发性固体（VS）含量应低于 65%；淀粉检不出。水溶性有机质含量<2.2g/L，可浸提有机物的产生或消失，可作为堆肥腐熟的指标
	腐殖质	腐殖化指数(HI)=胡敏酸（HA）/富里酸（FA）；腐殖化率（HR）=HA/[FA+未腐殖化的组分（NHF）]；胡敏酸的含量（HP）=HA×100/腐殖质（HS）。HA 的升高代表了堆肥的腐殖化和腐熟程度。当 HI 达到 3、HR 达到 1.35 时堆肥已腐熟
生物活性	呼吸作用（耗氧速率、CO_2 释放速率）	一般，耗氧速率在（0.02%～0.1%）/min（单位时间内氧在气体中体积分数减少值）的稳定范围为最佳。当堆肥释放 CO_2 在 2mg/g 堆肥碳以下时，可认为达到腐熟
	微生物种群和数量	堆肥中的寄生虫、病原体被杀死，腐殖质开始形成，堆肥达到初步腐熟。在堆肥腐熟期主要以放线菌为主
	酶学分析	水解酶活性较低反映堆肥达到腐熟，纤维素酶和脂酶活性在堆肥后期（80～120d）迅速增加，可间接了解堆肥的稳定性
植物毒性	发芽实验	植物毒性消除，可认为堆肥已腐熟
	植物生长实验	植物生长评价只能作为堆肥腐熟度评价的一个辅助性指标，不能作为唯一指标

6.2.2　堆肥工艺与设备

6.2.2.1　堆肥工艺

（1）堆肥的基本工艺

尽管堆肥系统组成多种多样，但其基本工序通常都由前处理、主发酵（一次发酵）、后发酵（二次发酵）、后处理、脱臭及储存等工序组成。堆肥的一般流程见图 6-1。底料为堆肥系统处理对象，一般是污泥、城市有机固体废弃物、农林废弃物和庭院废弃物等。调理剂可分为两种类型：①结构调理剂是无机物或有机物，主要目的是减小底料密度，增加底料空隙，从而有利于通风。②能源调理剂是有机物，用于增加可生化降解有机物的含量，从而增加混合物的能量。

图 6-1　堆肥工艺示意图

① 前处理。前处理一般包括破碎、分选、筛分等工序，通过破碎、分选和筛分可去除粗大垃圾和不能堆肥的物质，通过破碎可使堆肥原料和含水率达到一定程度的均匀化。同时，破碎、筛分使原料的表面积增大，便于微生物生长繁殖，从而提高发酵速度。从理论上讲，粒径越小越容易分解。但是，在增加物料表面积的同时，还必须保持一定程度的空隙率，以便于通风而使物料能够获得充足的氧量供应。最佳粒径随固体废弃物的物理特性变化而变化。当以粪便或污泥等含水率较高的物质为堆肥原料时，在前处理过程中需调节水分和 C/N，有时尚需添加一些菌种和酶制剂。

② 主发酵。通常将堆体温度升高到开始降低为止的阶段称为主发酵（一次发酵）期，根据发酵条件的差异，城市有机固体废弃物的好氧堆肥主发酵期为 4～28d。主发酵可在露天或堆肥反应器内进行，通过翻堆或强制通风向堆肥物料供给氧气。发酵初期物质的分解是靠嗜温菌（30～40℃为最适宜生长温度）进行的，随着堆肥温度上升，嗜热菌取代了嗜温菌。堆肥从升温阶段进入高温阶段。此时应采取温度控制手段，以免温度过高，同时应确保供氧充足。经过一段时间后，大部分有机物被降解，各种病原菌被杀灭，堆体温度开始下降。

③ 后发酵。在后发酵（二次发酵）工序中，将主发酵工序尚未分解的易分解和较难分解的有机物进一步分解，使之变成腐殖酸、氨基酸等比较稳定的有机物，得到成熟的堆肥制品。通常，后发酵阶段的物料堆积成 1～2m 高的堆层，通过自然通风和间歇性翻堆进行敞开式后发酵，但需防止雨水流入。这一阶段的反应速度较低，耗氧量下降，所需时间较长。后发酵时间取决于堆肥的使用情况，通常在 20～40d。

④ 后处理。经过二次发酵后的物料基本已成为粗堆肥。但城市固体废弃物堆肥中，仍然存在塑料、玻璃、陶瓷、金属、小石块等杂物。因此，还要经过一道分选工序以去除这类杂物，并根据需要，如生产精制堆肥等，进行再破碎。除分选、破碎设备外，后处理工序还应用打包装袋、压实选粒等设备，可根据实际情况进行必要的选择。

⑤ 脱臭。在堆肥过程中，由于堆肥物料局部或某段时间内的厌氧消化会导致臭气产生，因此，需进行堆肥脱臭处理，主要方法有化学除臭剂除臭，碱水和水溶液过滤，活性炭、沸石等吸附剂吸附。堆肥场中较为实用的除臭装置是堆肥过滤器（堆高 0.8～1.2m），当臭气通过该装置时，恶臭成分被熟化后的堆肥吸附，进而被其中的好氧微生物分解而脱臭。若条件许可，也可采用热力法，将堆肥排气（含氧量约为 18%）作为焚烧炉或工业锅炉的助燃空气，利用炉内高温、热力降解臭味分子，消除臭味。

⑥ 储存。堆肥一般在春秋两季使用，夏冬两季生产的堆肥只能储存，所以要建立可储存 6个月生产量的库房。可直接堆存在二次发酵仓中或袋装存放，这种储存要求具有干燥、透气的室内环境；如果是在密闭和受潮的情况下，则会影响堆肥产品的质量。

（2）典型堆肥工艺

① 静态好氧堆肥工艺。静态好氧堆肥常采用露天的静态强制通风垛形式，或在密闭的发酵池、发酵箱、静态发酵仓内进行。一批原料堆积成条垛或置于发酵装置内后，不再添加新料和翻倒，直到堆肥腐熟后运出。但由于堆肥物料一直处于静止状态，导致物料及微生物生长的不均匀性，尤其对有机质含量高于50%的物料，静态强制通风较困难，易造成厌氧状态，使发酵周期延长。

② 间歇式好氧动态堆肥工艺。间歇式堆肥采用静态一次发酵的技术路线，其发酵周期缩短，堆肥体积小。它将原料分批发酵，一批原料堆积之后不再添加新料，待发酵成为腐殖土后运出。发酵通常采用间歇翻堆的强制通风垛或间歇进出料的发酵仓。间歇式发酵装置有长方形池式发酵仓、倾斜床式发酵仓、立式圆筒形发酵仓等。

③ 连续式好氧动态堆肥工艺。连续式堆肥采取连续进料和连续出料的方式，原料在一个专设的发酵装置内完成升温和高温发酵过程。此系统中的物料处于一种连续翻动的动态情况下，物料组分混合均匀，为传质和传热创造了良好条件，加快了有机物的降解速率，同时易形成空隙，便于水分蒸发，因而使发酵周期缩短，可有效地杀灭病原微生物，并可防止异味的产生，是一种发酵时间更短的动态二次发酵工艺。连续式堆肥可有效地处理高有机质含量的原料，因此在一些发达国家被广泛采用。图6-2所示为DANO（达诺系统）卧式回转窑垃圾堆肥系统。其主体设备为一个倾斜的卧式回转窑（滚筒）。物料由滚筒的上端进入，随着滚筒的连续旋转而不断翻滚、搅拌和混合，并逐渐向滚筒下端移动，直到最后排出。与此同时，空气由沿滚筒轴向装设的两排喷管通入筒内，发酵过程中产生的废气则通过滚筒上端的出口向外排放。

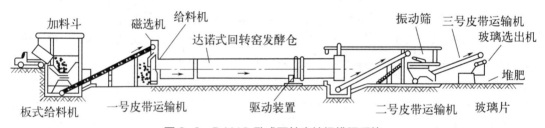

图6-2　DANO卧式回转窑垃圾堆肥系统

6.2.2.2　堆肥设备

现代化堆肥场所用设备都以工艺要求为出发点，使之具有改善和促进微生物新陈代谢的功能，同时在堆肥的过程中解决物料自动进料、出料等难题，最终达到缩短堆肥周期、提高堆肥速率和生产效率、实现机械化大生产的目的。

堆肥系统设备依据功能的不同通常可区分为计量设备、进料供料设备、预处理设备、发酵设备、后处理设备及其他辅助设备，其基本工艺流程如图6-3所示。

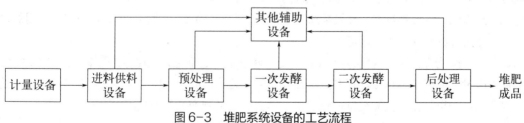

图6-3　堆肥系统设备的工艺流程

图 6-4 是某市工程应用的生活垃圾堆肥工艺流程。堆肥物料在经计量设备称重后，通过进料供料设备进入预处理设备，完成破碎、分选与混合等工艺；接着送入一次发酵设备，将发酵过程控制在适当的温度和通气量等条件下，使物料达到基本无害化和资源化的要求；经一次熟化后物料送至二次发酵设备中进行完全发酵，并通过后处理设备对其进行更细致的筛分，以去除杂质；最后烘干、造粒并压实，形成最终堆肥产品后包装运出。在堆肥的整个过程中易产生多种二次污染，如臭气、噪声和污水等，需采用相应的辅助设备予以去除，以达到保护环境的要求。

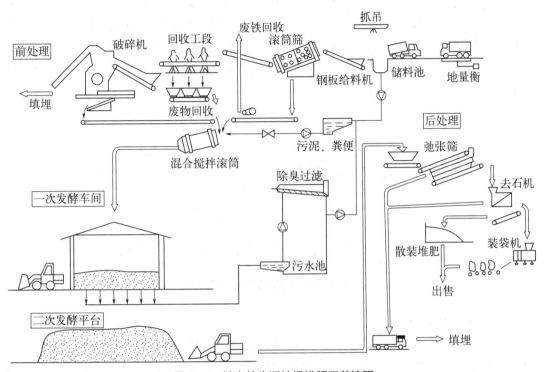

图 6-4　某市的生活垃圾堆肥工艺流程

6.3　有机固体废弃物厌氧消化处理技术

6.3.1　厌氧消化概念及影响因素

6.3.1.1　厌氧消化定义和特点

厌氧消化是指在厌氧微生物的作用下，将有机固体废弃物中可生物降解的有机物转化为 CH_4、CO_2 和稳定物质的生物化学过程。由于 CH_4 是厌氧消化产物沼气的主要成分，故厌氧消化又称为甲烷发酵。

在厌氧消化过程中，大部分有机物被分解，其能量储存在富含甲烷的沼气中，仅有一小部分有机物氧化为氮，释放的能量作为微生物生长和繁殖所需的能量。厌氧消化技术主要有以下特点：①过程可控，降解快，生产过程全封闭。②资源化效果好，可将废弃有机物中的低品位生物能转化为可以直接利用的高品位沼气。③易操作，与好氧处理相比，厌氧消化处理不需要通风动力，设施简单，运行成本低。④产品可再利用，经厌氧消化后的产物基本得到稳定，可作有机肥、饲料或堆肥原料。⑤可杀死传染性病原菌，有利于防疫。⑥厌氧过程中会产生 H_2S 等恶臭气体。⑦厌氧微生物的生长速率慢，设备体积大。

6.3.1.2 厌氧消化过程

厌氧消化过程理论包括两阶段理论、三阶段理论和四阶段理论。这里主要介绍三阶段理论。

厌氧消化一般可以分为三个阶段，即水解阶段、产酸阶段和产甲烷阶段，每一阶段各有其独特的微生物类群起作用。水解阶段起作用的细菌称为发酵细菌，包括纤维素分解菌和蛋白质水解菌。产酸阶段起作用的细菌是乙酸分解。产甲烷阶段起作用的细菌是产甲烷菌。有机物分解三阶段过程如图 6-5 所示。

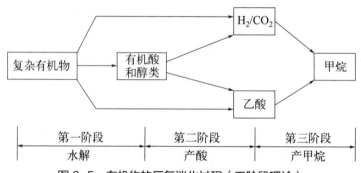

图 6-5　有机物的厌氧消化过程（三阶段理论）

（1）水解阶段

发酵细菌利用胞外酶对有机物进行体外酶解，使固体物质变成可溶于水的物质，然后，细菌吸收可溶于水的物质，并将其分解为不同产物。高分子有机物的水解速率很小，它取决于物料的性质，微生物的浓度，以及温度、pH 值等环境条件。纤维素、淀粉等水解成单糖类，蛋白质水解成氨基酸，再经脱氨基作用形成有机酸和氨，脂肪水解形成甘油和脂肪酸。

（2）产酸阶段

水解阶段产生的简单可溶性有机物在产氢和产酸细菌的作用下，进一步分解成挥发性脂肪酸（如丙酸、乙酸、丁酸、长链脂肪酸）、醇、酮、醛、CO_2 和 H_2 等。

（3）产甲烷阶段

产甲烷菌将第二阶段的产物进一步降解成 CH_4 和 CO_2，同时利用产酸阶段产生的 H_2 将部分 CO_2 再转变为 CH_4。产甲烷阶段的生化反应相当复杂，其中 72% 的 CH_4 来自乙酸，目前已经得到验证的主要反应有：

$$CH_3COOH \longrightarrow CH_4 + CO_2 \tag{6-1}$$

$$4H_2 + CO_2 \longrightarrow CH_4 + 2H_2O \tag{6-2}$$

$$4HCOOH \longrightarrow CH_4 + 2H_2O + 3CO_2 \tag{6-3}$$

$$4CH_3OH \longrightarrow 3CH_4 + 2H_2O + CO_2 \tag{6-4}$$

$$4(CH_3)_3N+6H_2O \longrightarrow 9CH_4+3CO_2+4NH_3 \qquad (6-5)$$

$$4CO+2H_2O \longrightarrow CH_4+3CO_2 \qquad (6-6)$$

由反应式可见，除乙酸分解外 CO_2 和 H_2 的反应也能产生一部分 CH_4，少量 CH_4 来自其他物质的转化。产甲烷菌的活性大小取决于在水解和产酸阶段所提供的营养物质。对于以不溶性高分子有机固体废弃物为主的污泥、餐厨垃圾等，水解阶段是整个厌氧消化过程的限速步骤。

6.3.1.3 厌氧消化的影响因素

（1）厌氧环境

厌氧消化微生物包括产酸菌和产甲烷菌两大类，它们都是厌氧菌，尤其是产生甲烷的产甲烷菌是严格厌氧菌，对氧非常敏感。它们不能在有氧的环境中生存，即便是微量的氧存在，它们的生命活动都会受到抑制，甚至是死亡。由此，建立一个不漏水、不漏气的密封消化反应器是人工制取沼气的关键。厌氧消化反应器在启动运行和加入原料时会带进一部分氧气，在密封的厌氧反应器内，好氧菌和兼性厌氧菌的作用，迅速消耗了溶解氧，为产甲烷菌创造了良好的厌氧环境。判断厌氧程度可用氧化还原电位来表示，单位是 mV，它可用 pH 计测定，需用专门的电极。厌氧条件下氧化还原电位是负值，沼气正常发酵时，氧化还原电位是 -300mV。

（2）有机固体废弃物原料性质

① 生物可降解性。有机固体废弃物的厌氧生物可降解性由两方面的因素决定：一是有机物本身的化学组成和结构；二是微生物降解此类有机物的能力。例如：脂肪需要首先被水解成长链脂肪酸，然后在低氢分压下被氧化成乙酸或者丙酸；通过细菌和产甲烷菌的共生作用可降低氢分压。所以，在产甲烷菌和细菌共存的厌氧反应器内，脂肪的生物可降解性要高于仅有细菌存在的厌氧反应器。因此，生物可降解性应理解为在特定的生态环境下，固体废弃物可被微生物降解的程度，与厌氧反应器的效率有关。

② 颗粒尺寸。为使生物化学反应顺利进行，反应物的接触面积必须足够大。反应物的表面通常随颗粒尺寸的大小呈比例变化。为尽量增大反应物的比表面积，在厌氧消化之前通常需要对物料进行粉碎。

③ 营养物。厌氧消化的原料必须含有厌氧微生物生存和增殖所必需的 C、N、P 等养分。为了有效地进行厌氧消化，C/N 和 C/P 成为重要的因素。C 是微生物细胞构成和能量的供给源，N、P 是微生物体的蛋白质、核酸的构成元素，是重要的营养源。厌氧消化的 C/N 以（20∶1）～（30∶1）为宜。C/N 过低，会造成 C 源不足，菌体增殖量降低，N 也不能被充分利用。过剩的 N 会变成游离 NH_3，抑制产甲烷菌的活动。但是，C/N 过高，容易引起酸化，导致产甲烷效率降低。P 含量以磷酸盐计，一般为有机物量的 1/1000 为宜。

④ 微量元素、抑制物和促进剂。在生物处理中，微生物细胞合成需要某些微量元素，适当的微量元素含量可以加速细胞的合成。还有些物质可以促进生物化学反应的过程，起到催化作用，如活性炭、硫酸亚铁、三氧化二铁、氧化镁和磷颗粒等。但是，也有许多物质会抑制厌氧微生物的生命活力，对厌氧反应有毒害作用。

（3）温度

温度是影响产气量的重要因素，厌氧消化可在较为广泛的温度范围内进行（30～65℃）。温度过低，厌氧消化的速率低、产气量低；温度过高，微生物处于休眠状态，不利于消化。研究发现，厌氧微生物的代谢速率在 35~38℃和 50~60℃时各有一个高峰。因此，一般厌氧消化常把温度控制在这两个范围内，以获得尽可能高的消化效率和降解速度。

（4）pH

产甲烷微生物细胞内的细胞质 pH 一般呈中性。但对于产甲烷菌来说，维持弱碱性环境是十分必要的，当 pH 低于 6.2 时，它就会失去活性。因此，在产酸菌和产甲烷菌共存的厌氧消化过程中，系统的 pH 应控制在 6.5~7.5 之间，最佳 pH 的范围是 7.0~7.2。为提高系统的缓冲能力，需要维持一定的碱度，可通过投加石灰或含氮物料的办法进行调节。

（5）接种物

有机物厌氧消化产生甲烷的过程是由多种沼气微生物来完成的，因此，在厌氧消化中加入足够所需的微生物作为接种物（亦称菌种）是极为重要的。接种物的多少决定了厌氧消化的成败，而接种物的有效成分与活性直接影响厌氧消化的效率。接种物中的有效成分是具有活性的沼气微生物群体，不同来源的接种物其活性是不同的。因此，在选择接种物时，不但要有占投料量 20%~30%的接种物，而且更应该选择活性强的接种物。若投料时微生物数量和种类都不够，应人工加入微生物，如加入含有丰富沼气微生物的污泥作为接种物。

（6）促进剂和抑制物

在发酵液中添加少量的硫酸锌、磷矿粉、炼钢渣、碳酸钙等，有助于促进厌氧消化，提高产气量和原料利用率，其中添加磷矿粉的效果最佳。同时添加少量钾、钠、镁、锌、磷等元素也能提高产气率。但是也有些化学物质能抑制发酵微生物的生命活力，当原料中含氮化合物过多，如蛋白质、氨基酸、尿素等被分解成铵盐，会抑制甲烷发酵。因此，当原料中氮化合物比较多的时候应适当添加碳源，调节 C/N 在（20~30）∶1 范围内。此外，当铜、锌、铬等重金属及氰化物含量过高时，也会不同程度地抑制厌氧消化。因此在厌氧消化过程中应尽可能避免这些物质的混入。

（7）搅拌方式

搅拌对正常的厌氧消化也是重要的。我国农村的沼气发酵原料以秸秆、杂草和树叶等为主，需要进行搅拌才能达到较好的发酵结果。从实验室的模型沼气池内可以看出，在不搅拌的情况下沼气池内明显分为四层：最底层为污泥层，上表层为一层很厚的浮壳，中间为清液层，清液层下部为原料。中间的清液层和表面浮壳产气很少。有效的产气部位是原料沉积层，随时可以看到气泡从这个部位冒出，从沼气池内原料的实际分层情况来看也是如此。搅拌的目的是使消化原料均匀分布，增加微生物与原料的接触，加快消化速度。发酵液面经常处于活动状态，不利于液面结壳。经常搅拌回流沼气池的消化原料，不仅可以破除池内浮壳，而且能使原料与沼气细菌充分接触，促进沼气细菌的新陈代谢，使其迅速生长繁殖，加快消化速度，提高产气量。

6.3.2　厌氧消化工艺与设备

随着工业化、系统化、高效化要求的提高，厌氧消化设备经历了两大阶段。第一阶段为传统发酵设备系统，一般无搅拌装置，死区多（大型设备达 61%~77%），速率慢，水力停留时间长（60～100d），负荷率低。第二阶段为现代高效工业化发酵设备系统，有效克服了上述问题，为大量处理生活垃圾等有机固体废弃物提供了可能。

6.3.2.1 传统发酵系统

传统发酵系统主要用于间歇性、低容量、小型的农业或半工业化人工制取沼气过程，一般称为沼气发酵池（沼气池）、沼气发生器或厌氧消化器。其中，发酵罐是整套发酵装置的核心部分。除发酵罐外，发酵系统的其他附属设备有气压表、导气管、出料机、预处理装置（粉碎、升温、预处理池等）、搅拌器、加热管等。

传统发酵系统中沼气池的建造材料通常有炉渣、碎石、卵石、石灰、砖、水泥、混凝土、三合土、钢板、镀锌管件等。沼气池的种类很多，按发酵间的结构形式有圆形池、长方形池、镡形池和扁球形池等；按储气方式有气袋式、水压式和浮罩式；按埋没方式有地下式、半埋式和地上式。以下是几种目前常用的传统沼气发酵池。

（1）立式圆形水压式沼气池

我国农村多采用立式圆形水压式沼气池，在埋没方式与储气方式方面多采用地下埋没和水压式储气。图 6-6 为水压式沼气池结构与工作原理示意图。

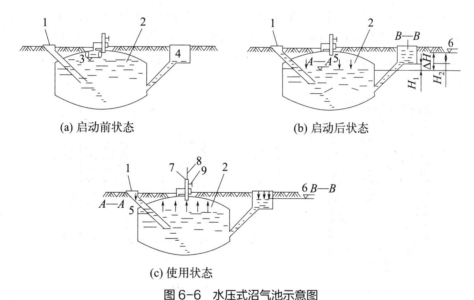

图 6-6　水压式沼气池示意图

1—加料管；2—发酵间（储气部分）；3—发酵间液面；4—水压箱液面；
5—发酵间料液液面 A—A；6—水压箱液面 B—B；7—导气管；8—沼气输气管；9—控制阀

水压式沼气池的工作原理是：产气时，沼气压料液使水压箱内液面升高；用气时，料液压沼气供气。产气、用气循环工作，依靠水压箱内料液的自动升降，使气室的气压自动调节，从而保证燃烧炉的火力稳定。该沼气池主要结构包括加料管、发酵间、出料管、水压箱、导气管。

水压式沼气池的优点是：结构比较简单，造价低，施工方便。缺点是：气压不稳定，对产气不利；池温低，不能保持升温，将严重影响产气量，原料利用率低（仅 10%～20%）；大换料和密封都不方便；产气率低[平均 0.1～0.15m^3/(m^3 料液·d)]，而且这种沼气池防渗措施要求相对较高，给燃烧室的设计带来一定困难。通常需靠近厕所、牲畜圈建造这种沼气池，以便粪便自动流入池内，方便管理，同时有利于保持池温，提高产气率，改善环境卫生。

图6-6（a）是沼气池启动前状态，池内初加新料，处于尚未产生沼气阶段。其发酵间与水压箱的液面处于同一水平，称为初始工作状态，发酵间的液面为0—0水平，发酵间内尚存的空间（V_0）为死气箱容积。图6-6（b）是启动后状态。此时，沼气池内开始发酵产气，发酵间气压随产气量增加而增大，造成水压箱液面高于发酵间液面。当发酵间内储气量达到最大量（$V_储$）时，发酵间液面下降到最低位置A—A水平，水压箱液面上升到可上升的最高位置B—B水平，此时称为极限工作状态。极限工作状态时的两液面高度差最大，称为极限沼气压强。沼气池最大液面差可用下式表示：

$$\Delta H = H_1 + H_2 \tag{6-7}$$

式中，H_1为发酵间液面最大下降值，m；H_2为水压箱液面最大上升值，m；ΔH为沼气池最大液面差，m。

图6-6（c）表示使用沼气后，发酵间压力降低，水压箱液体回流入发酵间，从而使得在产气和用气过程中，发酵间和水压箱液面总处于初始状态和极限状态之间。

（2）立式圆形半埋式沼气发酵池组

我国城市粪便沼气发酵多采用发酵池组。图6-7为用于处理粪便的一组圆形半埋式组合沼气池的平面图。该池采用浮罩式储气。工艺操作简便，造价低廉，当气源不足时，可从投料孔添进一些发酵辅助物，如树叶、稻草、生活垃圾、工业废水等，以帮助提高产气量。

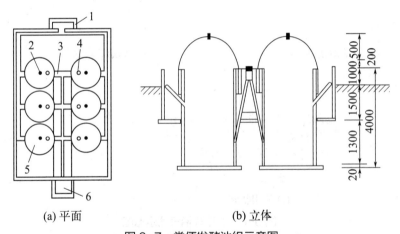

（a）平面 （b）立体

图6-7 粪便发酵池组示意图
1—出料池；2—出气孔；3—进料口；4—加料孔；5—发酵池；6—进料池

（3）长方形发酵池

长方形（或方形）发酵池由发酵室、气体储藏室、储水库、进料口、出料口、搅拌器、导气喇叭口等部分组成，见图 6-8。发酵室主要用于储藏供发酵的废料。气体储藏室与发酵室相通，位于发酵室的上部，用于储藏产生的气体。物料分别从进料口和出料口加入和排出。储水库的主要作用是调节气体储藏室的压力。若室内气压很高时，就可将发酵室内经发酵的废液通过进料间的通水穴压入储水库内。相反，若气体储藏室内压力不足时，储水库中的水由于自重便流入发酵室，就这样通过水量调节气体储藏的空间，使气压相对稳定，保证供气。通过搅拌器使发酵室物料不沉到底部加速发酵。产生的气体通过导气喇叭口输送到外面的导气管。

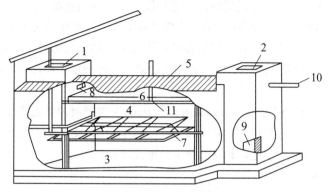

图6-8　长方形发酵池

1—进料口；2—出料口；3—发酵室；4—气体储藏室；5—木板盖；6—储水库；
7—搅拌器；8—通水穴；9—出料门洞；10—粪水溢水管；11—导气喇叭口

6.3.2.2　现代大型工业化沼气发酵设备

虽然传统的小型沼气发酵系统由于结构简单、造价低、施工方便、管理技术要求不高等优点得到普及，但是其发酵罐体积小，不能消耗大量有机废物，产生的沼气量少、质量低、效率不高、途径单一，发酵周期长，使得现代大型工业化沼气发酵设备的开发与利用迫在眉睫。

现代大型沼气发酵设备中，发酵罐是最重要的核心部分。发酵罐的大小、结构类型直接影响到整个发酵系统的应用范围、工业化程度、沼气的产量和质量、回收能源的利用途径以及产品的市场前景等，而要获得一个比较完善的厌氧反应过程必须具备以下条件：

① 要有一个完全密闭的反应空间，使之处于完全厌氧状态。

② 反应器反应空间的大小要保证反应物质有足够的反应停留时间。

③ 要有可控的污泥（或有机废物）、营养物添加系统。

④ 要具备一定的反应温度。

⑤ 反应器中反应所需的物理条件要均衡稳定（要求在反应器中增加循环系统，使反应物处于不断循环状态）。

在设计发酵罐时，要充分考虑上述几个关键因素，选择合适的发酵罐类型和安装技术，这样有助于发酵罐内反应污泥的完全混合，防止底部污泥的沉积，减少表面浮渣层的形成，有利于沼气的产生。同时，发酵罐类型也决定了内部的能量分布状况，好的发酵罐有助于降低能耗、节约能源并使能量在整个发酵罐内合理分配。

早期，由于混凝土施工技术水平的局限性，发酵罐的结构比较简单，效率非常低，到了20世纪20年代，密闭加热式发酵罐开始流行并且一些相关的技术也开始萌芽并发展起来。图6-9所示为目前最常见的几种类型的发酵罐。

① 欧美型。欧美型（anglo-american shape）结构的发酵罐，其直径/高度一般大于1，顶部有浮罩，顶部和底部都有一小坡度，并由四周向中心凹陷，形成一个小锥体。在运行过程中，发酵罐底部的沉积以及表面的浮渣层等问题可通过向罐中加气形成循环对流来解决。

② 经典型。经典型（classical shape）发酵罐在结构上主要分三部分，中间为直径/高度为1的圆筒，上下两头分别有一个圆锥体。底部锥体的倾斜度为1.0～1.7，顶部为0.6～1.0。经典型结构有助于发酵污泥处于均匀、完全循环状态。

③ 蛋型。蛋型（egg shape）发酵罐是在经典型发酵罐的基础上加以改进而形成的。混凝土施工技术的进步，使得这种类型发酵罐的建造得以实现并迅速发展。蛋型发酵罐有两个特点：一是发酵罐两端的锥体与中部罐体结合时，不像经典型发酵罐那样形成一个角度，而是光滑的，逐步过渡的，这样有利于发酵污泥的彻底循环，不会形成循环死角。二是底部锥体比较陡峭，反应污泥与罐壁的接触面积比较小。这二者为发酵罐内污泥形成循环及均一的反应工况提供了最佳条件。

④ 欧洲平底型。欧洲平底型（european plain shape）发酵罐的各类指标介于欧美型与经典型之间。同经典型相比，它的施工费用较低，同欧美型相比，其直径/高度更合理。但这种结构的发酵罐，在其内部安装污泥循环设备选择的余地比较小。

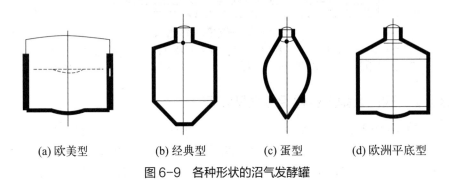

(a) 欧美型　　　　(b) 经典型　　　　(c) 蛋型　　　　(d) 欧洲平底型

图6-9　各种形状的沼气发酵罐

6.3.2.3　发酵工艺

沼气发酵工艺包括从发酵原料到生产沼气的整个过程所采用的技术和方法。它主要包括：原料的收集和预处理，接种物的选择和富集，沼气发酵装置形状选择、启动和日常运行管理，副产品沼渣和沼液的处置等技术措施。沼气发酵工艺的研究已有百年历史，已开发出多种发酵工艺。

① 根据发酵温度可分为高温发酵、中温发酵、常温发酵。

a. 高温发酵指发酵温度在 50～60℃的沼气发酵。其特点是微生物特别活跃，有机物分解消化快，产气率高[一般在 $2.0m^3/(m^3$ 料液·d) 以上]，滞留期短。主要适用于处理温度较高的有机固体废弃物。对于有特殊要求的有机固体废弃物，例如杀灭人粪中的寄生虫卵和病菌，也可采用该工艺。

b. 中温发酵指发酵温度维持在 30～35℃的沼气发酵。此发酵工艺有机物消化速度较快，产气率较高[一般在 $1.0m^3/(m^3$ 料液·d) 以上]，在实际中应用较多。

c. 常温发酵指在自然温度下进行的沼气发酵。该工艺的发酵温度不受人为控制，基本上是随气温变化而不断变化，通常夏季产气率较高，冬季产气率较低。这种发酵工艺的优点是发酵池结构相对简单，造价较低。一般固体废弃物处理很少采用常温厌氧消化。

② 根据发酵工艺系统中相互连通的发酵池的数量多少可分为单级、两级和多级发酵。

a. 单级发酵。混合发酵只有一个发酵池（或发酵装置），其沼气发酵过程只是在一个发酵池内进行，设备简单，但条件控制较困难。

b. 两级和多级发酵。为了提高有机物的消化率和去除率，开发了两级和多级发酵工艺。这种发酵类型的特点是发酵在两个或两个以上的相互连通的发酵池内进行。原料先在第一个发酵池滞留一定时间进行分解、产气，然后料液从第一个发酵池进入第二个或其余的发酵池继续发酵产气。该发酵工艺滞留期长，有机物分解彻底，但投资较高。

③ 根据投料运转方式可分为连续发酵、半连续发酵、批量发酵、两步发酵。

a. 连续发酵从投料启动并稳定运行后，按一定的负荷量连续进料。此发酵工艺能保持稳定的有机物消化速度和产气率，适于处理来源稳定的城市污水、工业废水和大、中型畜牧场的粪便等。

b. 半连续发酵在启动时一次性投入较多的发酵原料，当产气量趋于下降时，开始定期添加新料和排出旧料，以维持比较稳定的产气率。我国农村由于原料特点和用肥集中等，主要采用这种发酵工艺。半连续沼气发酵工艺处理固体有机废弃物的工艺程序见图6-10。

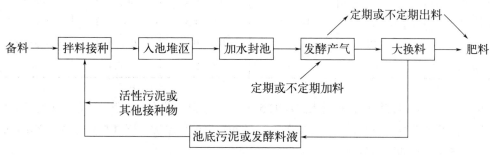

图6-10 半连续沼气发酵工艺流程图

c. 批量发酵是一次投料发酵，运转期中不添加新料，当发酵周期结束后，取出旧料再重新投入新料发酵。这种发酵工艺的产气量在初期上升很快，维持一段时间的产气高峰后即逐渐下降。因此，该工艺的发酵产气是不均衡的。目前，该工艺主要应用于研究有机物沼气发酵的规律和发酵产气的关系等方面。

d. 两步发酵根据沼气发酵分段学说，将沼气发酵全过程分为两个阶段，在两个池子内进行。第一个水解产酸池，装入高浓度的发酵原料，在此沤制产生浓的挥发酸溶液。第二个产甲烷池，以水解池产生的酸液为原料产气。该工艺可大幅度提高产气率，气体中甲烷含量也有提高，同时实现了渣液分离，使得在固体有机物的处理中，引入高效厌氧处理器成为可能，具体工艺流程见图6-11。

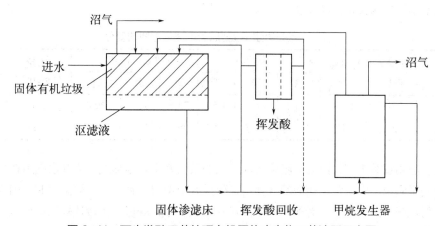

图6-11 两步发酵工艺处理有机固体废弃物工艺流程示意图

6.3.3 沼液与沼渣的综合利用

在厌氧条件下，各种农业废物和人畜粪便等有机固体废弃物经过沼气发酵后，除碳、氢组成沼气外，其他有利于农作物的氮、磷、钾等元素几乎没有损失。这种发酵余物是一种优质的有机肥，通常称为沼气肥。其中，沼液称为沼气水肥，沼渣称为沼气渣肥，其主要成分含量与其他有机肥比较见表6-2。

表6-2 沼气肥和其他有机肥主要成分比较

成分 肥料	有机质/%	腐殖酸/%	全氮/%	全磷/%	全钾/%
沼气水肥	—	—	0.03～0.08	0.02～0.06	0.05～0.10
沼气渣肥	30～50	10～20	0.8～1.5	0.4～0.6	0.6～1.2
人尿粪	5～10	—	0.5～0.8	0.2～0.4	0.2～0.3
猪粪	15	—	0.56	0.4	0.44

可见，沼气肥的有机质含量是人尿粪的5～6倍，全氮也略高。水肥中可溶性养分多，但含量较低。渣肥的养分含量高，含有丰富的有机质和较多的腐殖酸。沼气肥具有原料来源广、成本低、养分全、肥效长等特点。

沼液是一种速效肥料，适合菜田或有灌溉条件的旱田作追肥使用。长期施用沼液可促进土壤团粒结构的形成，使土壤疏松，增强土壤保肥保水能力，改善土壤理化性质，使土壤有机质、全氮、全磷及有效磷等养分均有不同程度的提高，因此，对农作物有明显的增肥效果，每亩用量为1000～1500kg。用沼液进行根外追肥或进行叶面喷施，其营养成分可直接被作物茎叶吸收，参与光合作用，从而增加产量、提高品质，同时增强抗病和防冻能力，对防治作物病虫害很有益。若将沼液和农药配合使用，会大大超过单施农药的治虫效果。

沼渣含有较全面的养分和丰富的有机物，是一种缓速并改良土壤功效的优质肥料。连年施用沼气渣肥的试验表明，使用沼渣的土壤中，有机质与氮磷含量都比未施沼气渣肥的土壤有所增加，而土壤密度下降，孔隙度增加，理化性质得到改善，保水保肥能力增强，见表6-3。沼渣单作基肥效果很好，若和沼液浸种、根外追肥相结合，效果更好，还可使作物和果树在整个生育期内基本不发生病虫害，减少化肥和农药的施用量。

表6-3 施用沼气渣肥后土壤理化性质的变化

项目 类别	酸碱度 (pH)	有机质 /%	含量/%			有效量/（mg/L）			密度 /（g/cm³）	孔隙度 /%
			氮	磷	钾	氮	磷	钾		
对照	7.62	1.37	0.062	0.154	1.58	73.5	32.9	79.4	1.37	48.7
施沼气渣肥	7.62	2.17	0.080	0.156	1.64	96.2	36.3	112.8	1.18	55.0

沼气肥应用试验表明，沼气渣肥用在水稻上的效果好于旱地作物，沼气水肥用在旱地作物上的效果好于水田。沼气肥与化肥配合使用，效果好于单用一种的增产效果之和。因为有机肥是迟效肥而化肥是速效肥，二者配合使用能相互取长补短，既保证了较快较高的肥效，又能避免连续大量施用化肥对土壤结构的破坏及土壤肥力的降低。

6.4 有机固体废弃物热解处理技术

热解技术作为一种传统的工业化技术，大量应用于木材、煤炭、重油、油母页岩等燃料的加工处理。例如：木材通过热解干馏可得到木炭；以焦煤为主要成分通过煤的热解炭化可得到焦炭；气煤、半焦等原料通过热解气化可得到煤气；重油也可进行热解气化处理。在以上诸多工艺中，要以焦煤热解炭化制造焦炭技术的应用最为广泛且成熟。

但是，对城市固体废弃物热解技术的研究直到20世纪60年代才开始得到关注和重视，到了70年代初期，固体废弃物的热解处理才得到实际应用。固体废弃物经过热解处理除了可以得到便于储存和运输的燃料及化学产品外，在高温条件下所得到的炭渣还会与物料中某些无机物与金属成分构成硬而脆的惰性固态产物，使其后续的填埋处置作业可以更为安全和便利地进行。利用热解法处理固体废弃物虽然还存在一些问题，但已经达到工业规模，实践表明这是一种很有发展前景的固体废弃物处理技术。其工艺适于处理包括生活垃圾、污泥、废塑料、废树脂、废橡胶、人畜粪便等工业和农业固体废弃物在内的具有一定能量的有机固体废弃物。

6.4.1 热解原理及影响因素

6.4.1.1 热解定义

热解在英文中使用"pyrolysis"一词，在工业上也称为干馏，即指在无氧或缺氧的状态下加热，利用热能使化合物的化合键断裂，由大分子量的有机物转化成小分子量的可燃气体、液体燃料和焦炭的过程。

6.4.1.2 热解产物

热解过程的主要产物有可燃气体、有机液体和固体残渣。

① 以 H_2、CO、CH_4、C_2H_4 等低分子烃类化合物为主的可燃气体。

② 以 CH_3COOH、CH_3COCH_3、CH_3OH 等化合物为主的有机液体。

③ 纯碳与金属、玻璃、砂土等混合物形成的炭黑，即固体残渣。

热解是一个复杂的、同时的、连续的化学反应过程，在反应中包含着复杂的有机物断键、异构化等反应。热解的中间产物一方面进行大分子裂解成小分子直至气体的过程，另一方面又使小分子聚合成较大的分子。

将可燃性固体废弃物在无氧气氛下加热，在500～550℃下低分子转化为油状物，如进一步加热到900℃，几乎全部气化。把热解温度控制在油化阶段，由废物得到油、焦油等，精制后得到燃料油，这是热解的油化过程。在800～900℃下进行热分解是热解的产气化阶段。

6.4.1.3 热解与焚烧的区别

热解法与焚烧法相比是完全不同的两个过程。

① 焚烧的产物主要是二氧化碳和水；而热解的产物主要是可燃的低分子化合物：气态的有氢气、甲烷、一氧化碳；液态的有甲醇、丙酮、醋酸、乙醛等有机物及焦油、溶剂油等；固态的主要是焦炭或炭黑。

② 焚烧是一个放热过程，而热解需要吸收大量的热量。

③ 焚烧产生的热能量大的可用于发电，量小的只可供加热水或产生蒸汽，适于就近利用，而热解的产物是燃料油及燃料气，便于储藏和远距离输送。

6.4.1.4 热解的优点

与焚烧相比，固体废弃物热解的主要优点是：

① 可以将固体废弃物中的有机物转化为以燃料气、燃料油和炭黑为主的储存性能源；

② 由于是缺氧分解，排气量少，有利于减轻对大气环境的二次污染；

③ 废物中的硫、重金属等有害成分大部分被固定在炭黑中；

④ 由于保持还原条件，Cr^{3+} 不会转化为 Cr^{6+}；

⑤ NO_x 的产生量少。

6.4.1.5 影响热解的主要因素

（1）温度

反应器的关键控制变量是热解温度，热解产物的产量和成分可通过控制反应器的温度来有效改变。热解温度和气体产量成正比，而各种液体物质和固体残渣均随分解温度的增加而相应减少。此外，热解温度不仅影响气体产量，也影响气体质量。

（2）湿度

热解过程中湿度的影响是多方面的，主要表现为影响气体的产量和成分、热解的内部化学过程以及影响整个系统的能量平衡。热解过程中的水分来自两方面，即物料自身的水和外加的高温水蒸气。反应过程中生成的水分的作用更接近于外加的高温水蒸气。

物料中的含水率，对不同物料来讲其变化非常大，对单一物料而言就比较稳定。我国的生活垃圾含水率一般均可达 40%左右，有时超过 60%。这部分水在热解过程前期的干燥阶段（105℃以前）总是先失去，最后凝结在冷却系统中或随热解气一同排出。如果它以水蒸气的形式与可燃的热解气共存，则会严重降低热解气的热值和可用性。因此，在热解系统中要求将水分凝结下来，以提高热解气的可用性。

水分对热解的影响还与热解的方式甚至具体的反应器结构相关。如直接热解方式，在 800℃以上提供水蒸气，则有水与炭的接触反应和"水煤气反应"。从实际反应效果来看，一般在反应器内温度达 900℃以上喷入水蒸气才好。进一步分析不难看出，即使是直接热解，尚与物料和产气导出的流向有关，逆向或同向流动情况是有区别的。如果导出气与物料流动方向相同，即含水分的导出气将经过高温区，此时产气的组成与逆向流动时是不同的。

（3）反应时间

反应时间是指反应物料完成反应在炉内停留的时间。它与物料尺寸、物料分子结构特性、反应器内的温度水平、热解方式等因素有关，并且影响热解产物的成分和总量。

一般而言，物料尺寸愈小，反应时间愈短；物料分子结构愈复杂，反应时间愈长；反应温度愈高，反应物颗粒内外温度梯度愈大，这就会加快物料被加热的速度，缩短反应时间。热解方式对反应时间的影响比较明显，直接热解与间接热解相比热解时间要短得多。因为直接热解可理解为在反应器同一断面的物料基本上处于等温状态，而壁式间接加热，在反应器的同一断面上就不是等温状态，而存在一个温度梯度。采用中间介质的间接热解方式，热解反应时间与处理的量有关，处理的量的大小与反应器的热平衡直接相关，与设备的尺寸相关。如采用间接加热的沸腾床，它的反应时间短，但单位时间的处理量不大，要加大处理量，相应的设备尺寸也要加大。

（4）加热速率

加热速率的快慢直接影响固体废弃物的热解历程，从而也影响热解的产物。在低温-低速条件下，有机物分子有足够时间在其最薄弱的接点处分解，重新结合为热稳定性固体，而难以进一步分解，固体产率增加；在高温-高速条件下，热解速度快，有机物分子结构发生全面裂解，生成大范围的低分子有机物，产物中气体组分增加。

（5）物料粒径及其分布

物料的粒径及其分布影响到物料之间的温度传递以及气体流动，因而对热解也有影响。

6.4.2　热解工艺及其在有机固体废弃物处理中的应用

6.4.2.1　热解工艺分类

适合市政有机固体废弃物热解处理的工艺较多。无论何种工艺，其热解产物的组成和数量基本上与物料构成特性、预处理程度、热解反应温度和物料停留时间等因素有关。热解大体上可按加热方式、热解温度、生成产品等进行分类。

（1）按加热方式分类

热解一般是吸热反应，需要提供热源对物料进行加热。根据加热方式的不同，可将热解分成直接加热和间接加热两类。

① 直接加热法。由于燃烧需要提供氧气，因而就会产生 CO_2、H_2O 以及一些惰性气体混在热解可燃气中，结果稀释了可燃气，降低了热解气体的热值。如果采用空气作氧化剂，热解气体中不仅有 CO_2、H_2O，而且含有大量的 N_2，更是稀释了可燃气，热解气体的热值更低。因此，采用的氧化剂不同，其热解气体的热值也不同。直接加热法的设备简单，可采用高温热解，其处理量大，产气率高，但所产气体的热值并不高，还不能作为单一燃料直接利用。此外，采用高温热解时，在 NO_x 产生的控制上，还需要认真考虑。

② 间接加热法。间接加热法是将被热解的物质与热介质分离开在热解反应器（或热解炉）进行热解的一种方法，可以利用墙式导热或中间介质来传热（热砂或熔化的某种金属床层）。墙式导热方式由于热阻大，熔渣可能会包裹传热墙面或出现腐蚀等问题，不能采用更高的热解温度，因而使用受到限制；采用中间介质传热，虽然可能出现固体传热或物料与中间介质的分离等问题，但综合比较起来，中间介质传热要比墙式导热方式好一些。间接加热法的主要优点在于气体产物的品位较高，完全可以作为燃气直接使用，但其产气率和产气量大大低于直接加热法。一般而言，除流化床技术外，间接加热法的物料被加热的性能较直接加热法差，从而增长了物料在反应器里的停留时间，也就是说，间接加热法的生产率低于直接加热法。间接加热法不可能采用高温热解方式，这减轻了对产生 NO_x 的顾虑。

（2）按热解温度分类

① 低温热解的温度一般都在 600℃以下。农业、林业产品加工后的废弃物用来生产低硫、

低灰的炭就可采用这种方法。生产出的炭视其原料和加工的深度不同，可作不同等级的活性炭和水煤气原料。

② 中温热解的温度一般在 600～700℃，中温热解主要用在比较单一的物料作能源和资源回收的工艺上，像废轮胎、废塑料转换成类重油物质可作化工初级原料。

③ 高温热解的温度一般在 1000℃以上。高温热解采用的加热方式几乎都是直接加热。如果采用高温纯氧热解工艺，反应器中的氧化-熔渣区段的温度可高达 1500℃，从而将热解残留的惰性固体（金属盐类及其氧化物和氧化硅等）熔化，以液态渣形式排出反应器，再经清水淬冷后粒化，从而可大大减小固态残余物处理的困难。这种粒化的玻璃态渣可作建筑材料的骨料。

（3）按生成产品分类

① 热解造油的温度一般在 500℃以下，在隔氧条件下使有机物裂解，生成燃油。

② 热解造气是将有机废物在较高温度下转变成气体燃料，通过对反应温度、加热时间及气化剂的控制，产生大量的可燃气体，这些气体经净化回收可直接加以利用或储存于罐中待用。

6.4.2.2　生活垃圾的热解

（1）生活垃圾热解技术的主要类型

目前，用于处理生活垃圾的热解技术主要有：移动式熔融炉方式、回转窑方式、流化床方式、多段炉方式及 Flush Pyrolysis 方式等。在这些热解方式中，回转窑方式和 Flush Pyrolysis 方式是最早开发的生活垃圾热解技术，代表性系统有 Landgard 系统和 Occidental 系统。多段炉方式主要用于含水率较高的有机污泥的处理。流化床方式有单塔式和双塔式两种，其中双塔式流化床已经达到了工业化生产的规模。上述热解方式中，移动式熔融炉方式是生活垃圾热解技术中最成熟的。

（2）生活垃圾主要热解技术简介

新日铁垃圾热解熔融系统是将热解和熔炉一体化的设备，通过控制炉温和供氧条件，使垃圾在同一炉体内完成干燥、热解、燃烧和熔融。干燥段温度约为 300℃，热解段温度为 300～1000℃，熔融段温度为 1700～1800℃，其工艺流程如图 6-12 所示。系统工作时，垃圾由炉顶投料口加入炉内，投料口采用双重密封结构，以防止空气和热解气的混入和逸出。炉体采用立式结构，垃圾依靠自重在炉内由上而下移动，与上升的高温气体进行换热。下移过程中在干燥段脱去水分，热解段生成燃气和灰渣，灰渣中的炭黑在燃烧段与下部通入的空气进行燃烧。随着温度的提高，燃烧后的剩余残渣在熔融段形成玻璃体和铁，将重金属等有害物质固化在固相中，因而可直接填埋或用作建材。热解得到的可燃气体的热值约为 6276～10460kJ/m³，一般用于二次燃烧产生热能发电。

6.4.2.3　生物质的热解

生物质能是人类利用最早的能源之一，也是重要的可再生能源之一。由于其硫、氮含量均较低，灰分也很少，所以燃烧后的 SO_x、NO_x 和灰尘的排放量比化石燃料少得多。同时，生物质能具有 CO_2 零排放的特点。因此，研究和开发生物质能对缓解日益严重的能源供需紧张问题和环境污染问题有着特殊意义。

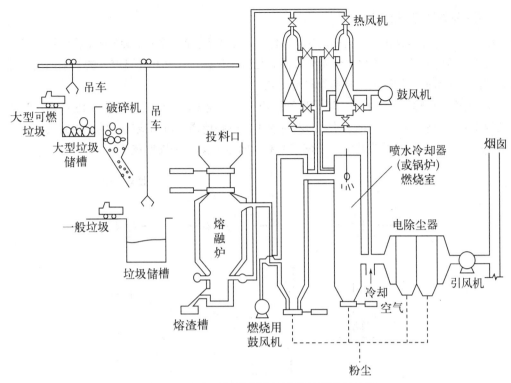

图6-12　新日铁垃圾热解熔融处理工艺流程

目前国内外在生物质利用的各种工艺中，有关生物质热解技术的研究受到人们的普遍关注，也最具有发展潜力。生物质热解是一个非常复杂的过程，是指生物质在隔绝空气条件下加热或者是在少量空气存在的条件下部分燃烧产生富含烃类化合物的混合物、含油液体混合物和含碳的固体残留物的过程。生物质热解后，可生产焦炭、油、合成气和氢气等多种燃料。通常按温度、升温速率、固体停留时间（反应时间）和颗粒大小等实验条件，可将生物质的热解分为慢速热解和快速热解两种方法。慢速热解主要产物是焦炭，生物油为副产品（占产量的15%～20%）。快速热解产物主要是生物油和气体，占产量的70%甚至更高。同时，根据是否加入反应性气体，可将其分为反应性热解和惰性热解两种类型。

（1）生物质的热解特性

生物质是指生物体通过光合作用生成的有机物，包含所有动物、植物、微生物以及由这些生命排泄和代谢所产生的有机物质，是地球上存在最广泛的物质。生物质的种类繁多，植物类包括杂草、藻类、农业废物（如秸秆、谷壳、薪柴、木屑等），非植物类主要包括畜禽粪便、城市有机垃圾及工业废水等。

生物质能是以生物质为载体的能量，即把太阳能以化学能形式固定于再生物质中的一种能量形式。生物质能是唯一可再生的碳源，并可转化成常规的固态、液态和气态燃料，这是解决未来能源危机最有潜力的途径之一。生物质能与化石能均属于以碳、氢为基本组成的化学能源，这种化学组成上的相似性也带来了利用方式的相似性，所以生物质能的利用、转化技术可以在已经成熟的常规能源技术的基础上发展、改进。但是生物质的组成多为木质素、纤维素之类难以降解的有机物，因此，其利用、转化技术也更为复杂多样。

（2）生物质热解工艺

生物质热解技术常用装置有固定床、流化床、夹带流装置、多炉、旋转炉、旋转锥反应器、分批处理装置等。其中，流化床因能很好地满足快速热解对温度和升温速率的要求而被广泛采用。下面介绍可操作性强的几种典型热解工艺。

① 气流床热解。佐治亚技术研究所开发出一种气流床，其流程图如图6-13所示。气流床直径为15cm，高为4.4m，处理对象为木材粉末，热解所需热量由载气提供。该系统进料速率为15kg/h，可生成58%的生物油（干燥基）和12%的焦炭（干燥无灰基）。

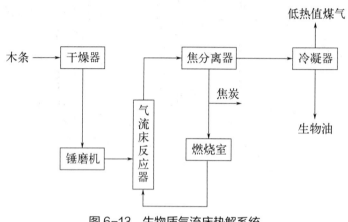

图6-13　生物质气流床热解系统

② 旋转锥热解。旋转锥热解实验系统如图6-14所示。在系统工作中，旋转的加热锥产生离心力，驱动热砂和生物质，碳在第二级鼓泡流化床中燃烧。热解反应器中的载气需要量比流化床和传输系统要少，但需要增加用于碳燃烧和砂子输送的气体量。旋转锥热解反应器、鼓泡床碳燃烧器和砂子再循环管道三个子系统同时操作比较复杂。典型液体产物的收率为60%～70%（干燥基）。

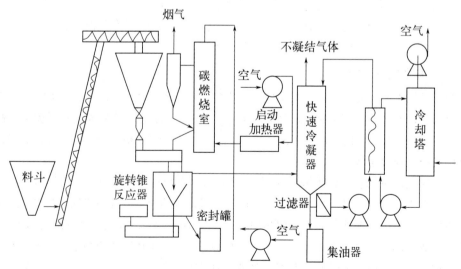

图6-14　旋转锥热解实验系统

③ 快速热解。常压下，研究人员在 450～500℃的砂浴流化床中试装置上开展了大量的研究，对温度在快速热解中的作用也进行了研究。结果表明，对任何类型的反应器，如果让生物质颗粒加热到 500℃，所需的时间远少于颗粒的停留时间。对于给定的进料速度和停留时间，反应器温度是决定焦炭、生物油和气体收率的唯一变量。

④ 低温热解。反应温度不超过 350℃，反应时间不超过 60min。在实验室规模上进行的间歇实验中，脱水污泥或其他生物质在厌氧环境下于 20min 内被缓慢加热到 300～350℃，液体产物在冰浴中收集。在连续实验中，采用一个间接加热的螺旋式火炉作为实验装置，低温热解的油收率为 18%～27%，焦炭收率为 50%～60%，油的氢碳比为 1.7。

⑤ 涡流式烧蚀热解。同其他热解工艺相比，烧蚀热解在原理上有实质性的不同。在所有其他热解方法中，生物质颗粒的传热速率限制了反应速率，因而要求生物质颗粒较小。在烧蚀热解过程中，热量通过热反应器壁面来"熔化"与其接触的、处于压力下的生物质。生物质被机械装置移走后，残留的油膜对后继的生物质有润滑作用，蒸发后即成为可凝结的生物质热解蒸气。反应速率的影响因素有压力、反应器表面温度和生物质在换热表面的相对速率等。

图 6-15 所示为涡旋式烧蚀旋转反应器系统，装置中的生物质被加速到超声速来获得筒体内的切向高压。未反应的生物质颗粒继续循环，反应生成的蒸气和细小的炭粒沿轴向离开反应器进入下一工序。典型的液体收率为 60%～65%（干燥基）。

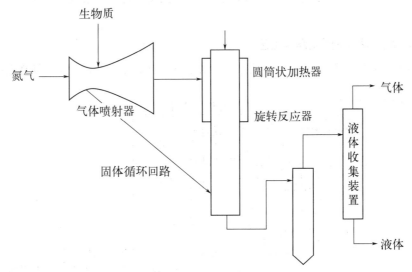

图 6-15　涡旋式烧蚀旋转反应器系统

6.4.2.4　污泥的热解

污泥热解是一种新兴的污泥处理工艺，在无氧或低于理论氧气量的条件下，将污泥加热到一定温度（高温 600～1000℃，低温 600℃以下），利用温度使污泥有机质裂解并发生热化学转化反应，使固体物质分解为油、不凝性气体和炭三种可燃物。部分产物作为前置干燥与热解的能源，其余当能源回收。

通常情况下对有机污泥滤饼采用焚烧方式处理，焚烧法虽然能大幅度减小污泥的体积，并以此来回收能量，提高热能利用率，但是，在焚烧过程中会产生二次污染问题，有些热值不高的污泥还需要辅助燃料，而且其处理设施投资大，处理费用高。然而，利用热解法处理污泥既可避免焚烧法的某些缺点，还能实现污泥的节能型、无害化处理。

（1）污泥的热解特性

污泥来自城市污水及工业废水处理过程中产生的沉淀物与漂浮物，按处理方式不同，污泥可分为沉淀污泥、腐殖污泥、剩余污泥、消化污泥、深度处理污泥五类。不同污泥在物理特性及生化特性上均具有以下特点。

① 结构松散，其外观具有类似绒毛的分支与网状结构，形状不规则，粒子质量分布高度非均匀。许多研究认为污泥结构具有自相似分形的特点，分形结构理论是一个能有效描述其结构的方法。

② 具有极高的比表面积、空隙率及含水率。比表面积介于 $20\sim100cm^2/mL$ 之间，空隙率常大于 99%，含水率通常高达 95%～99%，脱水性很差。

③ 缠绕于污泥外表面的胞外聚合物对污泥的生物絮凝性、沉降性产生直接影响，同时还能够对废水中的重金属产生吸附作用，影响污泥颗粒表面电荷的电性。

④ 污泥的元素组成受处理对象的直接影响。通常食品污泥有机元素含量较高，工业污泥重金属含量较高，城市污泥成分复杂多变。

污泥含有大量易挥发性有机物质，一般认为，200～450℃时脂肪族化合物蒸发，300℃以上蛋白质转化，390℃以上开始糖类化合物转化，主要转化反应是肽键断裂、基团的转化变形及其支链断裂。

（2）污泥热解的主要流程与工艺

污泥热解工艺主要流程如图 6-16 所示。污泥滤饼与一部分已干燥污泥在搅拌器中混匀，经

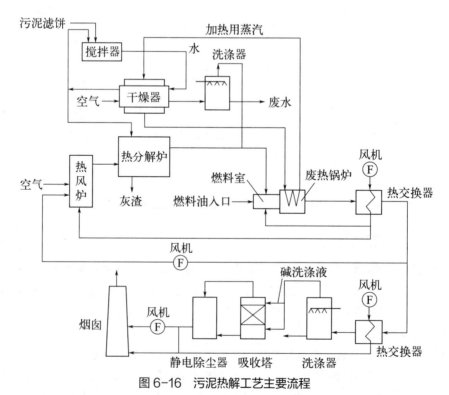

图 6-16　污泥热解工艺主要流程

干燥器干燥后送往热分解炉。干燥器采用间接蒸汽加热方式，它由两部分组成，其中内筒加热用蒸汽，外部夹套走混匀后的污泥并通入空气，以带走蒸发的水分。从干燥段排出的废气在冷水塔内凝缩脱水后可作为燃烧室燃烧用空气。热分解生产的气体可经冷却、浓缩处理作为油类回收。为了回收其中可燃物的燃烧热及分解掉的 HCN 等有害气体，也可将其直接导入 800℃以上的高温燃烧室，从燃烧室出来的高温气体用废热锅炉进行废热回收，产生的蒸汽用于干燥段。但由于热解排气的废热不能满足干燥要求，仍需向燃烧室内补充燃料。

① 低温污泥热解法。1999 年 8 月世界上第一套污泥低温热解制油工业化装置在澳大利亚成功试运行，低温热解法是在无氧的条件下加热干燥污泥至一定温度（小于 600℃），干馏和热分解作用使污泥转化为油、反应水、不凝性气体和炭四种可燃性产物。该技术热解污泥需进行干燥脱水，使其含水率在 5%以下，低温热解制油反应过程如图 6-17 所示。

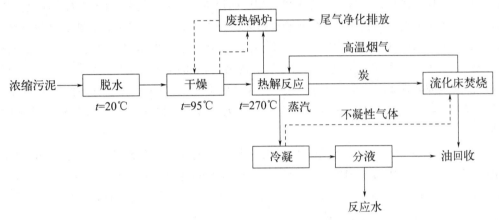

图 6-17　低温热解制油反应基本过程

此热解工艺由德国哥廷根大学根据一项法国专利进行发展后提出，其基本工艺条件是：干燥污泥加热至 300～500℃，停留时间 30min。

低温热解法制油在德国和加拿大研究较多，其中德国率先开始实验室反应过程研究，证明了这种技术处理污泥的可行性，为后面的研究奠定了基础；对该方法的经济性进行评价的研究认为，低温热解的投资不会高于焚烧的 30%；对产生的二次污染控制进行研究得出，在无氧环境下产生的二次污染与焚烧相比要少得多；还有研究表明低温热解产生的油类热值较高，有很好的市场应用前景。我国也对该技术进行了实验，并对污泥油化的技术做了分析，对转化过程的机理做了探讨。

低温热解制油有许多优点：a.设备较简单，不需要耐高温、高压设备；b.能量回收率高，污泥中的炭约有 67%可以以油的形式回收，炭和油的总收率占 80%以上；c.对环境造成二次污染的可能性小；d.其运行成本仅为焚烧法的 30%左右。

② 高温污泥热解法。污泥的高温热解法是在惰性气体环境中实现对污泥的分解，其具有污泥体积大量减少、重金属能有效固定、重金属热析出量较低、产生的有害物质较少等特点。另外，如果高温分解控制在一定的条件下或经过某些化学处理，残留的固体物质（如烧焦的碳化物）能作吸附剂，用来控制工业空气污染和去除污水处理过程中产生的气味。污水、污泥高温热解过程中可以同时产生大量的气体及油类物质，这些物质具有较高的热值，可用作燃料或

化学原料。

目前，微波技术已经被引入生物、煤、石油及部分有机固体废弃物的高温分解领域。在原料微波吸收性能较差的情况下，很难直接达到高温热解时所需的温度，因此，需要在原料中加一定量微波吸收性能较好的物质（如炭和某些金属氧化物）。传统热源热解污泥产生的气、液态产物热值可分别达到 15530kJ/m³、32475kJ/kg。微波热源热解污泥产生的气、液态产物热值可分别达到 9420kJ/m³、37000kJ/kg，而且气态产物中 H_2 及 CO 高达 54%以上，液态产物中的多环芳烃低于 5.37%，同时还含有较多的甲苯、苯乙烯等，可以用作化学原料。因此，微波高温热解污泥已经成为研究的热点之一。

③ 直接热化学液化法。污泥直接热化学液化技术起源于 1913 年在德国进行的高温高压（400～450℃，20MPa）加氢，从煤或煤焦油得到液体燃料的试验。鉴于污泥低温热解制油需对污泥进行干燥处理而需要很大的能量以及相应的投资，美国、英国、日本等对污泥直接热化学液化法进行了研究。该技术是将经过机械脱水的污泥（含水率为 70%～80%）在氮气环境、250～340℃下加入热水中，以碳酸钠作为催化剂，使污泥中近 50%的有机物能通过加水分解、缩合、脱氢、环化等一系列反应转化为低分子油状物，得到的重油产物用萃取剂进行分离收集。重油产品的组成和性质取决于催化剂的装填与反应温度。反应过程可得到热值约为 33000kJ/kg 的液体燃料，收率可达 50%左右（以干燥有机物为基准），同时产生大量不凝性气体和固体残渣。

1992 年，有人对该技术连续化生产做了相关研究，并建立了一套 500kg/d 的连续处理设备，在温度 270～300℃、压力 6～12MPa、停留时间 0～60min 下连续操作超过 700h 没有出现任何问题，而且大约 60t 含水率 75%的污泥可得到 1.5t 的超重油。连续设备的运用不仅在工艺上更先进，在运行费用上也会大大降低。

污泥直接液化的优点在于采用的污泥只需进行机械脱水，不必消耗能量对污泥进行干燥，能量剩余率较高，而且收率也较高，可达 50%。

6.5 典型有机固体废弃物的资源化技术

6.5.1 餐厨垃圾资源化

餐厨垃圾是指居民日常生活及食品加工、饮食服务、单位供餐等活动中产生的垃圾，包括丢弃不用的菜叶、剩菜、剩饭、果皮、蛋壳、茶渣、骨头等，其主要来源为家庭厨房、餐厅、食堂、市场及其他与食品加工有关的行业。随着我国经济社会的快速发展，餐饮服务业迅速崛起，生活垃圾中的餐厨垃圾占比日益增加，例如，北京餐厨垃圾在生活垃圾中的占比达到 37%，济南达到 42%，而上海则高达 59%。相比其他塑料类白色垃圾，餐厨垃圾具有产量大、来源广泛和回收利用价值高的特征。我国餐厨垃圾产量早在 2018 年就已经突破 10000 万吨，2021 年产量已超过 12000 万吨。餐厨垃圾中包含大量的易腐有机质，极易发霉发臭，滋生有害物质，成为苍蝇等害虫的生长繁殖场所，所以，餐厨垃圾不能存储，需及时快速处置。

6.5.1.1 焚烧

焚烧是餐厨垃圾最常用的处理技术之一。焚烧一般是在800～1000℃温度下,将餐厨垃圾与生活垃圾混合燃烧,释放热能。焚烧能够完全杀灭致病性微生物,同时可减小约90%的体积。然而,由于餐厨垃圾含水率较高,其焚烧的热值较低,同时焚烧过程中会产生温室气体和灰渣。例如,2021年全球产生约16亿吨餐厨垃圾,假设全部采用焚烧的方式处置,将向大气中排放约5.86亿吨的二氧化碳和6400万吨的灰渣。所以,焚烧并不是一种环境友好的餐厨垃圾处置方式。

6.5.1.2 填埋

填埋是最古老的餐厨垃圾处置技术,是将餐厨垃圾与其他城市固体垃圾一起埋入自然或人造的土坑中而被微生物降解。餐厨垃圾填埋技术具有操作简单、投资和运营成本低、处理量大等优点。然而,餐厨垃圾填埋技术也有一些缺点:①产生大量含重金属和致病菌的渗滤液;②机械压缩困难;③卫生条件差;④占地面积大;⑤产甲烷气,存在安全隐患。目前,由于土地的限制和环境的危害,越来越多的国家已经逐步淘汰餐厨垃圾填埋技术。例如,韩国目前已经禁止餐厨垃圾填埋,而欧盟、美国和日本等近年来也开始逐渐禁止使用餐厨垃圾填埋处理技术。

6.5.1.3 好氧堆肥

好氧堆肥是一种利用好氧微生物(如细菌和真菌)在好氧条件下分解餐厨垃圾中的有机物,并将其转化为肥料的过程。好氧堆肥具有操作简单、成本低、资源回收率高等优点。目前,餐厨垃圾好氧堆肥已在许多国家得到推广和应用。然而,餐厨垃圾的含水率、含盐量和含油量较高,堆肥过程中极易产生二次污染物,例如垃圾渗滤液和臭气等。此外,好氧堆肥周期较长(约1～2月),占地面积大。鉴于目前城市化的快速发展,土地资源极其有限,好氧堆肥技术的大规模推广和应用也存在一定的局限性。

6.5.1.4 厌氧消化

厌氧消化技术可同时实现能源回收和固体减量,已被认为是餐厨垃圾处理最具前景的技术之一。然而,餐厨垃圾水解是其厌氧消化过程的限速步骤,导致餐厨垃圾中只有大约40%～60%的有机物能够被生物降解并转化为沼气,同时会产生大量的沼渣和沼液。为了提高厌氧消化效率,研究人员探索了餐厨垃圾与其他有机固体废弃物(如动物粪便、秸秆和活性污泥)混合共消化技术,尽管厌氧共消化效率有所提高,但仍然有约30%～40%富含氮和磷等营养元素的沼渣需进行焚烧或者填埋处置,导致资源浪费。因此,厌氧消化技术在一定程度上也并不符合绿色循环经济的理念。

6.5.1.5 动物饲料

餐厨垃圾富含淀粉、纤维素、脂肪、蛋白质、矿物质和微量元素等,是生产脱水饲料和生化饲料等多功能蛋白饲料的良好原料。通过湿热或干热物理法来同时实现餐厨垃圾的干燥和灭菌,生产出脱水饲料。但此过程中的温度可能不足以完全灭活餐厨垃圾中的病原菌。例如,引起牛海绵状脑病的朊病毒即使在134～138℃的高压蒸汽作用下也不能完全被灭活。生化饲料主要是通过餐厨垃圾的预处理和生物发酵过程制备的。餐厨垃圾经破碎、筛选、脱水、干燥后,加入益生菌，通过固态发酵将餐厨垃圾中的大分子有机物转化为易于吸收的小分子有机物，产生的氨基酸则通过单细胞繁殖积累至饲料中。虽然餐厨垃圾转化为动物饲料具有成本低、机械化程度高、资源利用率高等优点，但所生产的蛋白饲料存在蛋白质同源性问题，具有传播疾病（如牛海绵状脑病、痒病等）的潜在风险，同时可能危害公共卫生环境，对畜牧业的可持续发展构成威胁。目前，许多国家已经对直接以未经处理的餐厨垃圾作为动物饲料进行法律管控，例如美国和加拿大等。此外，欧盟也已经禁止所有以餐厨垃圾为基质的饲料进入人类食品生产链，而《中华人民共和国畜牧法》也明确规定，餐厨垃圾如果不经过高温处理，禁止作为动物饲料使用。

6.5.1.6 生物乙醇发酵

随着全球汽油价格的上涨，生物乙醇的需求量和价格也随之升高。例如，在中国，95 号汽油的价格已经从 2016 年的 6200 元/t 上涨到 2022 年的 9000 元/t。生物乙醇在可燃性和密度方面具有优势，其可与汽油按一定的比例混合用于交通运输业。目前，已有 40 多个国家允许机动车使用生物乙醇和乙醇汽油作为能源，每年消耗生物乙醇的量约为 6 亿吨，占全球汽油消费总量的 60%。目前，大多数国家都是以玉米和糖料作物作为原料通过生物发酵制备生物乙醇。然而，以粮食作物作为原料制备生物乙醇无论在经济上还是环境上都是不可持续的。所以，需要开发绿色可持续的原材料用于大规模生物乙醇生产。餐厨垃圾富含碳水化合物，可用于制备生物乙醇。研究人员已经以餐厨垃圾为原料生产生物乙醇，其浓度可高达 58g/L，但餐厨垃圾发酵后仍然有约 30%~40% 的固体发酵残渣需要处置。此外，所生产的生物乙醇也需要进行浓缩和提纯来满足工业需求。所以，生物乙醇生产过程仍然是相当复杂的，且能耗较高，而后续浓缩和提纯过程中产生的残液也难以处置，这无疑对乙醇发酵技术的大规模应用提出了严峻的挑战。

6.5.1.7 餐厨垃圾转化高价值化学品

近年来，餐厨垃圾已被开发用作原料来生产高价值化学品。例如，研究人员以餐厨垃圾为原料通过生物发酵制备微生物油脂，产生的微生物油脂可进一步用于制备生物柴油；在超临界水热条件下，餐厨垃圾也可被 H_2O_2 氧化成乙酸。此外，酶法预处理已经被认为是一种高效、环保的方法用于有机固体废弃物的水解，然而，商用酶的价格普遍很高，针对这一问题，研究人员以餐厨垃圾为原料原位制备复合酶，包括葡萄糖淀粉酶、纤维素酶、蛋白酶、木聚糖酶和脂肪酶等用于有机固体废弃物水解，极大地降低了酶成本。餐厨垃圾也可用于生产高价值的营养品和保健品，例如抗氧化剂、膳食纤维、多酚和类胡萝卜素等，具有巨大的商业价值和市场需求。餐厨垃圾制备纳米颗粒和可生物降解塑料也是近些年的研究热点。餐厨垃圾各种处理处置技术见表 6-4。

表 6-4 餐厨垃圾处理处置技术比较

技术	优点	缺点
焚烧	操作方便；减容 80% 以上；彻底灭活病原菌；回收热能	热值低；投资和运行成本高；产生温室气体；产生焚烧灰需处置；无资源回收
填埋	操作和管理简单；投资和运行成本低；处理能力大	易产生二次污染；无能源和资源回收；占地面积大；机械压缩难

技术	优点	缺点
好氧堆肥	操作方便；资源利用率高	功能微生物成本高；产生渗滤液及臭气；发酵周期长；占地面积大
厌氧消化	自动化程度高；运营成本低；卫生条件好；回收能源	投资和维护成本高；CH_4转化为电能过程复杂；沼渣处置；发酵周期长
饲料发酵	机械化程度高；资源利用率高	蛋白质同源风险；疾病传播
乙醇发酵	自动化程度高；卫生条件好；回收能源	投资和维护成本高；浓缩和提纯成本高；废水难处置
其他技术	高附加值产品；技术发展前景好	实验室规模；目前难以工业化应用

目前，我国餐厨垃圾处置仍受到资金、技术、管理等方面的制约。餐厨垃圾收运制度及模式、处理方式的推广复制，技术链集成等方面仍需要不断完善。如表 6-4 所示，尽管餐厨垃圾是生产沼气、生物乙醇、生物肥料和其他高附加值化学品的理想廉价原材料，但技术本身的固有属性使它们均未能在餐厨垃圾处置过程中得到广泛应用。例如，好氧堆肥存在发酵周期长、占地面积大、易产生二次污染等问题；厌氧消化效率偏低（约 40%~60%），剩余的沼渣需进一步通过焚烧或者填埋处置，造成 N、P 等资源的浪费；乙醇发酵可回收生物乙醇，但其浓度较低（一般 5%~10%），需经过蒸馏和纯化后才能工业应用，从而导致整体技术运行和能耗成本较高；饲料发酵存在同源性污染风险，易引起疾病（如牛海绵状脑病、痒病等）传播；焚烧可在一定程度上实现餐厨垃圾处置的减量化，是目前主要的餐厨垃圾处置技术，但该过程存在能耗较高、易产生温室气体等问题，且焚烧后的灰渣仍需填埋处置。因此，上述单一的餐厨垃圾处置方式不能够满足环境友好和经济可持续发展的要求，集减量化、无害化和资源化于一体将是未来餐厨垃圾处置技术发展的目标。

6.5.1.8 零固体排放驱动的能源/资源回收策略

餐厨垃圾富含有机质和营养元素，可用于制备生物能源和生物资源，但由于其成分复杂、生物直接利用率低等问题，其整体处置效率偏低。预处理可强化餐厨垃圾水解而提高其处置效率。近年来，研究人员开发了以餐厨垃圾为原料制备高效复合水解酶技术，制备的复合酶无须分离纯化，可直接用于餐厨垃圾的超速水解（6~8h）。基于该核心技术已构建一系列的餐厨垃圾集成处理工艺，可实现能源（碳）和资源（N、P 和其他微量元素）的回收及零固体排放——零固体排放驱动的能源/资源回收策略。该策略包括：①超速水解耦合厌氧消化集成工艺；②超速水解耦合乙醇发酵集成工艺；③超速水解耦合厌氧共消化集成工艺；④超速水解耦合固/液生物有机肥生产集成工艺。如图 6-18 所示，餐厨垃圾首先在原位生产的复合酶作用下快速水解，水解产物经固液分离后，固体部分的 N、P、K 和重金属含量满足中国农业行业标准 NY/T 525—2021《有机肥料》，可直接用作生物有机肥，而液体部分富含高浓度可溶性有机质（溶解性 COD 高达 200g/L），可通过多种生物技术实现能源和资源回收，最终实现餐厨垃圾的零固体排放。该策略可为未来餐厨垃圾处置提供新的方向，且该策略具有较高的工程灵活性，可应用于不同规模的餐厨垃圾处置。

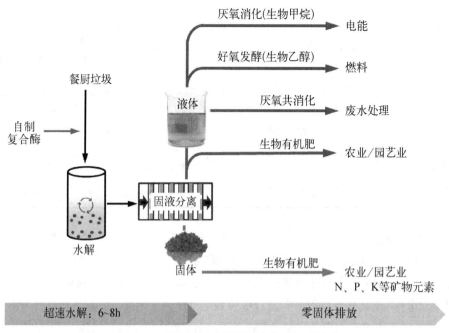

图6-18　餐厨垃圾全量资源化集成处理技术

　　对于分散的小规模的餐厨垃圾处置,例如,商场、政府机关和学校每天可产生约500～800kg的餐厨垃圾,可采用超速水解耦合固/液生物有机肥生产集成工艺就地处理,原位生产的固态和液态有机肥可直接用于周边农业和园艺业,可节省大量的餐厨垃圾收集和运输费用。此外,也可采用超速水解耦合厌氧共消化集成工艺,液体部分富含高浓度可溶性有机质,可直接排入市政废水处理厂的厌氧反应器生产甲烷(回收能源),据估算,该过程回收的能源足够满足污水处理的总能耗。

　　对于大规模的餐厨垃圾处置,餐厨垃圾经原位生产的复合酶超速水解后,制备的固态有机肥同样可用于周边园艺业和农业,而水解液体富含高浓度的可溶性有机质,可用于大规模集中生产生物能源,例如生物乙醇或者生物甲烷。此外,目前高能耗对全球的废水处理行业构成了巨大的挑战,而传统的污泥厌氧消化所回收的能源仅仅能满足污水处理厂总能耗的30%,所以将富含高浓度可溶性有机质的水解液和剩余污泥进行厌氧共消化会显著提高厌氧消化效率和能源回收率,实现市政废水处理的能源自给。

　　农业的发展提高了全球肥料的市场需求。据联合国粮食及农业组织报道,2021年全球农业化肥消耗量高达2亿吨,过度使用化肥不仅会导致土质恶化和生产力下降,而且不利于经济和环境的可持续发展。在此背景下,绿色农业和循环经济提上日程,与此同时农业对有机肥的需求量也大幅增加,显示了巨大的市场潜力。2021年,全球餐厨垃圾产量约为16亿吨,若选用超速水解耦合固/液生物有机肥生产集成工艺,全球每年利用餐厨垃圾制备的固态有机肥约为2.2亿吨,足以满足全球对农业肥料的需求。这不仅显著降低农业投入成本,而且兼具极高的经济价值和环境价值。除此之外,2021年全球农业用水量达2.8万亿立方米,占全球淡水总用量的70%。随着农业的发展,农业用水量将持续增长,将进一步加剧全球淡水资源短缺的困境。采用超速水解耦合固/液生物有机肥生产集成工艺,可回收利用兼具灌溉功能的液态有机肥,在一定程度上可缓解全球水资源的压力,有助于实现绿色循环农业。基于餐厨垃圾处置的绿色循环农业概念图见图 6-19。

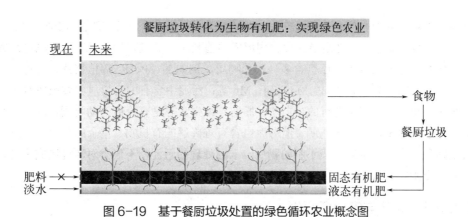

图 6-19　基于餐厨垃圾处置的绿色循环农业概念图

目前，市政废水处理正面临着高能耗的严峻挑战。餐厨垃圾和市政废水协同定位处置可充分利用两者在技术、材料、设备和资源等方面的优势，有望实现餐厨垃圾有效处置与废水处理能源自给的双赢目标（图 6-20）。以中国为例，2020 年全国市政废水处理总量约为 421.6 亿立方米，总能耗约为 168.6 亿千瓦时，并产生大约 3400 万吨剩余污泥，而全国餐厨垃圾产量约为 9000 万吨。若采用超速水解耦合厌氧共消化集成工艺，每年约回收电能 264.4 亿千瓦时，不仅可满足全国废水处理的能耗需求，实现废水处理能源自给，且剩余的电能可用于国家电网，创造经济效益。此外，经水解分离的固体中富含氮、磷和钾等营养元素，可直接作为有机肥用于农业及园艺业。所以，餐厨垃圾和市政废水的协同定位处置不仅可实现餐厨垃圾的零排放，且大大减少了剩余污泥量，缓解其后续的处置压力。

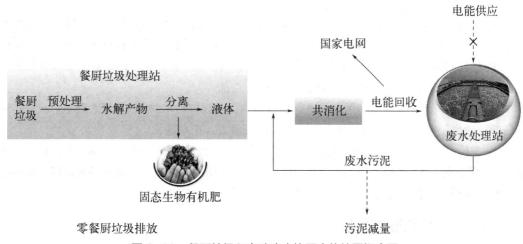

图 6-20　餐厨垃圾和市政废水协同定位处置概念图

集减量化、无害化和资源化于一体将是未来餐厨垃圾处置技术发展的终极目标，而该目标的实现有赖于技术思维的转变。零固体排放驱动的能源/资源回收策略为未来的餐厨垃圾处置提供了新的思路，有助于实现环境友好和经济可持续发展的目标。

6.5.2 废水污泥资源化

污泥泛指由水处理与废水处理所产生的固液混合物,其固体含量一般在 0.25%~12% 之间。废水污泥的成分很复杂,它是由多种微生物形成的菌胶团及其吸附的有机物和无机物组成的集合体,除含有大量的水分外,还富含多种营养物质,例如 N、P、K 等植物营养元素,以及对植物生长有利的微量元素,如 B、Mo、Zn、Mn 等;污泥中含有的有机质和腐殖质对土壤的改良也有很大的帮助;污泥中含有的蛋白质、脂肪、维生素等是有价值的动物饲料成分;污泥中的有机物还蕴藏着丰富的潜在能源。但污泥也含有难降解的有机物、重金属和盐类以及少量的病原微生物和寄生虫卵等对环境不利的物质。未经处理的污泥,不仅会对环境造成污染,而且会浪费有用资源。

6.5.2.1 堆肥与农用资源化

污泥堆肥是在一定控制条件下,利用微生物将有机物分解和转化成较为稳定的腐殖质的过程。这一过程可以杀灭污泥中的病原菌、寄生虫卵和病毒,提高污泥的肥分。污泥堆肥是一种无害化、减量化、稳定化的污泥综合处理技术。按堆肥过程对氧气的需要程度不同可分为好氧法和厌氧法。污泥中含有足够的水分和有机、无机营养成分,因此影响污泥堆肥的主要因素是空气(氧)的供应、温度和 pH 值。

城市污水处理厂污泥含有 N、P 等农作物生长所必需的肥料成分,其有机腐殖质是良好的土壤改良剂,将之农用具有良好的环境效益和经济效益,有广阔的应用前景。污泥农用的种类主要是污泥堆肥肥料和干燥污泥肥料。污泥肥料化利用主要有以下四种方式:

① 施用于农田。农田施用污泥后,土壤中 N、P、K、总有机碳等营养成分及田间持水量、含水量、团粒结构、土壤空隙度、孔径分布都相应增加,土壤密度减小,土壤结构得以明显改善。

② 施用于林地。污泥用于造林或成林施肥,不会威胁人类食物链,林地处理场所又远离人口密集区,所以很安全。由于森林环境的强大影响,林地、荒山往往比农田更缺乏营养,致使病原微生物的存活时间大大缩短,使过量的 N、P 养料得以充分利用。污泥堆肥在林地施用可明显促进树木的生长,使树木高、地径、根径比等增加。

③ 施用于绿地。干污泥和污泥堆肥用于城市绿化及观赏性植物,既脱离食物链,减少运输费用,节约化肥,又可使花卉的开花量增加,花径增大,花期延长。

④ 施用于垦荒地、贫瘠地。垦荒地、贫瘠地等施用污泥堆肥,可改善土壤结构,促进土壤熟化,可将污泥以表施和耕层施肥(25~40cm)的方式施用于城市废弃物垃圾填埋场,播种牧草,以尽快覆盖地表,过 2~3 年后牧草长起来,再植树造林。

6.5.2.2 焚烧与能源化

污泥的主要成分是有机物,其中一部分能够被微生物分解,产物是水、甲烷和二氧化碳;另外干污泥具有热值,可以燃烧,所以可通过直接燃烧、制沼气、制燃料等方法,回收污泥中的能量。

(1)利用污泥生产沼气

沼气是有机物在厌氧细菌的分解作用下产生的以甲烷为主的可燃性气体,是一种比较清洁的燃料。沼气中甲烷的体积分数约为50%～60%，二氧化碳的体积分数为30%左右，另外还有一氧化碳、氢气、氮气、硫化氢和极少量的氧气。$1m^3$沼气燃烧发热量相当于1kg煤或0.7kg汽油。污泥进行厌氧消化即可制得沼气。

（2）通过焚烧回收能量

污泥中含有大量的有机物和一定量的木质素纤维，脱水后有一定的热值，污泥的燃烧热值与污泥的性质有关。其中，干污泥作为燃料开发潜力大。通过焚烧既可以达到最大限度地减容，又可以利用热交换装置回收热量，用来供热发电。但焚烧过程中会产生二次污染问题，如废气中含SO_x、NO_x和HCl，残渣中含重金属等。

脱水污泥的含水率高于75%，如此高的含水率不能维持焚烧过程的进行，所以焚烧前应对污泥进行干燥处理，使污泥的含水率符合不同设备的要求。

最主要的焚烧设备有立式多层炉、回转炉窑、喷射焚烧炉等，应用最广泛的是流化床焚烧炉。流化床焚烧炉的特点是焚烧时固体颗粒剧烈运动，颗粒与气体间的传热、传质速率快，所以处理能力大，结构简单，造价便宜。其缺点是废物破碎后才能入炉。

污泥焚烧的热量可以用来生产蒸汽，供热采暖或发电。另外，还可用污泥与煤混合，制成污泥煤球等混合燃料。

（3）低温热解

低温热解是目前正在发展的一种新的热能利用技术。在400～500℃，常压和缺氧条件下，借助污泥中所含的硅酸铝和重金属（尤其是铜）的催化作用将污泥中的脂类和蛋白质转变成烃类化合物，最终产物为燃料油、气和炭。热解前的污泥干燥就可利用这些低级燃料的燃烧来提供能量，实现能量循环，热解生成的油还可以用来发电。

6.5.2.3　材料化和经济效益

污泥的材料化利用，目前主要是制造建筑材料，其处理（预处理和建材制造）的最终产物是可在各种类型的建筑工程中使用的材料制品，故无须依赖土地作为其最终消纳的载体，同时它还可能替代一部分用于制造建筑材料的原料。

污泥用作建筑材料的制造原料，基本途径可按对污泥预处理方式的不同分为两类：一是污泥脱水、干化后，直接用于制造建材；二是污泥进行以化学组成转化为特征的处理后，再用于制造建材，其中典型的处理方式是焚烧和熔融。一般而言，前者适合于主要由无机物组成的污泥，而后者适合于有机物组成多的污泥。

（1）制水泥

利用污泥作生产水泥的原料有三种方式：一是直接用脱水污泥；二是干燥污泥；三是污泥焚烧灰。不管采用哪种方式，关键是污泥中所含无机成分的组成必须符合生产水泥的要求。一般情况下，污泥中灰分的成分和黏土成分接近，污泥可替代黏土作原料。根据水泥生产的配料比例计算，污泥理论上可替代30%的黏土原料。

污泥燃烧后变成水泥熟料，没有残渣排出，处理彻底；污泥中的重金属绝大部分固定在熟料中，避免产生二次污染；处理温度高和焚烧停留时间长，污泥中有机物彻底分解，排气中无二噁英等有害成分；污泥中的有机成分和无机成分都能得到充分利用，资源化效率高；水泥窑的热容量大，工艺稳定，处理污泥方便，见效快。

（2）制生化纤维板

废水污泥中含有大量的有机成分，其中的粗蛋白（约为30%～40%）与酶能溶解于水及稀酸、稀碱、中性盐的水溶液。利用蛋白质变性作用，在碱性条件下加热、干燥、加压后，制成污泥树脂（又称胶蛋白），使之与漂白、脱脂处理的废纤维压制成板材，即为污泥生化纤维板。

生化纤维板可达到国家三级硬质纤维板的标准，能用来制造建筑材料或家具。利用废水污泥制造生化纤维板在技术上是可行的，但在制造过程中有气味，需要有脱臭措施；板材成品仍有一些气味，且强度有待提高。

（3）制轻质陶粒

陶粒是由黏土、泥质岩石、工业废料等作为主要原料，经加工、熔烧而成的粒状陶质物。污泥制轻质陶粒的工艺有两种：一种是利用生污泥或厌氧消化污泥的焚烧灰造粒后烧结的工艺，此方法需单独建焚烧炉，而且污泥中的有机成分得不到有效利用；另一种为近年来开发的直接以脱水污泥为原料制造陶粒的新工艺。

陶粒内部为多孔结构，具有密度小、强度高、保温效果好、防火、抗冻、耐细菌腐蚀、抗震性好及施工适应性好等优良性能，可用于制造建筑保温混凝土、结构保温混凝土、陶粒空心砖等，亦可用于道路、桥涵、堤坝、水管等建筑领域；在农业上用于改良重质泥土和作为无土栽培基料；在环保行业可用作滤料和生物载体等。污泥陶粒用途广泛，再加上城市污泥产量巨大，将其用于陶粒生产可取得巨大的经济效益和环境效益。

（4）制其他建材

污泥根据处理方法的不同可制成各种不同用途的建筑材料，污泥熔融材料可以做路基、混凝土骨料及下水道的衬垫。但以往的技术均以污泥焚烧灰作原料，投资大，成本高，污泥的热值得不到充分利用。近年来，科研人员开发了直接用污泥制备熔融材料的技术，大大降低了投资和运行成本。微晶玻璃类似人造大理石，其外观、强度、耐热性均比熔融材料优良，可以作为建筑内外装饰材料。

6.5.3 畜禽粪便资源化

畜禽粪便包含农作物所必需的氮、磷、钾等多种营养成分，还含有75%的挥发性有机物，具有很大的经济价值，施于农田有助于改善土壤结构，提高土壤有机质含量，促进农作物增产。畜禽粪便污水富含有机物，易于进行生化处理并产生使用价值很高的沼气。因此充分研究和利用畜禽粪便，不仅可以缓解全球资源危机和环境危机，还能带来可观的经济效益和社会效益。目前畜禽粪便利用方式主要有饲料化、肥料化、能源化和生态化等四个方面。

（1）饲料化技术

① 新鲜粪便直接做饲料。该方法主要适用于鸡粪，由于鸡的肠道短，从吃进到排出大约需要4h，吸收不完全，所食饲料中70%左右的营养物质未被消化吸收而排出体外。在排泄的鸡粪中，含有粗蛋白、氨基酸、微量元素和一些未知因子。其中的吲哚、脂类、病原微生物等病菌可通过加入化学药剂处理后去除。鸡粪可用来代替部分精料养牛、喂猪。

② 青贮。青贮是指在厌氧状态下，利用乳酸菌等微生物作用，将鸡粪与饲草混合进行发

酵，生成含有乳酸、醋酸等的一种饲料加工方法。其处理工艺类似于秸秆的青贮，是一种简便易行、经济效益较高的方法。青贮不仅可防止粗蛋白的过多损失，还可将部分非蛋白氮（NPN）转化为蛋白质，以及杀灭几乎全部有害微生物。畜禽粪便中碳水化合物的含量低，不宜单独青贮，常和一些禾本科青饲料一起青贮。青贮的饲料具有酸香味，可以提高其适口性，同时可杀死粪便中的病原微生物、寄生虫等。此法在血吸虫病流行区尤其适用。

③ 干燥法。该方法主要是利用热效应和喷放机械。目前有自然干燥、塑料大棚自然干燥、高温快速干燥、烘干法等。干燥法处理粪便的效率最高，而且设备简单，投资小。这种方法既除臭又能彻底杀灭虫卵，达到卫生防疫和生产商品饲料的要求。目前由于鸡粪的夏季保鲜困难，大批量处理时仍有臭气产生，处理臭气和产物的成本较高，使该方法的推广使用受到限制。

④ 分解法。利用优良品种的蝇、蚯蚓和蜗牛等低等动物分解畜禽粪便，达到既提供动物蛋白质又能处理畜禽粪便的目的。这种方法比较经济，生态效益显著。但由于前期畜禽粪便灭菌、脱水处理和后期收蝇、饲喂蚯蚓的技术难度较大，加上所需温度较苛刻而难以全年生产，故尚未得到大范围的推广。

⑤ 热喷技术。利用热效应和喷放机械，使畜禽粪便转变为鸡肟粉，生产高蛋白饲料，既除臭又能彻底杀灭虫卵，达到卫生防疫和生产商品饲料的要求。

（2）肥料化技术

畜禽粪便中含有大量的有机物及丰富的氮、磷、钾等营养物质，是农业可持续发展的宝贵资源。目前对畜禽粪便肥料化技术研究最多的是堆肥法。堆肥是处理各种有机废物的有效方法之一，是一种集处理和资源循环再生利用于一体的生物方法。具体做法是向收集到的粪便中掺入高效发酵微生物如 EM 菌剂（有效微生物群），调节粪便中的 C/N，控制适当的水分、温度、氧气、酸碱度进行发酵。这种方法处理粪便的优点在于最终产物臭气少，且较干燥，容易包装、撒施，而且有利于农作物的生长发育。常规堆肥存在的问题是处理过程中有氨的损失，不能完全控制臭气，而且堆肥需要的场地大，处理所需要的时间长。有人提出采用发酵仓加上微生物制剂的方法，可以减少氨的损失并能缩短堆肥时间。常用的堆肥技术有好氧堆肥和厌氧消化技术。

（3）能源化技术

以厌氧消化为核心的能源环保工程是畜禽粪便能源化利用的主要途径。目前集约化养殖场大多数是水冲式清除畜禽粪便，粪便含水量高。对这种高浓度的有机废水，采用厌氧消化法具有成本低、能低耗、占地少、负荷高等优点，是一种有效处理粪便和进行资源回收利用的技术。它不但提供清洁能源，解决中国广大农村燃料短缺和大量焚烧秸秆的矛盾，还能消除臭气、杀死致病菌和致病虫卵，解决大型畜牧养殖场的畜禽粪便污染问题。另外，利用发酵原料或产物可以生产优质饲料，发酵液可以用作农作物生长所需的营养添加剂。

（4）生态化技术

所谓生态化，是指根据生物共生、能量多级传递和物质循环等生态学原理，结合系统工程方法和现代技术手段，建立起一个农业资源高效利用的生产系统。这种系统将畜牧业和作物生产结合在一起，可进行高效、无污染的清洁生产。

6.6 有机固体废弃物资源化技术展望

6.6.1 有机固体废弃物资源化的经济、社会和环境效益

有机固体废弃物指含有大量有机化合物的固体废弃物：许多主要生产有机物制品的糖厂、啤酒厂、食品厂、药剂厂、制革厂、造纸厂、印染厂、木材厂等排放的废料中的固体物或废液中的沉积物；农村中农业生产、农产品加工以及城乡居民生活中排出的固体废弃物，人、畜粪便及栏圈铺垫物；自然界中积存的动植物残余，如树叶、禽兽遗骸、污泥等。它们涉及工农业生产的产物、城乡生活废物、天然产物等，品种极多，化学成分十分复杂。随着世界经济的高速发展，城市化进程不断加快，有机固体废弃物，特别是生活垃圾的产量不断增加，对环境造成的污染也日益严重。如果处理处置方式不当，将导致侵占土地、污染水体和土壤以及大气、传播疾病等一系列环境问题和社会问题，在一定程度上影响到经济的稳定、健康发展。在可持续发展的 21 世纪，有机固体废弃物资源化处理技术的应用及产业化将具有广阔的前景，其意义在于在发展经济的过程中，最大限度减少资源与能源的消耗，使资源与能源得到充分、有效的利用，同时最大限度减少废物的产量，使废物中有用资源得到最大限度的回收与综合利用，从而取得最大的经济效益。固体废弃物资源化在保护环境的同时，还节约了资源，使得环境污染物通过资源化的方式得到了重复利用，不仅减少了污染物向环境中的排放，保护了自然环境不被污染，而且资源化后的废物得到利用就意味着减少了其他不可再生资源的使用，极大地促进了社会的可持续发展。例如，前文提到的餐厨垃圾全量资源化和零废物排放集成技术，不仅实现了餐厨垃圾的零排放，而且回收的沼气可以用来替代燃煤发电，回收的固态和液态有机肥可以替代化肥用于农业，这不仅缓解了矿产资源的短缺，节约了淡水资源，同时减少了大量 CO_2 的排放。此外，研究人员也开发了秸秆全量资源化和集成技术，不仅减少了秸秆焚烧导致的环境污染和资源浪费，还可以回收大量的能源（沼气、乙醇、生物柴油）和资源（有机肥料），同时有助于解决农民的就业问题，减轻农民的经济负担，极具经济、环境和社会效益。

6.6.2 有机固体废弃物资源化技术的机遇、挑战和发展前景

垃圾分类的措施可有效引导广大民众树立垃圾分类的观念，包括改造或增设垃圾分类回收的设施、改善垃圾储运形式，以及实行家庭短期收集定期分时段分类回收等。2021 年全国餐厨垃圾产量为 1.2 亿吨，通过餐厨垃圾超速水解耦合厌氧共消化集成处理技术，每年可回收电能 252 亿千瓦时，有机肥 1130 万吨，实现餐厨垃圾的全量资源化和零排放。沼气燃烧产生的电能可并入国家电网供给居民使用，沼气燃烧产生的 CO_2 可作为粮食作物光合作用的碳源，而有机肥可作为粮食作物生长的营养来源。如果每千瓦时电和每吨有机肥分别按 0.5 元和 1000 元计算，全国每年产生的餐厨垃圾可以回收约 239 亿元的财富，同时减排 CO_2 约 4400 万吨，体现了绿色可持续发展和循环经济的理念。

垃圾分类的实施的确为有机固体废弃物全量资源化提供了前所未有的机遇，但有机固体废弃物资源化过程也面临许多挑战。例如餐厨垃圾全量资源化技术的实现和推广涉及餐厨垃圾的

分类、收集、转运等环节，现有政策下，仅仅靠研究人员和小型企业难以实现餐厨垃圾的全流程处置，需要国家政府和相关部门给予政策和财政补贴支持。另外，虽然研究人员提出的秸秆全量资源化集成技术具备很好的可行性，但仍存在一些技术限制和挑战，例如秸秆预处理时间长、木质素降解率低、碳水化合物损失和下游生产力低等。显然，研究人员还需要付出更多的努力来进一步验证所提出的技术在大规模工程应用中的可行性。此外，微生物培养和酶制备也需要严格的培养和发酵条件，同时，避免微生物和酶受到污染也是未来非常重要的研究课题和方向。随着基因工程、代谢工程和工艺流程的发展和优化，这些问题在未来有望得到解决，发展前景值得期待。未来，研究人员应继续根据不同有机固体废弃物的特点研发高效率的预处理和资源化技术以提高有机固体废弃物的资源化利用率，减少废物的排放，有助于早日实现"双碳"目标。

❖ **阅读角**

二十世纪七十年代，曾有一句话"做饭不烧柴和碳，电灯不用油和电"，指的就是海龙村的沼气建设引领的农村地区"能源革命"。1970年，为了解决烧柴的问题，海龙村大力发展石沼气池，成功试建了第一口4立方米的长方形条石结构沼气池。海龙村的沼气建设带来了多方面的效益，最直接的便是"两增三减"，助力了生态文明建设。随着时代发展提出的需求，2012年，遂宁市在四川省率先建成了沼气化市和无公害市，推广了"生态养殖+沼气工程+高效种植"的生态循环模式。目前，海龙村以沼气为纽带，探索出畜牧业、林果业等相关产业共同发展的生态农业模式。海龙村地面式沼气工程和一旁的生猪养殖场连接，每年能处理猪粪4800多吨，日产气量200立方米，可供村里1号集中安置点及周边80户村民使用。沼渣和沼液作为肥料还田，用于种植粮食、蔬菜和果树。沼气的使用解决了烧柴生活用能排放，生活垃圾、秸秆等腐烂产生的温室气体问题。近年来，海龙村在发展过程中始终坚持"以人民为中心"的价值取向，大力建设宜居宜业和美丽乡村，聚焦绿色低碳发展理念，联手农业农村部沼科所打造四川首个低碳社区，仅用5年时间就从原来的空心村蜕变为现在的人口大幅回流村。海龙村沼气建设的成功经验将助力提升四川乃至全国村镇美丽乡村建设与宜居环境水平，带动生态环境保护产业发展，产生可持续的生态效益。

 思考题

1. 有机固体废弃物资源化的基本途径有哪些？
2. 什么是有机固体废弃物的生物处理？其基本原理是什么？有哪些应用意义？
3. 简述堆肥的定义，并分析有机固体废弃物堆肥的意义。
4. 好氧堆肥过程分为哪几个阶段？各阶段的生物活动情况如何？
5. 简要分析堆肥工艺的主要影响因素及其控制措施。
6. 堆肥腐熟的意义是什么？有哪些方法可以测定堆肥腐熟？
7. 简要说明厌氧消化的定义及其技术特点。

8. 简要说明厌氧消化的三阶段理论及每阶段的特点。

9. 厌氧消化的影响因素有哪些？请简要分析。

10. 沼气有哪些用途？

11. 简述热解的定义、主要产物及其影响因素。

12. 简述热解与焚烧的区别。

参考文献

[1] 赵由才, 牛冬杰, 柴晓利, 等. 固体废物处理与资源化. 3 版. 北京: 化学工业出版社, 2019.

[2] 张蕾. 固体废物污染控制工程. 北京: 中国矿业大学出版社, 2014.

[3] Zhou Y, Xiao R, Klammsteiner T, et al. Recent trends and advances in composting and vermicomposting technologies: A review. Bioresource Technology, 2022, 360: 127591.

[4] Zamri M, Hasmady S, Shamsuddin F, et al. A comprehensive review on anaerobic digestion of organic fraction of municipal solid waste. Renewable and Sustainable Energy Reviews, 2021, 137: 110637.

[5] 聂永丰, 岳东北. 固体废物热处理技术. 北京: 化学工业出版社, 2016.

[6] 蒋建国. 固体废物处置与资源化. 2 版. 北京: 化学工业出版社, 2013.

[7] Chen J, Zhang B, Luo L, et al. A review on recycling techniques for bioethanol production from lignocellulosic biomass. Renewable and Sustainable Energy Reviews, 2021, 149: 111370.

[8] Ma Y, Shen Y, Liu Y. State of the art of straw treatment technology: Challenges and solutions forward. Bioresource Technology, 2020, 313: 123656.

[9] Ma Y, Liu Y. Turning food waste to energy and resources towards a great environmental and economic sustainability: An innovative integrated biological approach. Biotechnology Advances, 2019, 37: 107414.

[10] 闵超, 安达, 王月, 等. 我国农村固体废弃物资源化研究进展. 农业资源与环境学报, 2020, 37(2): 151-160.

[11] 张海燕, 郑仁栋, 袁璐韫, 等. 固体废弃物资源化的发展趋向分析. 中国资源综合利用, 2019, 37(10): 81-83.

[12] 武肖媛. 农业固体废弃物资源化利用研究. 环境与发展, 2018, 30(08): 50-51.

第七章

低碳工厂与生态

随着全球人口和经济规模的不断增长，能源使用带来的环境问题及其诱因不断地为人们所认识，不只是烟雾、光化学烟雾、霾和酸雨等的危害，大气中二氧化碳浓度升高带来的全球气候变化也已被确认为不争的事实。在此背景下，"低碳经济""低碳技术""低碳发展""低碳生活方式""低碳社会""低碳城市""低碳世界""低碳工业"等一系列新概念、新政策应运而生，将为迈向生态文明走出一条新路，即摒弃传统经济增长模式，直接应用创新技术与创新机制，通过低碳工业这种经济模式与低碳生活方式实现社会可持续发展。本章首先介绍重点行业低碳发展的趋势，随后分析世界各国能源资源利用过程节能减排和污染整治状况以及石化行业的低碳发展特点，最后探讨过程系统集成技术及其在石化工业节水节能中的应用，以及智能化低碳工厂。

7.1 工业低碳发展趋势

由于工业化以来的人类活动，大气中二氧化碳排放在过去的几个世纪中显著增加。有关研究数据表明，工业化以前大气中二氧化碳的浓度基本维持在 0.55mg/L 的稳定水平，2018 年二氧化碳平均浓度增加至 0.80mg/L，比 18 世纪中期高出近 50%。近年来，二氧化碳浓度以年均 3.93×10^{-3} mg/L 的速度增长。作为温室气体的主要代表，二氧化碳含量的提高使全球气候变暖形势变得更为严峻。为在缓解全球气候变暖压力下确保经济和社会的长期可持续发展，制造业低碳发展意义重大而深远。

世界各国处于不同的发展阶段，低碳进程表现不同。来自工业化国家的经验表明，二氧化碳排放强度随社会和经济的发展呈现先增大后减小的倒 U 形变化趋势。美国、日本、英国、法国等碳排放总量已经出现拐点，能源消耗和碳排放不断下降。中国、印度等发展中国家能源消耗和碳排放量仍将持续增长，且该趋势短期内难以逆转。2013 年，我国二氧化碳排放量超过了美国和欧盟总和，虽然近年来二氧化碳排放强度总体下降，但同期排放强度远高于世界平均水平。

制造业是我国国民经济的支柱产业，也是温室气体排放的重点领域。中国制造业的生产效率和发达国家存在一定差距，以能源效率为例，2015年中国制造业每创造百亿美元增加值，消耗能源2.97×10^6t石油当量，约为美国的2倍、德国的4倍。低效率增加了单位产品的成本投入和污染排放，降低了产品的国际竞争力。

工业领域是实现碳达峰、碳中和的关键，低碳发展是全球气候变暖压力下环境生态系统对工业提出的要求，也是工业可持续发展的保证。《"十四五"工业绿色发展规划》提出，到2025年，工业产业结构、生产方式绿色低碳转型取得显著成效，绿色低碳技术装备广泛应用，能源资源利用效率大幅提高，为2030年工业领域碳达峰奠定坚实基础。其中，单位工业增加值二氧化碳排放降低18%，重点行业主要污染物排放强度降低10%。国务院印发的《2030年前碳达峰行动方案》将"工业领域碳达峰行动"列为"碳达峰十大行动"之一。其中，钢铁、有色金属、石油化工、建筑业为实现碳达峰的重点行业，也是实现绿色低碳发展的关键领域。

7.1.1 钢铁工业

钢铁工业是典型的资源、能源密集型长流程高耗能行业，主要生产工艺流程如图7-1所示。以吨钢综合能耗600kg标准煤计算，每年消耗煤炭6×10^8t以上，且在中国钢铁产量持续增加的情形下碳排放将继续增加。钢铁工业的能源消耗占全国能源消耗总量的11%，其中，煤炭占钢铁工业能源消耗比例高达70%，是碳排放的主要来源。中国钢铁工业碳排放占全国碳排放总量的15%，在国内所有工业行业中位居首位。钢铁工业低碳转型是实现碳达峰、碳中和目标的重要支撑。中国2021年粗钢产量为10.33×10^8t，同比下滑3.0%，自2016年以来首次同比下降，占全球粗钢产量的份额从2020年的56.6%下降到54.0%。

目前，钢铁企业面临着巨大的减排压力。中国钢铁工业的典型特点：一是以高炉-转炉生产流程为主的生产模式，以铁矿石为原料生产的转炉钢每吨排放CO_2约2.0t；二是以煤为主的能源结构。钢铁企业迫切需要提高能源利用效率、减少煤炭消耗、提升可再生能源利用技术，并改变国内钢铁工业的原料结构。钢铁的低碳化生产有两大方向：一是改变生产方式，推广以氢冶金为代表的低碳技术生产工艺；二是改变钢铁生产的原料结构，提高废钢比，发挥短流程工艺的低碳绿色优势。使用废钢的电炉短流程相较于长流程吨钢可减少2/3的CO_2排放。

7.1.2 有色金属

有色金属工业耗能高、污染较重，是温室气体排放的大户。根据国际铝业协会的数据，我国电解铝能耗强度已是世界领先水平。但与国际同行相比，在能源结构、绿色循环发展方面仍存在诸多差距。电解铝生产过程中的二氧化碳排放主要来自电力消耗。2021年，我国电解铝产量3.853×10^7t，总耗电量5.216×10^{11}kW·h，占国内发电量6.28%，其中火电占电解铝用电总量的88%，水电等可再生能源占12%。其能耗控制和总量控制为降低碳排放的关键。

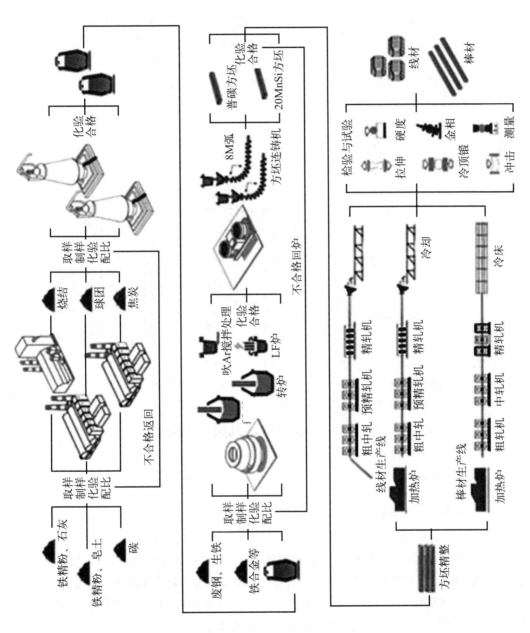

图 7-1　钢铁生产工艺流程

自 2017 年国家发展和改革委员会（简称"国家发改委"）、工业和信息化部（简称"工信部"）等部门联合开展清理整顿电解铝行业违法违规项目专项行动以来，电解铝产能无序扩张状况得到有效遏制，不超过 $4.5 \times 10^7 t$ 的电解铝产能天花板已经形成，产能置换有序推进。2016～2020 年我国原铝产量及人均消费量变化见图 7-2。根据我国电解铝产能分布情况来看，初步预计，2024 年产量将达到峰值。按照 $4.2 \times 10^7 t$ 产量，70%火电占比，30%可再生能源占比计算，二氧化碳排放量为 $4.2 \times 10^8 t$，预计占国内二氧化碳排放量的 5%左右。作为世界最大的原铝生产国和消费国，在推进铝行业绿色低碳循环发展的同时，仍面临着能源结构单一、能耗偏高、再生铝产业滞后、技术突破难度大等诸多难题。探索创新前沿科技模式，引领铝工业向绿色低碳转型，对我国兑现碳达峰、碳中和承诺意义重大。

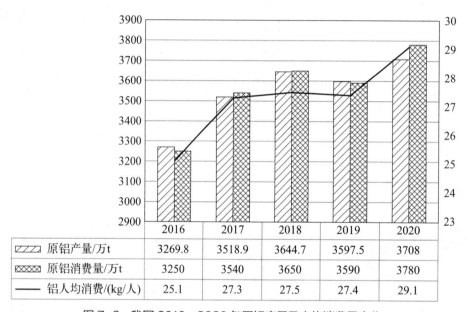

	2016	2017	2018	2019	2020
原铝产量/万t	3269.8	3518.9	3644.7	3597.5	3708
原铝消费量/万t	3250	3540	3650	3590	3780
铝人均消费/(kg/人)	25.1	27.3	27.5	27.4	29.1

图 7-2 我国 2016～2020 年原铝产量及人均消费量变化

7.1.3 石油化工

石油化工作为国民经济的支柱产业，为国家经济建设与发展提供了不可或缺的能源资源，但同时也消耗了大量资源和能源，产生了二氧化碳等污染物。过去 10 年，世界炼油行业产能呈低速增长态势，年均增速约为 1%。截至 2020 年底，全球炼油总能力达到 $5.11 \times 10^9 t/a$。新冠肺炎疫情在全球蔓延，对炼油行业产生了巨大冲击，2020 年全球炼厂原油加工量比 2019 年下降 8.9%，炼油利润率降至近 10 年的最低水平，炼厂开工率降至 35 年来的最低水平。据国际能源署（IEA）的报告，2026 年石油需求将比 2019 年增长 $2.2 \times 10^8 t/a$。

石化行业面临发展与减碳双重挑战。一方面，随着经济发展和市场需求变化，化学品及新材料的需求持续快速增长，推动产能快速增长。"十四五"期间，我国仍将有多个炼化一体化项目建成投产，预计 2025 年我国炼油能力达 $9.8 \times 10^8 t$，乙烯总产能突破 $5.0 \times 10^7 t$，成为世界第一大炼油和乙烯生产国。另一方面，为实现碳达峰、碳中和的目标，炼化行业低碳发展是必然选择。

在石化生产过程中，化石燃料燃烧产生的排放占总排放的一半以上。据多家机构预测，到2050年非化石能源在一次能源消费中占比将超66%，煤炭、石油及天然气占比大幅减少，电力在终端能源消费中的占比达到55%以上。在国家能源结构持续向非化石能源转型、清洁能源装机占比大幅提升的基础上，未来炼化生产过程用能将持续向低碳化、电气化方向发展。"双碳"目标下，炼化企业将通过过程强化、工艺改进、技术组合、流程优化、分子管理等方式，保证能源和原料消耗最小化、装置运行效率和生产灵活性最大化。

未来10~15年，石油仍是炼化行业的主要原料。受"双碳"目标驱动，乙烷、丙烷和丁烷在原料中的占比将增加；纤维素等非粮生物质原料得到广泛应用；以废塑料为主的废弃高分子材料实现低成本回收利用；甲烷、二氧化碳等碳一原料的使用有望实现突破。炼化生产将呈现石油、轻烃、生物质、废高分子材料、二氧化碳、甲烷等原料的多元化供应格局。

随着可再生能源产业快速发展以及交通领域电动化变革的持续推进，我国炼化行业的生产重心将逐渐从保障成品油需求和质量升级转向生产化工产品、化工新材料以及更清洁的交通运输能源、炼油特色产品，炼化一体化程度进一步提升。同时通过关停并转、优胜劣汰，最终形成与市场需求结构相匹配的产能。

此外，以物联网、大数据、云计算、人工智能为代表的新一代信息技术将与传统炼化行业融合创新。数字化、智能化未来将贯穿设计、建设、生产运维、经营管理、新产品开发、产品营销、技术支持与服务等全过程，从工艺流程优化、生产管控、供应链管理、设备管理、用能管理、HSE管理［健康（health）、安全（safety）和环境（environment）三位一体的管理］体系等几个方面，增强企业动态感知、协同优化、预测预警、科学决策的能力，实现企业卓越运营。

7.1.4　建筑业

根据《2020全球建筑现状报告》，2019年源自建筑运营的二氧化碳排放约达 1.0×10^{10} t，占全球与能源相关的二氧化碳排放总量的28%。加上建筑建造行业的排放，这一比例占到全球与能源相关的二氧化碳排放总量的38%。根据中国建筑节能协会能耗专委会2021年底发布的《中国建筑能耗与碳排放研究报告》，我国在2020年建筑运营产生的二氧化碳排放量较2019年有所下降，为 8.7×10^9 t。2019年，我国建筑全过程能耗总量为 2.233×10^9 t标准煤，建筑全过程二氧化碳排放总量为 4.93×10^9 t，占全国碳排放的49.97%。建筑行业必须加快发展低碳模式，直接或者间接地降低能源消耗。2019年建筑全过程的能耗和碳排放分布见图7-3。

目前我国城镇建筑中，节能建筑的比重约为30%。在每年的新建房屋中，大多是高耗能建筑，而既有建筑中不到4%采取了提高能源效率措施。同时，占全国居住总面积60%、建筑面积高达 230×10^8 m^2 的农村建筑不仅绝大多数为非环境友好型建筑，且乡村建筑的采暖形式多为直接燃烧获取能源，转化效率较低，对环境污染较大。推动城乡建设绿色发展、大力发展节能低碳建筑、加快优化建筑用能结构成为实现绿色低碳发展与"双碳"目标的重要一环。建筑业减碳可以采用"开源节流"的方式。一方面要在建造的时候，就充分利用自然采光等手段为建筑注入绿色基因，在材料上则可以挖掘一些新材料提升绿色建材应用比例，强化绿色施工，推进建筑建造绿色化、低碳化、信息化；另一方面要延长建筑的寿命，采用不改变建筑的外部，而是变动内部结构的方式，实现内部多个大空间灵活可变的格局。

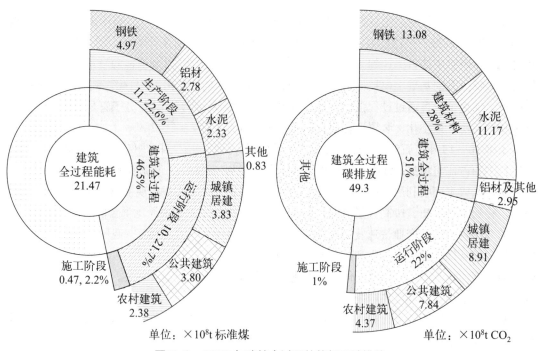

单位：×10⁸t 标准煤   单位：×10⁸t CO₂

图 7-3　2019 年建筑全过程的能耗和碳排放

针对工业领域钢铁、有色金属、石油化工、建筑业等重点行业，工信部联合国家发改委等部门编制了碳达峰实施方案，推动工业领域的碳达峰。在产业结构方面，构建有利于碳减排的产业布局，遏制高耗能高排放项目盲目发展。在节能降碳方面，着力提升能源利用效率，调整优化用能结构，强化节能监督管理。在绿色制造方面，通过典型示范带动生产模式绿色转型，推动全产业链低碳发展。在循环经济方面，强化工业固废综合利用，减少资源消耗，促进协同降碳。在技术变革方面，加快绿色低碳科技变革，以技术工艺革新、生产流程再造促进工业减碳去碳。此外，还将着力推进工业领域数字化转型，以数字化转型驱动生产方式变革。

7.2　能源资源利用过程节能减排和污染整治

当今世界，能源发展正面临重大的变化与挑战，世界能源消费已呈现出由发达国家与发展中国家共享市场的特点。未来几十年，世界上发展中国家将逐步进入现代化行列，全球能源资源需求和生态环境压力将大幅上升，经济社会快速发展与地球有限承载能力的矛盾将日益尖锐，世界化石能源资源供应将进一步趋紧。

气候变化压力正驱动世界向低碳经济方向发展，传统的世界能源格局面临严峻挑战，各国都在积极追求绿色、智能、可持续的发展，能源新技术将成为各国竞争的新的战略制高点。今后几十年内，世界能源结构必将发生重大变化。能源利用将进一步向高效、节能、清洁、低碳方向发展。能源资源利用过程节能减排和污染整治至关重要。

7.2.1 世界各国状况

7.2.1.1 英国

英国是第一次工业革命的起源地，也是世界第一个制造工厂。工业革命以纺织技术革新为始，纺织业成为英国国民经济的重要组成部分，占英国国民收入的 7%～8%，并保持高速增长。瓦特蒸汽机的发明带动了钢铁和煤炭需求，冶金和煤炭行业迅速成长为其支柱产业。19 世纪后半期，英国的铁产量超过世界上其他国家的总和，煤炭的产量占世界的 2/3，人均煤产量更是欧洲主要竞争国比利时和德国的近两倍。1880 年英国占据近 1/4 的世界制造份额，是除美国之外增长最快的发达国家，其制造业的规模和能力在很长一段时间内影响着全球产品的价格和产量。

工业的快速发展对英国的环境造成了严重的影响。在工业化的高潮时期，泰晤士河的水质严重恶化，被描述为伦敦的"公共污水沟"。诸多污染灾害中，最广为人知的是"伦敦雾霾"（图7-4）：1952 年 12 月开始，伦敦出现了持续的大雾天气，大批航班被取消，汽车白天也必须开着灯；该事件导致 4000 人死亡，10 万人患病。伦敦雾霾的形成，一方面有地理位置、气候条件、私家车普及排放大量尾气的原因，还有就是大规模的制造业生产以煤炭为主要能源，排放大量有害气体，诱发了雾霾。此后的 1956 年、1957 年和 1962 年又连续发生了多达 12 次严重的烟雾事件。直到 1965 年后，有毒烟雾才从伦敦销声匿迹。上述事件又被人们称为"雾都劫难"，是 20 世纪世界八大公害事件之一。此后，工业污染得到了政府的充分重视，制定并完善污染防治法律，调整产业结构，转移高污染产业，实施低碳经济战略。制造业二氧化碳的排放在 1970 年迎来拐点，并迅速下降。"雾都劫难"事件后，经 50 多年的治理，伦敦终于摘掉了"雾都"的帽子，城市上空重现蓝天白云。

图 7-4　浓雾中的伦敦桥

7.2.1.2 美国

1865 年以后近 50 年的时间，英国私人资本有四成流向了美国，为美国制造业高速发展创造了条件。借助第二次工业革命的契机，美国成为英国工业革命的继任者，1894 年美国工业产量超过英国，跃居世界首位。美国在二十世纪五六十年代制造业规模达到巅峰，全球超过四成的制造业产品来自美国。二十世纪下半叶，美国制造业重心转向高新技术领域，劳动密集型产业比重不断降低。如今，美国的高新技术制造业在世界范围内占据领导地位。

美国经济依靠重化工产业发展迅速崛起，环境问题也随之而来，废气、废水、固体废物的排放迅速攀升，工业发展与环境的矛盾在二十世纪中期集中爆发，大气污染成为焦点。大气污染物影响美国农业生产，造成一些地区树木枯死，水果变质，农作物减产，牲畜死亡。大气污染还腐蚀金属材料、混凝土，破坏建筑物，损坏橡胶与皮革制品。随着大气污染日益严峻，美国爆发了数起世界瞩目的"大气公害"事件。1946年美国洛杉矶光化学烟雾事件就是最早发现的大气公害事件。在这次事件中，一种浅蓝色刺激性烟雾出现在洛杉矶，大气能见度大大降低，严重影响了当地居民的生活健康，洛杉矶也被称为"美国的烟雾城"。两年后，美国的另一工业重镇——匹兹堡南郊的多诺拉镇同样出现了严重的环境污染事件，使当地一半的居民得病（图7-5）。七十年代初，美国环保局估计，美国由于空气污染造成的经济损失每年近 2.05×10^{10} 美元。

图7-5　1948年的多诺拉镇环境污染情况

极端大气污染事件给美国敲响了警钟，美国开始积极防治环境污染，主要治污路径如下：完善法律框架，权责明晰；建立专门机构机制，进行联防联控；采用经济手段，建立排污权及碳交易体系；提高监测标准，加大能源、污染治理技术投入。

作为世界上工业最发达的国家之一，美国也一度成为世界上最大的二氧化碳排放国。1990年美国因燃烧燃料排放二氧化碳 $4.803 \times 10^9 t$，2013年 $5.120 \times 10^9 t$，提升了6.6%，而此前《京都议定书》设定目标为下降7个百分点。

7.2.1.3　德国

德国是世界上经济最发达的国家之一，制造业在 GDP 中所占比重是发达国家中最高的，规模居全球前列。制造业发展带动了其经济增长，也带来大量的污染排放，对德国乃至全球气候造成了危害。

二十世纪中叶，德国急于发展制造业，忽略了环境保护，很快陷入了资源枯竭、环境恶化的危机。到六七十年代，德国发生了一连串的环境污染灾难，空气污浊，水域生物减少，土壤和地下水受到污染，民众深受其害。其中最轰动、危害最大的是鲁尔工业区的污染灾难。鲁尔区是当时世界上最大的工业区之一，有德国工业"发动机"的美誉，有全世界最大的内河港口和欧洲最密集的铁路网，是全球重要的制造业基地，煤炭和钢铁等重工业是鲁尔区的核心产业。1962 年 12 月，鲁尔区遭遇雾霾危机，当时部分地区空气二氧化硫浓度高达 $5000\mu g/m^3$；1979 年 1 月，鲁尔区空气中二氧化硫含量严重超标，德国历史上首次雾霾一级警报拉响；1985 年 1 月，鲁尔区发出最为严重的雾霾三级警报，空气中弥漫着刺鼻的煤烟味，能见度极低，鲁尔区多个城市实施车辆禁行措施，并暂停重工业生产。

针对工业污染排放，德国政府主要从以下几个方面着手进行治理：系统立法，推进污染治理；改造传统产业，扶持新兴、绿色产业；重视污染区域的环境修复，成立专门的整治机构；实施科技计划，鼓励可再生能源发展。德国通过一系列计划确保其在全球气候变化领域的持续投入，2001～2013 年，德国在能源领域的研发投入从 4.26×10^8 美元增加到 8.28×10^8 美元，在风力发电、太阳集热、地热能利用、生物质能和沼气领域的专利数量位居世界第一。

7.2.1.4 日本

第二次世界大战后，日本将复兴经济放在首位，依靠发展重化工业，跨入世界经济大国行列。工业快速扩张造成了大规模、密集的污染排放。从 1967 年起，日本制造业二氧化碳排放超越德国，在英国、美国、德国、日本四国中仅次于美国。在 1975～1980 年间，日本工业 NO_x 排放占总体排放的比例高出美国 10 个百分点以上，且呈现上升趋势；日本工业的污染率也远高于美国，致使空气污染、水污染、土壤污染、噪声、振动、恶臭、地层下陷"七大公害"问题接踵而至。

日本最早的公害是"大阪煤烟事件"，当时日本的主要产业是纺织业，集中于大阪，生产中的烟煤燃烧严重污染了环境。此后，"水俣病事件""四日市废气事件""爱知米糠油事件""富山骨痛病事件"接连爆发，成为当时重大的社会问题。20 世纪的八大公害事件中，日本就占了四件。

一系列环境污染事件的发生唤醒了日本民众的环保意识，也引起了政府部门重视。日本采取了一系列措施积极治理污染，包括：加强环境立法，注重民众环境意识培养；合理引导，生产消费"两头堵"；发展低碳经济，建设低碳社会等。1970 年日本制造业二氧化碳排放 2.69×10^8t，2014 年 2.33×10^8t，制造业二氧化碳排放下降，节能减排初见成效。此外，一整套严密的金字塔式的法律体系成为低碳经济的保障。

7.2.1.5 中国

经过几十年快速发展，中国制造业增加值从 1978 年的 5.997×10^{10} 美元增加到 2015 年的 3.250×10^{12} 美元，增长了约 53 倍。与发达国家相比，中国制造业增加值 1996 年超越英国和法国，2001 年超越德国，2007 年超越日本，2010 年超越美国，成为世界制造业规模最大的国家。目前，中国制造业占 GDP 的百分比保持在 30% 左右，相比老牌制造业强国美国、日本、德国 12.27%、20.90%、23.06% 的份额，中国制造业对经济增长的推动贡献更为显著。制造业生产消耗大量化石能源，其大规模、低效率使用引发大量二氧化碳排放，造成严重的环境污染和巨额环境治理成本。1980～2020 年，我国各类能源资源的消耗和碳排放情况见图 7-6。

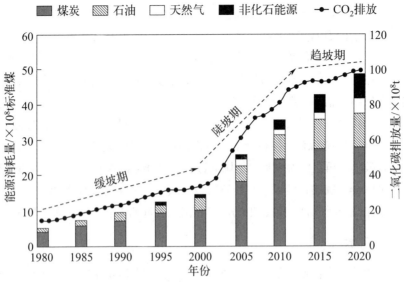

图 7-6　1980~2020 年我国各类能源的能耗和碳排放变化情况

对发达国家制造业低碳发展历程进行梳理发现：自工业革命以来，以英国、美国、德国、日本为代表的发达国家制造业发展取得了辉煌成就，英国、美国历经数个世纪交替成为称霸全球的世界工厂。纵观近 200 年的历程，发达国家制造业的快速扩张不约而同地产生环境问题，在日益严峻的全球气候变暖形势下，纷纷开展低碳发展战略。一方面采取更为严格的政策制度敦促节能减排；另一方面将一些高污染、低附加值的传统制造业转移海外，发展污染小、投资回报率高的服务业。"去工业化"进程造成虚拟经济的过度膨胀和产业泡沫，实体经济（制造业）地位下降，竞争力减弱，发达国家出现不同程度的产业"空心化"。2008 年金融危机，"空心化"的产业结构使一些国家经济受到重创，人们转而反思回归实体经济，以"再工业化"挽救不断下滑的经济。低碳背景下，可再生能源、节能环保、高端装备制造等行业成为拉动经济的新增长点。

英国、美国、德国和日本制造业发展经验显示，在能源和环境约束下，发达国家制造业殊途同归，寻求低碳发展；通过能源结构优化、技术创新、产业结构优化等方式可有效遏制污染，缓解能源瓶颈；"去工业化"至"再工业化"的发展说明离开为国民经济提供基本物质供给的基础制造产业将降低国家抵御风险的能力。发达国家经过前期的治理积累，基本实现了经济与环境脱钩，再工业化步伐的加快给中国制造业带来了考验。

低碳发展是能源和环境对制造业发展提出的直接要求，《中国制造 2025》明确了节能降耗目标，到 2025 年，规模以上单位工业增加值能耗比 2015 年下降 34%，单位工业增加值二氧化碳排放量比 2015 年下降 40%，单位工业增加值用水量比 2015 年下降 41%，工业固体废物综合利用率达到 79%，并提出加大先进节能环保技术、工艺和装备的研发力度，加快制造业绿色改造升级；积极推行低碳化、循环化和集约化，提高制造业资源利用效率；强化产品全生命周期绿色管理，努力构建高效、清洁、低碳、循环的绿色制造体系。

7.2.2 石化行业的低碳发展

石化行业为经济建设与发展提供了不可或缺的能源资源，但同时也消耗大量资源和能源。国际能源署（IEA）的统计数据显示，石油和天然气行业为全球提供约 60% 的能源供应，2021 年全球二氧化碳排放量为 $3.63×10^{10}t$，石油和天然气二氧化碳排放量达到 $1.82×10^{10}t$，占比达到 50.1%。中石油、中石化、中海油 3 家国内油气生产企业年二氧化碳排放总量在 $3.5×10^8t$ 左右，约占全球油气行业排放的 1.92%。全球油气行业在 2021 年排放甲烷约 $8.0×10^7t$，其中，中国油气行业甲烷排放估算值为 $3.38×10^6t$，约占全球油气行业甲烷排放的 4.2%。

中国作为最大的发展中国家，设定了 2030 年实现碳达峰、2060 年实现碳中和的目标；美国、欧盟、英国、加拿大、日本等设立了 2050 年实现碳中和的目标；英国、德国、日本、法国和美国加利福尼亚州、中国海南等地相继宣布在 2030～2040 年禁售燃油车；沃尔沃、戴姆勒、福特、北京汽车集团等汽车制造企业也纷纷提出短期和中期内停售燃油车的计划。面对新形势，加工高碳化石能源、以交通运输燃料为主要产品的炼油行业，必须重新定位、重塑目标、调整战略，尽快找到适合行业自身特点的低碳可持续发展路径。

在二氧化碳减排方面，大部分能源公司均已制定碳达峰与碳中和时间点，并通过发展新能源及规模化碳捕集、利用与封存技术落实碳减排量。例如，欧洲的英国石油公司（BP）、道达尔公司（Total Energies）、皇家壳牌公司（Shell）、原挪威国家石油公司（Equinor）均采取了抛售现有油气资产，并加大对风电、储能、生物燃料、氢能、太阳能等领域的规模化投资，其中道达尔公司和皇家壳牌公司在新能源领域的投资力度最大，成为国际能源公司中新能源业务营业收入排名前二的企业。美国能源公司如埃克森美孚（Exxon Mobil）、雪佛龙（Chevron）等，受益于美国 45Q 法案对碳捕集、利用与封存的减税补贴政策，均完成了规模化的碳捕集封存工程，仅埃克森美孚公司一家就拥有了全球约 20% 的碳捕集封存产能。

在甲烷管控方面，全球主要国家和地区近年来都在出台相关法律或引导性政策，指导行业甲烷减排。2021 年 3 月，美国恢复了严格限制油气甲烷排放的相关政策，并对新建油气生产设施提出了甲烷管控要求，计划油气行业甲烷排放总量 2025 年相比 2012 年降低 50%，2030 年相比 2012 年降低 70% 左右。欧盟在 2020 年 10 月发布甲烷战略，涉及整个欧洲区域以及欧洲进口能源公司的甲烷减排，相关具体法规要求在 2021 年底至 2022 年间制定并施行。加拿大在 2020 年也制定了油气行业甲烷排放管控要求，提出甲烷 2025 年相比 2012 年减排 40%～45% 的目标，针对油砂开采制定了排放总量控制上限，并对具体排放源，如泄漏逸散排放、开采放空、气动控制器排放、压缩机排放等提出了甲烷减排要求。

我国中石油等 17 家石油和化工企业以及中国石油和化学工业联合会于 2021 年 1 月 15 日联合签署并共同发布了《中国石油和化学工业碳达峰与碳中和宣言》，宣告将开展能源结构清洁低碳化转型，大力提高能效，提高高端石化产品供给水平，加快部署二氧化碳捕集驱油和封存项目、二氧化碳作原料的化工产品生产项目，加大科技研发以及绿色低碳投资强度，推动行业落实"双碳"目标。2021 年 5 月 18 日，中石油、中石化、中海油 3 家公司及国家管网、北京燃气等城市燃气企业共同发起成立了中国油气企业甲烷控排联盟，承诺力争 2025 年成员企业天然气生产过程甲烷平均排放强度降到 0.25% 以下，接近世界先进水平，并努力于 2035 年达到世界一流水平。

各企业也积极采取相关措施推进碳减排。中石油积极参与全球气候变化治理，加入油气行业气候倡议组织（OGCI），深度参与碳减排实践，在吉林油田实施二氧化碳捕集驱油工业试验。在 2019 年发布的《绿色发展行动计划》中明确了甲烷管控目标，在油气勘探开发过程中实行整体勘探、整体开发，实施了常规火炬熄灭计划，持续推进油田伴生气回收和利用等工作。2019年，中石油甲烷排放强度相比 2017 年下降了 12.3%。中石化、中海油也在百万吨级碳捕集封存，海上碳捕集、利用与封存等方面开展了工程示范，并积极推进油气混输、套管气回收利用、密闭集输、浮式天然气液化等甲烷减排工作。

为应对碳中和挑战，炼油行业需综合考虑原料、生产、产品、技术、市场等所有内外部因素，减排重心需从减少企业生产层面的排放扩大到从原料选择到产品消费全价值链的更大范围。从中长期来看，炼油加工原料向低碳化和多元化转变，生产过程更加重视节能降耗和使用绿色能源，产品结构从以油品为主转向以石化原料和材料为主，技术创新以提升效率和减排为主要目标，这四个趋势将共同塑造未来炼油行业的发展路径。

7.2.2.1　炼油加工原料向低碳化和多元化转变

原油是炼厂加工的主要原料，但碳达峰和碳中和目标将使石油等高碳原料的加工量和占比加速下降。当前全球一次能源需求中，石油占32%，可再生能源（包括太阳能、风能、生物质能等）占14%（图7-7）。到2030年，石油在一次能源需求中的占比将降至30%，可再生能源的占比将上升到19%（图7-8）。化石能源在能源结构中的占比取决于替代能源和碳减排技术规模化应用的速度。一些大型国际石油公司和国家石油公司积极发展可再生能源业务，正从传统的石油天然气公司转型为多元化、低碳化的能源公司，BP、壳牌、道达尔等欧洲石油公司，以及中石油和中石化，都提出了低碳能源发展战略，业务将从油气为主转为能源多元化发展，这预示着炼油化工的原料结构将发生变化。

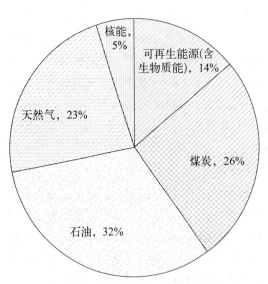

图 7-7　2019 年世界一次能源消费结构
资料来源：国际能源署

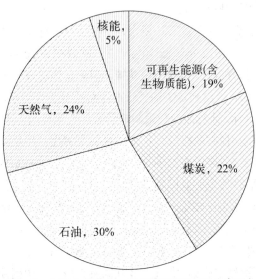

图 7-8　2030 年世界一次能源消费结构（预测）
资料来源：国际能源署

除了原油，其他原料也将作为炼油原料的补充。

一是生物质能源。将生物质（木质纤维素、植物/动物油脂等）处理后与原油或炼厂馏分混合，经加氢处理等工艺可生产低碳强度油品。目前，生物质替代化石原料成本仍然较高，但生物质原料的多样性、获得便利性以及政策支持，有可能使其成为未来炼油低碳原料的重要组成部分。美国数家炼油厂正在进行改造，将生物质原料与化石燃料混炼，生产可再生柴油或低碳航空燃料。BP 公司计划在炼厂对加氢植物油和废弃油脂与化石原料进行混炼加工，生产低碳生物柴油和生物航空燃料。

二是废塑料等废弃化工产品。将废塑料循环利用的研究一直在推进，一些公司已经实现了工业化应用。例如，伊士曼化学公司将回收的废塑料（非聚酯塑料、软包装等）转化为附加值更高的先进材料和纤维；埃克森美孚公司也开展了废塑料化学回收利用的工业试验。在市场和政策的推动下，可循环利用的废弃产品将成为石油产品的原料之一进入炼厂的加工装置。未来，炼油行业将加工更加复杂的组合原料，但工艺流程和装置与现有炼厂相似，产品也易与当前炼厂产品中的组分进行调和。

7.2.2.2 生产过程更加重视节能降耗和使用绿色能源

国际能源署指出，通过能源管理降低炼油过程能耗可降低能源成本和减少二氧化碳排放。炼油行业仍有较大的节能降耗空间，提升炼油企业能源效率可使全球炼厂的平均成本再降 30%，减少二氧化碳排放量 3.5×10^7 t/a。加强炼油生产过程的能源管理是炼油行业低碳转型的重要策略，也是短期内降低二氧化碳排放量最有效的途径。

分布在炼厂各工艺区域的加热炉能耗高，通过能量优化管理、设备升级改造和使用低碳替代燃料，可实现部分减排。对于工艺装置可以采取提高换热效率、减少结垢、优化操作和控制等措施来降低能耗，或者采用节能技术、新建预处理设备等方法降低主体工艺装置的能耗。此外，热电（汽电）联产技术（CHP）和气化联合循环一体化发电技术（IGCC）已在炼油行业广泛应用，低成本的碳捕集新技术已规模化示范或应用，这些技术将成为炼油行业综合利用资源、节能减排的重要手段。

炼厂装置运行、化学反应、分离提纯、物料输送等过程需要消耗大量能源，未来将逐步转向由风能、太阳能等零碳电力或天然气等低碳能源来提供动力。在获得充足廉价低碳电力供应的前提下，从外部输入低碳电力将是炼油行业实现减排的重要途径。例如，巴斯夫、沙特基础工业与林德公司计划共同开发并推广蒸汽裂解装置电加热解决方案，利用低碳电力加热蒸汽裂解炉来减少二氧化碳排放量。

7.2.2.3 产品结构从以油品为主转向以石化原料和材料为主

炼油产品主要包括汽、柴、煤油等液体交通燃料，石化原料，以及沥青、润滑油和石油焦等其他工业产品。目前，全球炼油产品中，交通燃料占比约为 66%，石化原料约为 16%，其他产品占比约为 18%；欧盟交通燃料占比约为 65%，石化原料占比约为 10%，其他产品占比约为 25%；中国交通燃料约占 65%，石化原料约占 17%，其他产品占比约为 18%。未来炼油产品结构的调整将取决于石化原料需求的增长以及交通运输领域替代能源的发展速度。炼油产品结构将继续加速向多产石化原料、材料方向转型。以 2019 年需求为基准，2030 年世界石化原料需求增量将超过交通燃料需求增量（图 7-9），占总需求增量的 60%，除美国和中东地区外，大多数石化原料（石脑油）仍来自炼油行业。

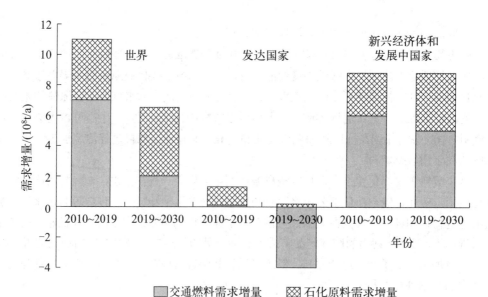

图 7-9　2019~2030 年世界交通燃料和石化原料需求增量预测

交通燃料需求增量　　石化原料需求增量

　　影响石油基石化原料需求的因素除下游产品市场外，主要还有替代产品和终端产品循环利用两个方面。在目前的条件下，与传统炼油路线相比，通过生物质和碳一路线生产烯烃和芳烃，在技术成熟度和经济可行性方面都不具有明显优势，尤其在碳中和背景下，实现规模化替代有待于技术方面取得实质性突破或者政策上给予支持。终端产品循环利用，会一定程度影响中间产品（例如聚乙烯和聚丙烯等聚合物）的需求。除石化原料外，沥青、润滑油、石蜡等石油产品采用其他技术路线替代的可行性不大，炼油企业可由生产普通沥青、石油焦等转为生产电极焦、石墨烯、中间相沥青、特种沥青等碳材料；同时，由于这些产品本身就是固碳产品，因此减碳需求不迫切。总体来看，中长期内炼油行业仍将是石化原料和其他工业产品的主要来源。

　　未来，交通运输油品需求将呈缓慢达峰然后下降的趋势。短期和中期内，燃油效率提高在降低油品需求增速方面将发挥主要作用。中国汽车工程学会 2020 年发布的《节能与新能源汽车技术路线图 2.0》预计，2030 年乘用车新车油耗将从目前的接近 5L/100km 降到 3.2L/100km。中长期内，随着技术成熟、配套设施完善、成本下降，电动汽车和替代燃料对油品市场的渗透率会逐步增加，从开始时替代油品增量需求，逐渐发展为在长期内替代存量需求。但是，由于液体运输燃料（汽、柴、煤油）具有相对更高的能量密度、运输方便和易于车载存储的优势，且建立了完整而庞大的生产、存储和销售体系，不太可能实现所有运输方式全面电气化。在重型货运和海运、航运中，液体燃料的能量密度是一个根本优势，难以被替代。因此，交通运输能源低碳路径不太可能有唯一方案，需要根据不同运输方式的特点和燃料要求，在低碳石油基燃料、电能、氢能、生物燃料等多种能源燃料中综合考量。

　　在能源转型过程中，储能将发挥越来越重要的作用。为应对电力需求和供应的波动，需要有容量大、反应迅速、灵活的储能设施，电池储能技术正在加快发展。氢气是炼油的重要原料和产品之一，炼油行业拥有运营氢气产业链相关的设备和技术，在氢能方面可以提供具有竞争力的储能解决方案。炼油可与石化等其他行业实现协同一体化，发挥能源中心的作用，将多余的可再生电能转化为氢，也可根据需要将氢储存或用于热电联产、与二氧化碳合成燃料、直接用于运输及作为其他工业的原料等。

7.2.2.4　技术创新以提升效率和减排为主要目标

原料和产品结构的变化将给传统炼油工艺带来挑战。一些新技术、新工艺流程、新催化剂的开发，使得炼油过程具有更高的灵活性和适应性，还有一些新技术将绕开传统炼油系统，成为具有竞争力的替代路线。

一是分子炼油与精细分离技术。与传统炼厂分阶段进行原油和重油转化，然后分别处理中间馏分的流程不同，分子炼油对原料和加工工艺进行分子水平的认识，并将分子模型纳入整个炼厂优化模型，从而在操作运行中具有更高的敏捷性。通过分子表征和流程建模，将每一个分子都视为原料，通过精准分离优化各个装置的进料组成，根据原料性质调整工艺装置操作，发挥原油的最大价值生产目标产品，实现资源的最优化利用。

二是短流程技术（例如原油直接制化学品技术）、降低原料成本和温室气体强度的技术（例如甲烷氧化偶联制乙烯技术）。以原油直接制化学品（COTC）为例，中国当前炼化一体化程度最高的企业每桶原油的化学品收率约为40%，而原油直接制化学品项目每桶原油的化学品收率在40%以上。由于每个原油直接制化学品项目的产能都相当于几个传统的世界级规模石化装置，未来大规模新建原油直接制化学品项目可能打破烯烃、芳烃价值链的供需平衡，一些炼化一体化企业有可能面临产能过剩和被淘汰的风险。国际能源署预测，2019~2030年，通过炼油产业链生产的石化原料产量年均增长率约为前10年的一半。

三是碳回收及利用技术。采取提高能效、更换老旧设备、减少泄漏、加强装置设备维护等低成本的减排方案，效果是有上限的。如果不采用电气化或碳捕获、利用与封存技术（CCUS），碳排放量很难再下降。加快开发和应用碳回收及利用技术有助于炼油企业应对碳排放压力，还可以加强炼油企业在低碳技术领域的领先地位。

四是数字化技术。数字化技术在快速响应原料和产品需求变化、炼厂优化运行、远程监控和诊断、预测性检维修、现场操作、科研创新等方面将发挥更加重要的作用。数字化技术的应用可降低成本、增强市场敏感度，是炼油企业降低风险、挖掘现有业务链更多的价值、保持盈利能力的关键策略之一。

炼油行业低碳转型宜分阶段逐步实现，在原料、生产过程、产品、技术创新四个方面发展趋势逐渐清晰。从目前一些国外研究机构对炼油行业发展趋势的研究来看，未来炼油行业将发生较大的战略转型，从把原油转化为各种石油产品的传统路线，逐渐发展为一个能把更多元原料（包括化石原料、生物质和废弃化工产品等）转化为能源、石化原料和材料的行业。

7.3　过程系统集成助力石化行业低碳生产

过程系统集成（process system engineering，PSE）是20世纪80年代发展起来的过程综合领域最活跃的分支之一。其发展的重要标志是夹点技术的提出及成功应用于换热网络优化。该技术把整个过程系统集成起来作为一个有机整体进行分析和优化，目的在于使整个工业企业的原材料或能量消耗达到最小，并使系统的废物生成量和排放量最小，最大限度地节能减排。该技术综合应用系统工程、化学工程、过程控制、计算数学、信息技术、管理科学等先进理念与技术，在改善能源资源利用、实现工业企业信息化、发展循环经济、建设节约型社会和环境友好型社会等方面发挥着不可替代的重要作用。其理念与技术在石化领域的节能减排、环境保护、供应链管理以及信息技术应用等方面广泛应用并取得了显著成效。

大型石化生产系统包含多个单元过程，如流体输送、反应、换热（加热和冷却）、蒸馏、吸收、蒸发、萃取、结晶、干燥等，这些过程通过管网连接，与物质流、能量流和信息流交互作用而紧密耦合在一起，构成一个复杂的系统。例如某 9.0×10^5t 汽柴油加氢精制装置采用炉前混氢、冷高分加氢精制工艺，由反应、分馏、换热和公用工程等部分组成。装置的流程简图如图 7-10 所示。把整个过程作为过程单元相互联系的集成系统（其中包括工艺过程流股、公用工程和废物流股），利用系统集成技术进行分析和优化，可确定详细的过程设计或改造方案，优化目标包括产品成本最小、公用工程消耗最小、废物产生量最小等。

7.3.1　能量系统集成

大型石化生产系统包含多个在不同温度下进行的单元过程，相应的进出口物流需要被加热（冷流）或冷却（热流）。一套生产装置中通常有多股热流和冷流，以及专门用于加热/冷却的公用工程。若温度合适，可用热流加热冷流以实现前者的冷却、后者的加热和能量回收。否则，热流需由冷却公用工程（如循环水、冷冻水等）冷却，冷流则需由加热公用工程（如蒸汽等）加热。

在一个装置中，所有的热流、冷流、加热和冷却公用工程构成一个换热网络，综合考虑热流和冷流之间的能量回收进行优化设计，可有效利用能量，降低公用工程消耗。自 20 世纪 70 年代 Linnhoff 和梅田富雄提出换热网络（heat exchange network，HEN）的"夹点分析法"以来，针对换热网络进行集成已经成为过程工业系统节能设计与改造的重要方法之一。换热网络的系统集成方法目前主要分为三类，即夹点分析法、数学规划法和基于经验规则的人工智能法。夹点分析法已在提高工业系统的能量利用率、降低投资和操作成本等方面发挥了显著的作用。数学规划法基于包括所有可能换热网络结构的超结构模型，用实际过程相应的约束条件建立换热网络的数学优化模型，求解该数学模型可以得到达到要求并满足约束条件的网络结构。数学规划法可用于解决具有大量变量和多种反馈的系统集成问题，获得经验规则无法确定的最优网络，但求解过程为一黑箱模型，不直观，物理意义不明确。基于经验规则的人工智能方法可在总结生产实践和经验的基础上，制定出综合最优换热网络的物流匹配及能量使用规则和一些启发试探规则，形成经验知识库，按条件构成推理机制，实现换热网络的最优综合。本节主要介绍换热网络的夹点分析法。

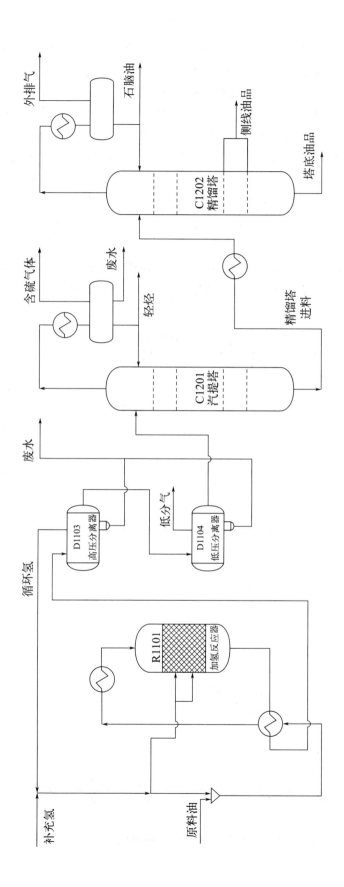

图 7-10　汽柴油加氢装置流程简图

夹点分析法的基本思想是以热力学为基础，运用拓扑学的概念和方法，对过程系统做出直观而形象的描述，客观地分析过程系统中能量传输沿温度分布的传递特性，从中发现系统用能的"瓶颈"，并"解瓶颈"。对于过程工业系统的换热网络，该方法将所有的热流合并成一条热复合曲线，所有的冷流合并成一条冷复合曲线，并将两者一起表示在温-焓图上，如图7-11所示。平移冷、热复合曲线使得两曲线之间的传热温差最小时，对应最小传热温差的点即为夹点。夹点出现时，冷、热曲线重叠部分对应的热量可以通过过程内部冷、热流体的换热进行回收；冷复合曲线上端不与热复合曲线重叠部分需用加热公用工程加热，对应负荷是该夹点温差下所需的最小加热公用工程量——QH_{min}。热复合曲线下端不与冷复合曲线重叠部分需用冷却公用工程冷却，对应的冷却负荷是该夹点温差下所需的最小冷却公用工程量——QC_{min}。

根据该方法，可确定生产过程能量回收的瓶颈，最小加热和冷却公用工程消耗和相应的最佳能量回收系统。例如，对于图7-10所示的汽柴油加氢系统，其冷、热物流数据见表7-1，相应的负荷曲线见图7-11，最佳的能量回收网络见图7-12。

表7-1　冷热物流数据汇总表

序号	物流	初始温度/℃	目标温度/℃	热负荷/kW
HS1	反应产物	361	50	24068
HS2	精馏塔塔顶气	168	40	2790
HS3	新氢返回	139	40	452
HS4	产品柴油	224	50	11728
CS1	混氢原料油	50	332	20642
CS2	低分油	50	200	12784
CS3	精馏塔进料	187	244	5075

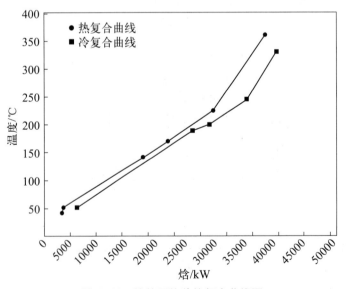

图7-11　换热网络冷热复合曲线图

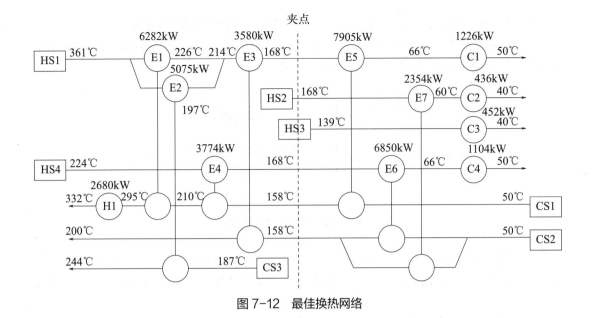

图 7-12　最佳换热网络

7.3.2　水系统的集成与优化

节约用水、高效用水、提高现有水资源的重复利用率是缓解水资源供需矛盾的根本途径之一。提高工艺用水的重复利用率最有效的方法是采用水系统集成技术。水系统集成将图 7-13 所示的工业企业用水系统作为一个有机的整体对污废水回用、再生和循环的所有可能进行综合考察，采用过程系统集成的原理和技术对用水系统进行优化，按品质需求逐级用水，以使系统水的重复利用率达到最大、新鲜水消耗和废水排放同时达到最小。

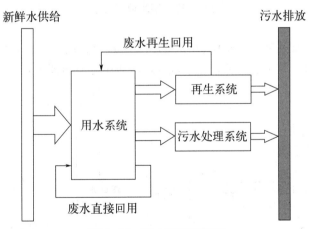

图 7-13　用水网络示意图

水系统的集成可以解决如下问题：
① 确定最小新鲜水用量和废水排放量。
② 现行用水系统是否合理？若不合理，不合理的环节和原因是什么？
③ 现行用水系统经济可行的节水潜力有多大？

④ 设计新的用水网络或改造现有网络实现新鲜水用量和废水排放量最小。

传统的用水模式如图 7-14 所示。用水系统中的各用水过程分别采用新鲜水，使用过的水汇集后排入污水处理系统，去除污染物后再排放到自然生态环境中。

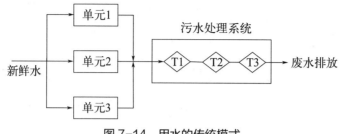

图 7-14　用水的传统模式

系统的节水方法体现了"系统着眼、按质用水、一水多用"的节水原则，主要采用废水直接回用、废水再生回用和废水再生循环三种基本方式及其组合方式对用水系统进行合理分配和高效利用。

① 废水直接回用。从某个用水单元出来的废水直接用于其他用水单元而不影响其操作，又称为水的优化分配，如图 7-15 所示。

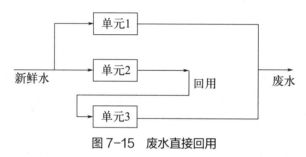

图 7-15　废水直接回用

② 废水再生回用。从某个用水单元出来的废水经处理后用于其它用水单元，如图 7-16 所示。
③ 废水再生循环。从某个用水单元出来的废水经处理后回到原单元再利用，如图 7-17 所示。

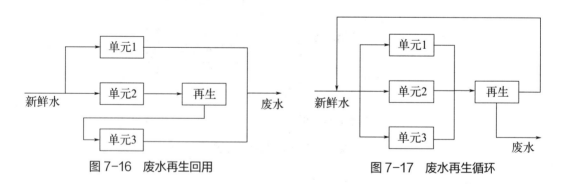

图 7-16　废水再生回用　　　　　　图 7-17　废水再生循环

与换热网络的集成类似，水系统集成的主要方法或技术包括图示法和数学规划法。图示法又称为水夹点法，是在负荷-浓度图或流量-浓度图上描述和分析用水系统，其主要优点是形象、直观、物理意义明确。数学规划法与换热网络的数学规划法类似，只是所研究的对象不同。

一般来说，从一个用水单元出来的废水如果在浓度、腐蚀性等方面满足另一个单元的进口要求，则可为其所用，从而达到节约新鲜水的目的。这种废水的重复利用是节水工作的主要着眼点。用水单元对杂质有最大进口浓度要求，称为极限进口浓度（C_{IN}^{Max}）。极限进口浓度越高，其他单元排出的废水作为本单元水源的可能性越大。由于生产工艺的要求，用水单元出口水的杂质浓度也有最大值约束，称为极限出口浓度。为了达到用水网络的全局最优化，可基于所有用水单元极限进口浓度和极限出口浓度构建极限复合曲线，考虑整个系统的用水情况进行分析。位于复合曲线下方的供水线均可满足供水要求。当供水线的斜率增大到在某点与复合曲线开始重合时，出口浓度达到最大，新鲜水用量达到最小。重合的位置就是"水夹点"，见图 7-18 所示的"夹点图"。

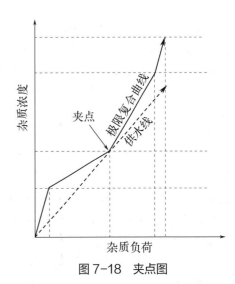

图 7-18　夹点图

在水夹点上方，用水单元的极限进口浓度高于夹点浓度，不应使用新鲜水；在水夹点下方，用水单元的极限出口浓度低于夹点浓度，不应排放废水。此外，不能将夹点之下的水用于夹点之上的用水单元。在用水网络的新设计中，只要依据上述原则，就可使设计出的用水网络消耗最小的新鲜水量。对已有的用水系统，可依据水夹点找出用水系统的不合理之处。

水网络也可用数学规划法进行集成优化。在建立数学模型之前，需要建立能用数学模型描述的、涵盖所有可能网络结构的超结构。在超结构中，每一个用水单元都有可能使用新鲜水和从其他单元来的水；从每一个用水单元出来的水都可能供给其他单元使用。废水直接回用网络的超结构如图 7-19 所示。建立数学模型规划求解该超结构，可确定各单元的新鲜水消耗量、各单元之间的水流率和最佳用水网络。

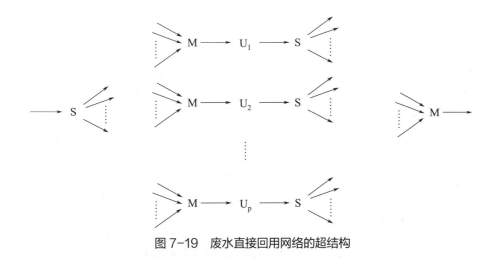

图 7-19　废水直接回用网络的超结构

7.3.3　氢气系统集成

炼厂中，加氢工艺是改善油品质量、适应原油劣质化和环境法规的核心技术。全世界油品加氢工艺的生产能力占原油加工能力的比例已超过50%，国内加氢装置的加工能力也已接近30%，居炼油二次加工工艺之首。加氢装置的飞速发展导致氢气资源的消耗也在迅猛增加，炼厂氢气资源短缺问题日益严重。采用一定的技术，例如氢气纯化技术，降低装置氢气的消耗量，虽可节省一些氢气，但效果不大。在炼厂中，真正决定氢气使用情况的是不同装置间氢气的分配。

炼厂中与氢气有关的生产装置和单元通常可以分为三个部分：产氢过程、耗氢过程和净化单元。产氢过程主要向系统提供氢气，如连续重整装置、专门的制氢过程等；耗氢过程通过加氢反应提高油品质量和产量，包括加氢精制、加氢裂化、异构化等过程；净化单元通常指将低浓度氢气提纯到高浓度的过程或装置，如PSA吸附装置。这三部分之间的相互作用决定了炼厂的氢气分配网络（简称氢网络）。

氢网络由多股氢源、氢阱和新氢（或公用工程）组成。氢源是可以提供氢气的流股，主要包括催化重整副产的氢气、耗氢装置尾气和提纯氢气。氢阱是表征氢气需求的流股，有一定的流量和浓度要求，通常是耗氢过程的进口流股，例如加氢精制、加氢裂化等过程的反应器入口流股。制氢装置生产的氢气或从外界购买的氢气为新氢（或公用工程）。氢网络集成可综合考虑整体情况优化不同装置间氢气的分配，决定炼厂公用工程新氢用量。

氢网络可利用浓度-流量曲线和剩余氢曲线确定夹点的位置和最小用氢量，基于氢夹点法进行集成。在这种方法中，根据氢阱和氢源的氢浓度和流量分别画出相应的浓度-流量曲线，如图7-20所示。图中标有"+"的区域中，氢源在满足氢阱需要外还有一部分氢气过剩，过剩的氢气可补偿给低纯度的亏缺区域。相反，标有"−"区域的氢源若与相应的氢阱匹配，则不能满足氢阱的需要，还亏缺一定的氢气。根据氢网络的浓度-流量曲线可以画出相应的剩余氢曲线。当剩余氢曲线与纵坐标出现交点，且除交点外，剩余氢曲线完全位于纵坐标轴的右面时，此交点即为夹点。夹点出现时对应的公用工程流量为系统的最小公用工程用量。基于该方法可对氢网络进行集成优化，确定最小新氢用量和最佳氢网络。

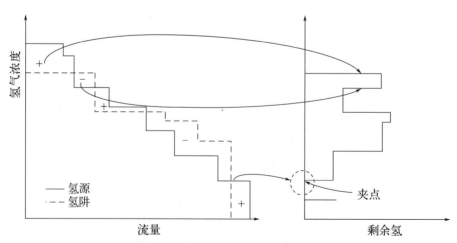

图7-20　氢网络的浓度-流量线和剩余氢曲线

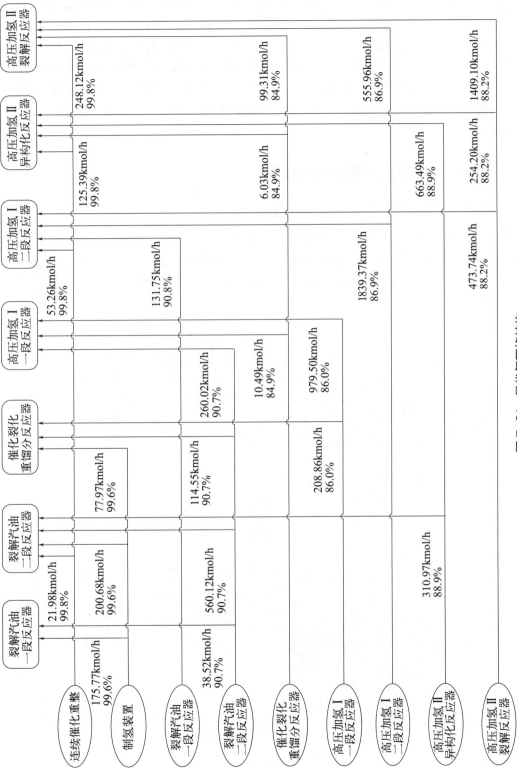

图7-21 最优氢网络结构

图 7-21 所示为某炼厂优化所得的最优网络。该炼厂有两股新氢和四个耗氢装置，前者为催化重整装置和外部补充氢气，后者包括裂解汽油加氢装置（pygas hydrotreating unit，PHU）、催化裂化汽油（fluid catalytic cracking gasoline，FCC）和两个高压加氢装置（high-pressure hydrotreating unit，HPU）。PHU 装置有一段反应器和二段反应器；FCC 装置包含一个重馏分反应器；HPU 装置 I 包含一段反应器和二段反应器；HPU 装置 II 包含异构化反应器和催化裂解反应器。优化后新氢的消耗量降低 5.19%。若在优化中考虑 FCC 重馏分加氢装置分离产物的提纯，对氢网络匹配、反应器温度、分离器温度和变压吸附提纯参数同步优化，新氢用量可进一步减少。

7.3.4 系统集成的其他应用实例

7.3.4.1 合成气变换系统节能改造

某厂合成气产量为 167.4t/h。在合成气变换系统的现行流程中，换热器 E-2108 用 180℃的热物流将 247t/h 的脱盐水从 40℃加热至 90℃。为充分利用 V-2103 出料 180～75℃之间的热量并保证装置物料平衡，基于系统集成技术对 E-2107、E-2108 与 E-2109 进行部分调整，并新增换热器 EN1 用于发生蒸汽。改造前后的工艺流程如图 7-22 所示。

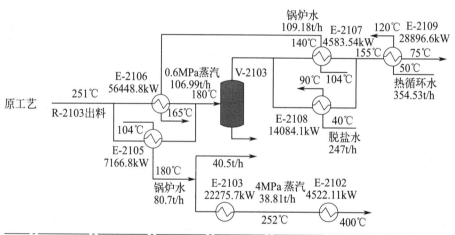

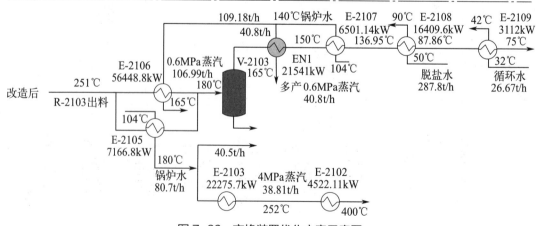

图 7-22 变换装置优化方案示意图

优化后的工艺中，V-2103 出料高温段（180～150℃）热量经过 EN1 发生蒸汽，之后再通过 E-2107 加热锅炉水（温度降至 136.95℃）、经过 E-2108 加热脱盐水（温度降至 87.86℃），最后被冷却水冷至 75℃，达到原装置后续工艺进料条件。优化后，系统可以多回收能量16409.6kW，多产 0.6MPa 蒸汽 40.8t/h，相当于吨合成气多回收 12.02kg 标准煤的热量，实现节能 1.31%（吨合成气能耗为 918.5kg 标准煤）。

7.3.4.2 丙烯酰胺过程工艺和细胞催化剂耦合优化

日本和中国分别在 1985 年和 1994 年以野生红球菌和野生诺卡氏菌为生物催化剂实现了丙烯酰胺的产业化。但在工业生产过程中一直存在细胞和胞内酶的抗逆性差以及副产物积累问题，导致原料单耗和分离纯化成本高、反应效率低、能耗高以及废水排放多。研究者从细胞催化剂性能和过程工艺两个层面进行能质耦合强化和反应过程强化改造，使生物催化剂在工业环境中高效稳定运行。构建的基因工程红球菌 TH3 已成功用于丙烯酰胺产业化，解决了生产过程中副产物积累、原料损耗问题，游离细胞催化水合副产物量<0.07%，下降 70%～80%，废水排放下降 30%，每年减少 9×10^4t 以上废水排放量，发酵原料成本下降 40%，丙烯腈单耗从 0.80～0.82kg/kg 丙烯酰胺下降为 0.76kg/kg 丙烯酰胺，接近理论值 0.75kg/kg 丙烯酰胺，经济和社会效益显著。开发的游离细胞催化耦合中空纤维超滤膜分离新工艺解决了原固定化细胞工艺中酶活损失大、杂质含量高的问题，菌体利用率提高 60%～70%，水合产物杂蛋白降低到 4% 以下，游离细胞使用批次从 3～5 批提高到 6～10 批，并在年产 5×10^4t 规模丙烯酰胺工业生产中稳定高效运行。

7.3.5 智能化低碳工厂

《中国制造 2025》指出：推进制造过程智能化，在重点领域试点建设智能工厂、数字化车间，加速智能工厂在工业行业领域的应用推广。《国家智能制造标准体系建设指南》（2018 年版）进一步完善了智能制造标准体系，其中涉及石油化工行业的重点是：智能工厂工程设计、智能工厂交付、智能生产和集成优化等标准，主要用于规定石油化工智能工厂工程设计、建造和交付等建设过程。

石油化工智能工厂（下文简称智能工厂）是以现代工业技术为基础，采用成熟的数字化、网络化、智能化技术，围绕生产管理控制、设备运行、质量控制、能源供给、安全应急五项核心业务，采取关键装置优化控制、计划调度操作一体化管控、能源优化减排、安全风险分级管控、生产绩效动态评估等关键措施，着力提升企业生产管控的感知能力、预测能力、协同能力、分析优化能力，为企业经营管理综合效益和竞争力提升提供坚实的保障，并能够最终帮助企业实现高效、绿色、安全、良好的管理目标。

能源成本是石化行业单一成本中除材料成本外最大的，在所有成本中大概占到 8%，或者除材料外的 30%。许多工厂没有完全落实节能减排措施；设备故障引发的非计划停产或减产损失仍然困扰着很多工厂，带来的潜在损失约 3%～7%。维护成本占除材料成本外的 10%～20%，更多的情况是维护时间安排不合理，不是太早就是太迟。库存高也困扰着大多数工厂，周转率太低造成资本积压。工厂的智能化和数字化可解决上述问题，并可有效改善工厂的财务状况。

工厂的安全和环境是困扰经营者最重要的问题之一。设计、变更控制和操作因素是造成安全问题的主要原因。改进的测量技术和实时在线分析可以明显降低危险发生的概率。工业自动化工厂中的人力因素一直在变化。随着工业领域投资的萎缩，雇佣人数也在持续下降，且随着人口老龄化的加剧，退休人数上升，将造成工厂操作人员的技能水平降低、对技能的需求提升。这个问题可以通过提高工厂数字化和系统智能化水平来弥补。

一般情况下，控制系统检测工厂生产状况，分析潜在问题，预测可能发生的各种情形，对可能的结果进行决策，实现对工艺过程的控制循环。整个过程需要做出的决策包括：何时生产何种产品，生产某种产品需要什么原料和哪种技能工种，什么时候对生产设备进行维护等。工厂的预测控制关键技术和决策环见图7-23。

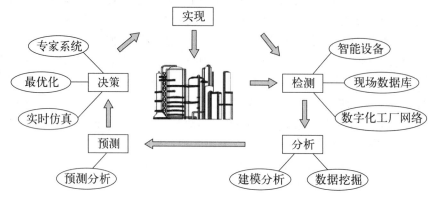

图 7-23　预测控制关键技术和决策环

生产过程中需要检测非常多的数据，如果这些数据每分钟扫描一次，一周即可产生庞大的历史数据。获取的数据波动很大，而且会有干扰，甚至是无效的，这些数据有些还存在关联关系。对检测数据进行分析可得到当前系统的性能和状况，将这些指标和标准数据对比，得到设备的运行状况。标准数据可以是设计好的性能参数、环境允许值或者建模计算出的标准值。基于获取的数据可预测系统期望的结果，推算结果是否和当前一致，或者是否和控制系统中预设的结果一致。可以使用当前系统的状态和附加扰动，来预测未来最有可能发生的情况，决定系统是否变化，或是否需要采取措施。这一步会在所有措施中选择一个最优化的操作，在有限的时间内完成系统干预，最终实现包含干预系统所有需要执行的操作步骤，系统操作最终执行机构完成生产干预。

在智能数字化系统中，使用智能仪表获取更精准及时的现场数据，检测以往无法测量的变量。控制系统中有一个根据控制变量来操纵最终对象的数学模型，该模型利用历史和当前数据，计算扰动和偏差，预测设备未来状态，然后根据预测结果定义不同的操作行为。控制器对状态的预测包括判定控制变量是否在预定义的范围内，或者已经超过工厂限制范围。纠偏措施在控制变量的偏差达到一定程度时由控制器发出，这是自动闭环控制的一部分。智能化控制系统可以同时监控多个控制变量和偏差，并明确控制变量之间的相互关系，以达到更好的控制效果。与传统控制系统相比，可以减少30%~70%的实际控制偏差。

智能化是现场设备改进最突出的地方。处理器的速度在不断增强，存储容量增大和尺寸微型化使得现场设备更小且更强大，在仪表主机板中使用得越来越多，它们被广泛应用于变送器、阀门和过程分析仪中。这些仪表越来越像一个个微型的数据终端。之前的普通变送器一般只传送单一的 4～20mA 模拟量信号到控制系统，用于显示和控制。现在的变送器除了模拟量主信号外，还可以传送 6 个甚至更多仪表报警和状态信息。现代智能阀门不仅可以在本地计算并存储数据，还可以提供诊断和报警信息。除常规测量外，由于传感器技术革新换代，大多数现场设备都安装了温度探头和声音采集器，不仅测量数据可以传送到中控系统，配置和标定工作也可以在控制室完成，不需人员到现场。这些额外的传感器不仅嵌入了现场仪表，而且在以往没有实时测量功能的设备中，现在也可以安装多个传感器，提供各种温度、压力、流量及运行时间等参数，用于数据记录或提供诊断。

随着现场更多的数据被采集到中控系统，数据分析的作用也越来越重要。工厂控制系统一般都有统一的数据库，其功能逐渐从存储系统组态信息、实时和历史数据，拓展到备件和成本管理、机械和电气参数、设备维护记录、安全操作流程、设备初始配置文件和变更管理及产品分析和配方数据等。中控系统也将捕获并记录所有智能设备的诊断信息。控制系统数据库不仅可以存储数据、文本和逻辑，还可以包含图片、图谱分析和到其他数据库的链接。只要控制这些数据的获取方式和权限，就可以分配用户的使用和管理权限。如果没有这样统一的控制数据库，当问题出现时，收集数据并诊断原因通常都非常困难。

分析技术对工厂生产的当前和历史状态做出最佳估算。随着测量仪表中采用的新技术增加，分析技术需要处理的数据越来越多，催生出了自动分析技术，数据挖掘是自动分析技术的一种。统计数据表明，在工业控制领域中被采集到的数据正在以每 9 个月翻倍的速度递增，完全超越了半导体领域的摩尔定律。工厂实时数据越来越多的同时也带来了问题，主要是无用和关联数据的增多，以至于超出自动分析运算的能力。数据挖掘技术的核心就是以传统分析技术为基础，在庞大的数据库中分析数据特征，找出设备故障的关联模型。一些典型的比较成熟的线性统计技术包括主成分分析法和偏最小二乘法，缺点是对工艺过程数据的分析欠佳。在虚拟化的大型过程控制数据库中，如果数据呈现出一定模式或者潜在关联度较强，则分析效果比较好。另外一种自动分析技术是基于模型的性能监测，计算关键性能参数（KPI），比如能耗参数、单个设备或者某种产品的能耗比。要准确获得 KPI 信息，需要针对不同产品和设备定义工艺过程的模型，并对数据进行合理性和一致性验证。

预测分析是在评估系统状态后，基于模型评估未来状态的一种方法。在前文提到的预测控制中，该模型面向的是测量对象和控制对象，由一系列确定的输入计算得到确定的输出；在设备维护模型中，其目标是找出潜在性能衰减或设备失效，这是事件驱动型；在供应链系统中则是需求预测模型，这是基于统计学基础的多变量输出。这些是工业控制行业中出现较多的预测分析模型，大多数建模方法根据实际应用的差异而稍有不同。在化工智能工厂中，需根据生产的工艺流程建立不同子系统的模拟模型，据此可根据生产过程的实时数据预测不可测量的关键参数、寻找装置"瓶颈"、进行设备健康诊断与预警、优化操作等。常用的模拟软件主要有 Pro/II、Aspen Plus、Aspen HYSYS 和 CHEMCAD 等。

智能工厂中，决策的关键是在时间允许范围内全面高效地评估所有可能方案。决策模型的不断改进、计算机处理速度的不断优化和计算能力的提升，都为决策的制定带来进步。假设某个工艺装置中发生了生产问题，以往操作人员只能根据经验应对，一方面因为时间紧迫，另一方面因为没有足够的信息用来分析经验操作会带来何种影响。现在多重决策分析技术逐渐成熟，可以在有限的时间里基于最优化技术选择最合适的处理方案。最优化技术可以纳入计算的变量越来越多，模型也越来越详细，某些算法可以使用成百上千个不同的变量在足够短的时间内得到有用的结果。对于先进控制系统来讲，计算速度快到几毫秒（ms），时序控制则按分（min）为单位计算。

智能工厂的专家系统主要用来指导决策制定，也可指导操作人员的维护工作。在控制系统中出现较大事故前，系统中的报警数量都会有几何级数的上升，此时报警管理系统可能无法为分析根本原因提供足够明确的指引，专家系统则可以通过分析报警序列和报警模式，找到问题产生的原因。

在智能工厂中，采用更快更先进的测量设备和新技术分析工艺过程可带来产品产量的提升、降低总体投资、减少维护开支。根据工厂的生产流程，可预测并绘制出可能产生的工厂利润曲线，用于指导生产和决策。更多新功能设备的采用可以有效降低当前生产负荷与未来预期之间的误差，从而做出更有效的决策。

最典型的应用是石油炼化中的催化裂化装置的反应器中，颗粒状催化剂与汽化后的烃类化合物接触完成反应过程。催化剂的流动特性至关重要，流动性差会导致装置停车，而重启装置的成本较高。测量反应器压力可以为早期故障诊断提供帮助。但在催化剂颗粒化过程中，一些较小的粒子可能会落入压力传感器孔洞中，阻塞压力探测通道，使正常的压力检测功能失效，严重时可能造成意外停车。利用智能仪表自动探测阻塞的压力探测通道可以改善此类问题。仪表会自动记录正常生产过程中的压力波动情况，并生成匹配模型。当压力出现异常波动时，智能仪表触发条件报警信号，提示操作人员及时检查并修复问题。

❖ **阅读角 7-1**

镇海为大乙烯装上"中国心"：乙烯"三机"（裂解气压缩机组、乙烯制冷压缩机组、丙烯制冷压缩机组）被称为乙烯装置的"心脏"。2021 年 4 月 4 日，新建 1.20×10^6 t/a 镇海基地乙烯"三机"是中石化公司重大装备国产化攻关项目。15 年前，镇海炼化 1.0×10^6 t/a 乙烯装置开始建设，当时的"三机"中只有一台是国产的，其余两台都是进口的。15 年后，在攻关团队的努力下，镇海基地新乙烯装置丙烯压缩机组运抵现场。至此，镇海基地乙烯"三机"全部就位。从设计到制造再到单机试车，攻关团队全程参与，推动乙烯"三机"国产化工作，攻克了诸多难题，为填补国内空白、建设世界级高科技一体化绿色石化基地添上了浓墨重彩的一笔。

❖ **阅读角 7-2**

顶层设计导向的炼油全局节能：某炼油企业地处环境敏感区域，原油年加工能力为 1.0×10^7 t，主要产品包括液化气、航空煤油（航煤）、汽油、柴油、乙烯原料、沥青、焦炭等，车用燃料油品执行京Ⅵ标准。案例企业所在区域被规划为高污染燃料禁燃区，区域内禁止销售、使用高污染燃料，包括原煤、煤矸石、粉煤、煤泥、水煤浆、型煤、燃料油、石油焦等以及国家规定的其他高污染燃料。高污染燃料禁燃区的界定给企业生存带来了巨大挑战。一方面，企业燃料平衡受到重大影响，当前使用的燃料如煤炭、石油焦、燃料油均将受限，实现能源清洁化需要将燃料全部改为天然气，但短期内天然气并不具备供应条件，特别是耗用天然气将使得企业燃料成本大幅上升；另一方面，石油焦禁止销售和使用后，延迟焦化装置必须关停。延迟焦化装置加工的渣油需要加氢处理，而企业近年完成车用油品质量升级后，氢气资源供应紧张，所在区域不鼓励新建天然气制氢，氢气资源将成为企业发展新的巨大约束。

企业从能源供应和资源利用的受限状态出发，结合全厂能源规划开展"能源供应受限"状态下的总加工工艺流程优化，同时，结合能源成本升高的约束，从能源规划、能量集成、单元强化三个层次开展节能优化工作。能源规划主要基于总加工工艺流程优化和外部能源供给情况等开展节能顶层设计。能量集成主要通过工艺、系统用能优化，减缓能量降质，提高能量利用效率，降低能源消耗成本。单元强化主要提升关键耗能单元的能效。基于上述工作提出了以"溶剂脱沥青+脱沥青油加氢+沥青造气"组合工艺为基础的总加工工艺流程，并通过优化降低了能源成本，脱除了制约企业发展的能源、资源瓶颈。优化后，企业"能源供应受限"得到缓解和消除，炼油单位因数能耗降低5.13%，能耗水平进入国内先进行列，同时产品价值得到了提升。由此可见，抓住时机、努力奋进、开拓创新就能转危为机！

思考题

1. 列举低碳工厂的特点。
2. 什么是过程系统集成？过程系统集成的方法有哪些？
3. 在工厂设计中，为最大限度降碳可以采取哪些措施？
4. 在智能工厂的建设和生产中，电子信息、自动控制等先进技术可以发挥哪些作用？
5. 深入思考智能工厂的特点和未来的发展方向。

参考文献

[1] 吴敏洁, 徐常萍, 唐磊. 中国区域智能制造发展水平评价研究. 经济体制改革, 2020, 2: 60-65.
[2] 张琦. 中国钢铁工业碳达峰及低碳转型路径. 中国冶金文摘, 2021, 35(5): 43-47.
[3] 窦宏秀, 王震. 加快电解铝行业碳达峰助力铝产业绿色低碳发展. 轻金属, 2021, 7: 1-3.
[4] 王红秋. "双碳"形势下我国炼化行业五大发展方向. 中国石化, 2021, 11: 34-38.
[5] 王基铭. 石化工业节能减排与低碳发展——试论过程系统工程在石化工业的应用. 当代石油石化, 2010, 9: 1-4.
[6] 何盛宝, 乔明, 李雪静. 世界炼油行业低碳发展路径分析. 国际石油经济, 2021, 29(5): 19-25.
[7] 薛明, 卢明霞, 张晓飞, 等. 碳达峰、碳中和目标下油气行业绿色低碳发展建议. 环境保护, 2021, 01(17): 30-32.
[8] 冯霄等. 水系统集成优化: 节水减排的系统综合方法. 2版. 北京: 化学工业出版社, 2012.
[9] 冯霄等. 化工节能原理与技术. 4版. 北京: 化学工业出版社, 2015.
[10] 李德刚, 谢腾腾. 石油化工智能工厂工程设计阶段工作的探讨. 石油化工自动化, 2020, 56(5): 41-44.
[11] 谭天伟, 秦培勇. 工业生物过程高效转化与系统集成. 生物产业技术, 2017, 4: 25-30.
[12] "碳达峰, 碳中和战略及路径"项目组. Analysis of a peaked carbon emission pathway in China toward

carbon neutrality. Engineering, 2021, 7(12): 1673-1677.

[13] 李清松. 走向未来的智能数字化工厂. 化工自动化及仪表, 2018, 45(7): 503-508.

[14] Huang L, Liu G. Optimization for refinery hydrogen networks with detailed reactor-separator-purifier modeling. Journal of Cleaner Production, 2021, 304: 127136.

[15] Tian X, Yin C, Lv D, et al. Effect of catalyst deactivation on the energy consumption of gasoline−diesel hydrotreating process. Energy & Fuels, 2018, 32(10): 10879-10890.

[16] 卞江岐, 贺建平. 镇海为大乙烯装上"中国心". 中国石油石化, 2021(4): 62-63.

[17] 魏志强. 新形势下炼油企业深化节能降耗的思路与建议. 当代石油石化, 2019, 27(5): 36-40.

[18] 吴敏洁, 徐常萍, 唐磊. 环境规制与制造业产业结构升级——影响机理及实证分析. 经济体制改革, 2019, 1: 135-139.